高僧传
袈裟里的故事

熊琬 ———— 编撰

九州出版社
JIUZHOU PRESS

图书在版编目（CIP）数据

高僧传：袈裟里的故事 / 熊琬编著. -- 北京：九州出版社，2019.1

ISBN 978-7-5108-7890-9

Ⅰ．①高… Ⅱ．①熊… Ⅲ．①僧侣－列传－中国－古代 Ⅳ．①B949.92

中国版本图书馆CIP数据核字(2019)第009551号

高僧传：袈裟里的故事

作　　者	熊　琬
责任编辑	张艳玲
出版发行	九州出版社
地　　址	北京市西城区阜外大街甲 35 号 (100037)
发行电话	(010)68992190/3/5/6
网　　址	www.jiuzhoupress.com
电子信箱	jiuzhou@jiuzhoupress.com
印　　刷	三河市兴博印务有限公司
开　　本	787 毫米 ×1092 毫米　32 开
印　　张	12
字　　数	240 千字
版　　次	2021 年 6 月第 1 版
印　　次	2021 年 6 月第 1 次印刷
书　　号	ISBN 978-7-5108-7890-9
定　　价	65.00 元

用经典滋养灵魂

龚鹏程

　　每个民族都有它自己的经典。经，指其所载之内容足以做为后世的纲维；典，谓其可为典范。因此它常被视为一切知识、价值观、世界观的依据或来源。早期只典守在神巫和大僚手上，后来则成为该民族累世传习、讽诵不辍的基本典籍。或称核心典籍，甚至是"圣书"。

　　佛经、圣经、古兰经等都是如此，中国也不例外。文化总体上的经典是六经：《诗》《书》《礼》《乐》《易》《春秋》。依此而发展出来的各个学门或学派，另有其专业上的经典，如墨家有其《墨经》。老子后学也将其书视为经，战国时便开始有人替它作传、作解。兵家则有其《武经七书》。算家亦有《周髀算经》等所谓《算经十书》。流衍所及，竟至喝酒有《酒经》，饮茶有《茶经》，下棋有《弈经》，相鹤相马相牛亦皆有经。此类支流稗末，固然不能与六经相比肩，但它各自代表了在它那一个领域中的核心知识地位，却是很显然的。

我国历代教育和社会文化，就是以六经为基础来发展的。直到清末废科举、立学堂以后才产生剧变。但当时新设的学堂虽仿洋制，却仍保留了读经课程，以示根本未隳。辛亥革命后，蔡元培担任教育总长才开始废除读经。接着，他主持北京大学时出现的"新文化运动"更进一步发起对传统文化的攻击。趋势竟由废弃文言，提倡白话文学，一直走到深入的反传统中去。论调越来越激烈，行动越来越鲁莽。

台湾的教育、政治发展和社会文化意识，其实也一直以延续五四精神自居，以自由、民主、科学为号召。故其反传统气氛，及其体现于教育结构中者，与当时大陆不过程度略异而已，仅是社会中还遗存着若干传统社会的礼俗及观念罢了。后来，台湾朝野才惕然憬醒，开始提倡"文化复兴运动"，在学校课程中增加了经典的内容。但不叫读经，乃是摘选《四书》为《中国文化基本教材》，以为补充。另成立文化复兴委员会，开始做经典的白话注释，向社会推广。

文化复兴运动之功过，诚乎难言，此处也不必细说，总之是虽调整了西化的方向及反传统的势能，但对社会普遍民众的文化意识，还没能起到警醒的作用；了解传统、阅读经典，也还没成为风气或行动。

二十世纪七十年代后期，高信疆、柯元馨夫妇接掌了当时台湾第一大报中国时报的副刊与出版社编务，针对这个现象，遂策划了《中国历代经典宝库》这一大套书。精选影响国人最为深远的典籍，包括了六经及诸子、文艺各领域的经典，遍邀名家为之疏解，并附录原文以供参照，一时朝野震动，风气丕变。

其所以震动社会，原因一是典籍选得精切。不蔓不枝，能体现传统文化的基本匡廓。二是体例确实。经典篇幅广狭不一、深浅悬隔，如《资治通鉴》那么庞大，《尚书》那么深奥，它们跟小说戏曲是截然不同的。如何在一套书里，用类似的体例来处理，很可以看出编辑人的功力。三是作者群涵盖了几乎全台湾的学术菁英，群策群力，全面动员。这也是过去所没有的。四，编审严格。大部丛书，作者庞杂，集稿统稿就十分重要，否则便会出现良莠不齐之现象。这套书虽广征名家撰作，但在审定正讹、统一文字风格方面，确乎花了极大气力。再加上撰稿人都把这套书当成是写给自己子弟看的传家宝，写得特别矜慎，成绩当然非其他的书所能比。五，当时高信疆夫妇利用报社传播之便，将出版与报纸媒体做了最好、最彻底的结合，使得这套书成了家喻户晓、众所翘盼的文化甘霖，人人都想一沾法雨。六，当时出版采用豪华的小牛皮烫金装帧，精美大方，辅以雕花木柜。虽所费不赀，却是经济刚刚腾飞时一个中产家庭最好的文化陈设，书香家庭的想象，由此开始落实。许多家庭乃因买进这套书，而仿佛种下了诗礼传家的根。

高先生综理编务，辅佐实际的是周安托兄。两君都是诗人，且侠情肝胆照人。中华文化复起、国魂再振、民气方舒，则是他们的理想，因此编这套书，似乎就是一场织梦之旅，号称传承经典，实则意拟宏开未来。

我很幸运，也曾参与到这一场歌唱青春的行列中，去贡献微末。先是与林明峪共同参与黄庆萱老师改写《西游记》的工作，继而再协助安托统稿，推敲是非、斟酌文辞。对整套书说不上有什么助益，自己倒是收获良多。

　　书成之后，好评如潮，数十年来一再改版翻印，直到现在。经典常读常新，当时对经典的现代解读目前也仍未过时，依旧在散光发热，滋养民族新一代的灵魂。只不过光阴毕竟可畏，安托与信疆俱已逝去，来不及看到他们播下的种子继续发芽生长了。

　　当年参与这套书的人很多，我仅是其中一员小将。聊述战场，回思天宝，所见不过如此，其实说不清楚它的实况。但这个小侧写，或许有助于今日阅读这套书的大陆青年理解该书的价值与出版经纬，是为序。

智慧、学识与修养

熊琬

《高僧传》一书，不知者骤观之，以为这本书所记载的，恐怕都是些超尘脱俗、高不可攀，且富有传奇性，或纯属戏剧性的人物吧！如果您用这种眼光来看它，那就大错特错了。就实际说来，《高僧传》乃是一部集合许多具有很高成就的出家僧人之传记。我们从这些涉有传奇性的事迹中，可看出每一位高僧都具有高超的智慧与修养。其所以能有如此成就者，全从敦伦尽分，克尽人道做起。乃是以世间之"凡情"为根本，而成就出世之圣果的。他们之所以受人景仰，并不在于传奇本身，而在其具有坚苦卓绝的奋斗精神，与坚毅不移、为法忘躯的信念，故能脚踏实地，默默地由下学而渐进于上达。唯其具有"难忍能忍，难行能行"的涵养功夫，方能孕育出"为人所不能为"的高僧。他们是以出世之修养，行入世之事业——六度万行。唯其如此，始克荷担大法，任重而道远。在思想领域上，他们启迪了人类的心灵，诱导了人类的良知。因此他们对世间的贡献，是蕴有极积极之意义的。

《高僧传》原有初、二、三等集，网罗汉魏以迄明、清之杰出僧人。因篇幅所限，本书精选其中若干最具代表性之僧人，加以译述，如西行求法、百折不挠的玄奘大师，独具慧解、感动顽石的道生法师，体悟大乘、演绎诸经的鸠摩罗什，精勤修持、卅载迹不入俗的慧远大师等诸僧，乃其尤彰明较著者也，其他不暇一一殚举。我们从他们的事迹中，当可证知，佛法本是平等性的，而非对立性的；是容他性的，而非排他性的。唯其如此，所以能与其有共通性——博大精深、兼容并蓄的中国文化，汇合成波澜壮阔的滔滔洪流，历久而弥新也。

高僧之所以可贵，除了具有渊博的学识与超人的睿智外，在人格上更塑造成诸多典型的模范。际此物欲横流、功利气焰鸥张的时代里，这部《高僧传》，不啻是一股清流，足以涤尽凡虑、祛除百沴（lì）。在趣味性极高的传奇上，不仅能涵养性灵，并能体味出人生之真谛；从富有曲折变化的情节里，非但可以获得丰富的典故，且更能悟解出做人处世的态度与依准，更从而建立起一个正确的人生观。

总之，本书在介绍各高僧多彩多姿生平事迹之余，并将其精神特色及其对佛法之贡献，或在中国佛教史所占之地位，随文加以阐述。所以这部《高僧传》，除含有一定的趣味性外，并还蕴藏着中国传统崇高的教育精神与哲学素养。同时在寓教于乐的原则下，俾读者在倍感亲切之余，自必多所启悟，此则笔者区区之微意矣！

目　录

前　言

　　本编所译《高僧传》，是依据梁沙门慧皎的《高僧传》、唐沙门道宣的《续高僧传》、宋沙门赞宁的《宋高僧传》（即《高僧传》初、二、三集）等书而改编的。改编本是个吃力不讨好的工作，誉之者说它是"创作"，毁之者说它是"抄袭"。不论是毁是誉，改编的工作，在当今确是刻不容缓的。就本编来说，它赋与改写与翻译双重意义，其中翻译的比例所占虽多，但创意与发挥己见之处，亦自不少。兹将改写之意义胪列数端于后：

　　一、梁、唐诸《高僧传》文字艰深，不易领解。文字本为达意之用，不同时代之文字，其达意方式，自必多所不同。《高僧传》原典之文字，与佛经类似。其文体亦特殊，非但与现代语体不同，甚至与一般文言也有区别。若不改写成较适合今人口味之文字，则纵使价值再高，也将被人束之高阁，永为尘封矣！

　　二、因佛理深奥，不易理解，专有名词触目皆是。纵使素具文言素养之士，亦每多隔阂，何况一般人士呢？凡如此类，自不得不详予说明。

三、自佛法传入中国，迄今两千年，其中不免产生许多误解。其误解或起于华夷之别，而生入主出奴之见，或基于个人主观之偏见（如凡宗教皆迷信之类），或因平日所接触者，为带有迷信色彩的民间神道教，而误以为即此便是佛法真相。或基于某些人为因素（如见极少部分僧人之不守戒律），而对佛法产生怀疑。总之，无不是因对佛法的不了解，以致发生以偏概全之误解。对于这些误解，更不得不随事予以澄清。

四、有许多高僧事迹或传奇，早已成为脍炙人口的典实。如："生公说法，顽石点头"，出自道生法师；"西域取经，降伏群魔"，出自玄奘大师；"洞门立雪，断臂求法"，出自神光大师；"本来无一物，何处惹尘埃"，出自六祖慧能。如此之类，不胜枚举。他们的事迹或思想，早已成为中国文化不可分割的一部分。然而其中，或一鳞半爪，知之未审；或穿凿附会，全失其真。欲求详其原委，尽其曲折，存其意而得其实，则可于兹编中一一探索之。

五、改编之目的，固在普及化、趣味化与现代化。固因时代之需要，应运而生。但绝不意味将贬低原典之价值，原典文字优美雅驯，欲事翻译，其艰苦固不待言。本编原以取便初学，以一般大众为主，若欲作进一步之探讨，则原典具在。

改写之意义既如此，其工作，实非"注释"但以考据为功者可比。兹将本书改写之体例与原则条列于下，亦可见其艰难之一斑矣：

一、昔者翻译大师严几道先生，论译事，有三难：一曰"信"、二曰"雅"、三曰"达"。"信"者，言不失真；"雅"者，语不滥俗；"达"者，文不艰涩。此固就译英为汉而言，文言之翻译为语体，其难亦犹是也。因文言之句法、语气，用字用词，悉与语体迥异，况原典与一般文言又迥乎不同。假若译文全用语体，则原文韵味全失，形貌亦不类。反之，假若全用文言，则直同未翻，岂非徒劳无补。本来语体、文言二者，各有胜境，今为尽量存其精神计，纵笔所至，有时不得不参用文言。文、语夹杂之讥，亦不敢辞。

二、本篇排列诸高僧之次第，除依照年代前后外，并依佛学八宗——法性宗、法相宗、天台宗、华严宗、禅宗、净土宗、律宗、密宗——为之分门别类。如：法性宗（即三论宗）以嘉祥大师为代表，法相宗（即慈恩宗）以窥基大师为代表，天台宗以慧思、智者二大师为代表，华严宗（即贤首宗）以清凉大师为代表，禅宗以慧可、慧能二大师为代表，净土宗以慧远、善导、法照、少康等大师为代表，律宗以道宣律师为代表，密宗以善无畏、金刚智、不空（开元三大士）为代表。而并分别简介各本宗之学说，所以取理事圆融之意，俾便雅俗共赏、道俗咸宜。其中华严与天台两宗思想因最具中国佛学特色，故介绍独详，而其他因学理太繁或不适宜正文者，概未收入。

此外，有关翻译大家之代表，则收鸠摩罗什（三论宗导师）、玄奘（法相宗导师）二大师，显通度化，则收佛图澄大师；横渡流沙，则取法显为代表；贯穿儒佛，则取憨山大师为代表；释门真孝，则取蕅益大师为代表；机锋转语，则有赵州从谂、大珠和尚；游戏生死，来去自在，则有洞老禅师；悔过精进，则有悟达国师。凡如此类，不暇一一殚举，其他可以类推也。

三、本编中每篇传记前，均有大标题，以点出每位高僧之特色，如慧能传标目如下："不识一字、顿悟自性的六祖——慧能"，其传中每段又有小标题，如慧能传中一、二、三、四段分别标有：（一）"人有南北，佛无南北"；（二）"菩提非树，明镜非台"；（三）"三更入室，付授法衣"；（四）"风动幡动，仁者心动"……总冀能令读者一目了然。其篇幅较短者，则仅标一大标题而已。如"智斗婆罗门的高僧——释道融"。总之，不论大标题、小标题，多以八个字涵括其中内容，以取醒目与划一。

四、本编改写，固在将高僧之生平加以介绍。但高僧之时代背景与现在不同，其思想、观念自与一般俗人不同。如何沟通调和其间，亦颇费周章。本编一秉谨严之态度执笔，亦冀保存高僧之精神，以免妄加揣测而有所亵渎也。

五、读书本贵自悟，重在弦外之音，言外之意。因此对书中不易理解处，有说明者，有不说明者。凡其事有涉专门，或易滋生误解处，并可以文字表达者，则予以说明之。其中不可以文字表达之者，则不得不予从略。

六、本编所选历代高僧，其人数固甚仅，所谓"存十一于千百"。顾其内容或深或浅，或庄或谐，有富趣味性者，亦有富启发性者，可谓几于无体不备，适合各种不同口味。譬如一滴水，已具百川之滋味矣！其中，唐玄奘传所以特长者，因其事迹最为脍炙人口，但传其事者，或多语焉不详，或流于小说家之臆说，故不惜长篇累牍以传述之，俾便读者得窥其全貌焉。

七、本编传记中，亦有两人或两人以上关系密切，其事迹又难以分割，所谓"合则双美，离则两伤"，于是采取合传之方式。如天台智者与慧思，两位大师合传，即是一例。

八、编中有关专有名词之注释，悉随附于原文之下，以括号方式解说之。就书中所注内容，牵扯较广，文字冗长，为免割裂上下文气起见，则置于该段后，另加"注"，以诠说之。

本编诸高僧之取材，固以历代高僧传为主干，但也有许多资料，取自其他史实者。如《神僧传》《景德传灯录》《佛祖历代通载》《禅林宝训》等书。兹略举数例如下：

一、因原传叙事过于简略，而其人又甚为知名，若仅取足于此，殊不足以餍读者之心。故径取其个人专传，以替代之。如玄奘传之取慧立所著《三藏法师传》即是。

二、除原传外，另有佚事，颇富机趣者，亦并采录之。如：道生法师有关顽石点头之事，不见于本传，而得之《佛祖历代通载》。

三、除原传外，别有异闻，而篇幅略同，其事迹大有出入。其内容则各擅胜境，故并录存之。如知玄（悟达国师）生平，并采《慈悲三昧水忏》忏文缘起一段，有关知玄事迹，附之于后，俾便参证。

四、取材自其他传略，或年谱者：如莲池大师传，取僧忏《莲池大师传略》予以改写。蕅益大师传，依据弘一大师之《蕅益大师年谱》而作成。

高僧传

第一章　最早来华传法的高僧
——摄摩腾、竺法兰

一、夜梦金人，遣使西觅

东汉明帝永平年间，传说某夜，明帝做了一个奇异的梦。梦中，他看见一位神仙，飞行在殿庭的上空，仙人身长有一丈六尺，全身发出金色的光芒，最奇怪的是仙人顶上还有一轮金色的圆光。次日上殿，帝问群臣，太史（即史官，专管天文、星历事）傅毅在占卜（推测）以后即回禀说："周昭王时，天有异象，现五色光芒一直上贯太微星。当时的太史苏由向皇帝上奏说：'必有圣人，降生西方，方感天现祥瑞。一千年后，此圣人的声教将会传来中国。'周王立即下令将此事刻于石上永志纪念。昨夜陛下所做之梦，从时节因缘推算看来，恐怕正是其时。臣又听说西域有神，名字叫作佛。陛下梦见之金人，必定就是所谓的'佛'了。"明帝听后，非常赞许，以为这必定是佛的示现，于是即刻派遣郎中（官名）蔡愔、中郎将秦景、博士王遵等十八人率领千乘万骑，出使天竺（印度的古称），去寻访佛法。在访求途中，到了月氏国，很幸运地遇见了摄摩腾、竺法兰两位尊者（道德智慧为人所尊敬的叫尊者）。摩腾是中天竺人（中印度人），他的举止、神态都很优雅，使人一见不禁肃然起敬。他对于所有大小乘经典都能理解并融会贯通。最难能可贵的是，他经常以周游化度各地为己任，因此大师所到之处，无不备受推崇。法兰也是中天竺人，号称能背诵经论数万章，那时天竺学者都尊他为老师。蔡愔等一行人，在遇见两位尊者后，知道他们俱是有德行的高僧，便恭敬地传达了明帝的旨意，并极力邀请他们来华传法。两位尊者早有弘法化度的大愿，自是欣然允诺。

二、摩腾法兰，白马驮经

摩腾二人不辞长途的疲困劳苦，冒着风霜雨露，跋涉流沙。一路上，他们以白马负驮佛经，历经了千山万水终于在明帝永平十年抵达中国。他们先住在洛阳城内，明帝对这两位远自西域来的尊者不辞艰险、以法自任的精神非常钦敬，特颁圣旨给他们以最优厚的招待，并且特别为他们在洛阳城西门外，建立一所精舍（就是佛舍，大约相当于现在的学舍）以安顿之，这是中国最早有出家修行人的开始。腾师住处，就是现在洛阳城西门外的鸿胪寺，后来改名为"白马寺"。这也就是我国最早有僧寺的开始。本来"寺"是官府的意思，鸿胪寺是招待与迎送外宾时的官府，约相当于现在的外交部。自从改为白马寺，住了出家僧侣，"寺"便成为出家人僧舍的专称，乃是佛、法、僧三宝的象征。"寺"字既成专有名词以后，就一直沿用到现在。至于"白马"一词，也有由来。传说，从前外国有个国王，曾经破坏许多佛寺，最后只剩招提寺尚未被波及。某天晚上，忽然有一匹白色的骏马围绕着寺塔发出悲鸣，似乎在为众生请命。国王闻知大受感动，即刻下令停止破坏佛寺，并改"招提寺"为"白马寺"。从此，许多佛寺都喜欢以"白马"命名。

同时，蔡愔自西域所携回来的佛像，也分别供置于南宫的清凉台及显节寿陵上。这些旧像虽然今天已不复存在了，但这是我国有佛像的开始。

三、初译章经，传诵迄今

两位尊者的天资都颖悟非常，且具有语言天赋，他们很快便熟悉了中国的语言，于是两人便着手将那些自西域驮来的佛经翻译为中文。他们前后一共翻译了五部经，其中除了一部《四十二章经》传诵到现在外，其他四部都丧失在历代的兵灾寇乱中。这部《四十二章经》共二千余言，集合大小乘义理，简要而平实，对于初入门的学佛者而言，它是最适合不过了。此经就是我国最早的一部佛经。

由于佛教大法初传我国，尚未形成风气，信受的人自不多。所以尊者对佛法的甚深义理，无法尽情披露，这是很令人遗憾的事儿。摩腾与法兰大师在译经后不久也就先后卒于洛阳了。

四、火焚道经，化度群生

据《佛祖历代通载》卷五记载：佛教东来之初，很受朝廷的尊重与保护。五岳诸山的道士们，眼见外来的佛教竟如此受到尊崇，大有后来居上的趋势，自然格外妒忌，便上书皇帝，要求与梵僧斗法，一比高下。他们自称道术高超，即使将道经符咒投入火中或水中都不怕被烧毁与浸渍。皇帝也正想见识一下佛与道的优劣，便批准了他们的请求。于是双方选定日期，在白马寺的南方，建筑了三座高台，分别放置好释、道经典。传说，众目睽睽下，举火燃经，凶猛的火焰迅速蔓延，只见道经为火舌一卷，霎时间只剩下一堆灰烬。反观佛经，虽经烈火焚烧，却更加粲然耀目，炽烈的火焰竟不能损毁佛经丝毫。正在大伙儿惊异得目瞪口呆之时，摄摩腾、竺法兰二位尊者，竟踊身腾跃于虚空中，显现出各种神通变化的本领，并且说偈（为佛家诗句）曰："法云垂世界，法雨润群萌，显通稀有事，处处化群生。"这首偈子是说佛陀的教化，像云彩一样广布于世界；佛陀的法音，如甘露一般滋润了人们枯竭、燕恼的心灵。在清凉的雨露滋润下，许多善的种子逐渐萌芽了。经过这场斗法，道士不但没有占到丝毫的便宜，反倒显示出佛家本是真金不怕火烧。这次比法，如果佛家失败了，就不免要遭到淘汰的命运，法门就永远不能流传了。因为佛法初传中国，根基尚未稳固，人们对它也缺乏信心，所以这次的胜败，关乎法运的兴衰。

经过这次考验，此土众生对佛法生出无比的信心，当时就有道士六百二十八人，立即改皈佛教。据说，司空刘峻等二百六十人，京师士庶三百九十人，皇帝后宫阴夫人、王婕妤（汉朝女官名，官位相当于上卿，爵位相当于列侯）并彩女一百九十人，目睹了这个见所未见、闻所未闻的神奇景象，都一致要求出家，希望能修证圣果。于是皇帝亲下手谕，敕令建筑十所佛寺，并在城外建七所佛寺以安顿比丘，城内建庵七所以安顿比丘尼。故事虽荒诞不经，但从此以后，三宝俱备，佛教的法运确是在中国一天比一天兴盛了。

第二章　不爱王位却乐佛法的高僧
——安师世高

一、自幼多才，勤敏好学

安清，字世高，他的字比他的名要响亮，世人多称他为安世高。他是安息国（今伊朗）的王子，从小就因很有孝行被人称赞。师生性聪敏又加上勤奋好学，因此慧解过人，不论外国典籍，以及医方异术，甚至鸟兽的语言，无不通晓。佛教典籍记载，有一次，安师看到一群燕子发出啾啾的叫声，便马上对他的同伴说："刚才燕子说，待一会儿就有人送食物来。"果然不出一会儿，便有人送来食物，大家都觉得很惊奇。安师如同我国春秋时代孔子的弟子、鲁人公冶长一样，懂得鸟语。所以安师优异过人的才资，早就传遍西域。

二、不爱王位，却乐佛法

安世高王子虽然在家学佛，但奉持戒律却丝毫不苟。后他因国王薨逝而接掌王位，但在服孝期满后，便毅然舍位出家了。

三、远涉中国，遍译诸经

安世高出家修佛后，博通各种经藏书籍，尤其精通阿毗昙学[②]。安师喜欢游方各处，并随所到之地弘扬佛法。遍历各国，几乎无处没有他的足迹。汉桓帝初年，他来到中国，由于才智高超，悟机敏捷，不论何事，一经见闻，便能通达无碍。所以到达中国未久，即能精通中国的语言。于是他开始宣译各种经论，将梵语翻译成汉文（中国文字）译出《安般守意经》（说明数息观心法，为修习禅观的重要经典，亦为中国第一部禅观的经典）、《阴持入经》（说明五阴六入等法的经典），共分大小十二门及一百六十品。又将天竺（印度）沙门（为印度出家修道者之通称，译云勤息，谓勤修戒定慧，息灭贪嗔痴）众护所撰的《修行经要》二十七章，剖析所集其中七章，翻译成汉文，就是《道地经》。其先后所翻译的经论共有三十九部，义理明白清晰，文字平允雅正，内容善辩而不华美，朴质而不俚俗。凡是阅读师所翻译的经典，往往令人把卷忘掩。

四、自述前身，尽释前嫌

安师世高，早年悟道，所以对于事物的真理，悉能洞彻无余。传说他对自己多生多劫的业报因缘，也能了知无遗。常有许多神奇传说发生在他身上，一般人都不能测出他道行的高低。

传说他自述其前身也是位出家人，与他同修的一位道友多瞋易怒，每次遇到施主（因为出家人受在家人的布施供养，所以出家人往往称在家人为施主）不如他意的时候，总会怨恨不已。师屡次加以劝谏，他的同学终不知悔改。如此经过了二十余年，师自知不久人世，乃与这位道友诀别说："我将要去广州，以了宿世的怨仇。你深通经论，而精勤用心，也不在我之后；可惜因你素性好发脾气，所以今生命终后，将会受到恶报。我因与你有同修之谊，当系有缘的人，如果我将来得道的话，必会先来超度你脱离这灾厄的。"于是安师就到了广州，刚好遇上寇贼大乱，途中碰到一个少年，少年一见安师，就举刀相向道："这下总算给我找到了，今天你非偿还我命不可！"安师骤然面临这凶恶的暴徒竟然毫不介意，因为他早已预知将会发生的一切，于是很坦然地回答道："我自知多生欠你的命债，故不远千里而来，就是要来偿命的。你所以会愤怒不已，是因为前世怨毒尚未解除的缘故啊！"说完泰然伸颈受刃，脸上毫无惧色。那暴徒也不多言，实时挥刃行凶。当时围观的人塞满巷道，无人不为此事深感惊骇。

接着自述其神识（约相当于灵魂）又投生为安息国的王子，

就是现在的安世高了。安师游化中国，宣经事毕，正是东汉灵帝末年，关中洛阳一带盗寇乱民扰乱不止。于是振锡江南（锡是锡杖，出家人行脚所常用。振是动词，振锡就是携着锡杖）。

安师特地来到庐山，准备去度化从前那位同学。当他来到邴亭湖庙时，发现过去那位好嗔的道友早已做了此地的庙神。当地盛传此庙很有威灵，商旅过往，无不来此庙祈祷一番，方可保平安无事。传说曾经有一个乞求神竹的人，因未曾奉牲祝祷，就径自采伐神竹，不久这人所乘的船就在湖上覆没了。从此以后，来往的船商就更加小心奉祀，不敢稍有开罪。

安师随同商旅船只三十多艘来到此庙，众人请神毕。庙神乃降祝道："船上有沙门，可否请他进来？"那些商旅闻言都感到非常惊愕，马上请安师入庙。神就告诉安师说："我现在是邴亭湖庙神，周围千里之内，都归我管辖。因为前生多布施的缘故，所以珍奇玩好供应不绝；又因前生多嗔恚，所以堕此鬼神的果报。往来商旅若稍不如意，动辄杀人、无所顾恤，全是嗔怒所致。我今见到昔日同修，不禁悲欣交集。悲者，悲己之尚在恶道；欣者，欣所托有人矣。但我寿命早晚将尽，然而面容丑陋，形体长大，如果在此舍命，将会污染江湖，且舍命后恐将堕入地狱受苦。但我有好绢布千匹及各种宝物，希望你能代我拿去供养三宝，修塔造福，以消宿世所造之恶业，俾能投生善道。"安师说道："我此番前来，乃特为超度你的，请你现出原形。"神就说道："我的形体丑陋，恐怕惊动别人。"安师说："你尽管现身，不必顾虑太多。"

于是神就从床后伸出头来，众人一见，竟是条巨大无比的蟒蛇。只见安世高凝神向它说法咒祝，梵语数次，那大蟒似乎就听懂了，实时感动叩首，悲泪如雨，不久就隐身不见了。

安师即为它取出绢物等宝，向庙神辞别而去，随众商旅扬帆江上，传说此时又见巨蟒现身江岸高山，向众人遥望不已，好像在依依不舍地话别。众人挥手示意，它才消失。此时船行顺利，倏忽之间，便抵达豫章，安师即以神庙之物为它修福建造东寺。就在安师离去不久，神便命终。师等航行途中，已是黄昏时刻，只见一个少年走上船来，长跪师前，接受他咒语的祝福后，忽然不见了。安师就对船上的人说："刚刚那个少年就是邾亭湖庙神，现在已经超脱畜生道的恶形了。"从此以后庙神就离开了邾亭湖庙，它的庙自此便不再灵验了。传说后来有人在庐山西方的大泽中，看见一条大蟒的尸体，头尾有数里长，其地就是江西浔阳郡蛇村。

传说，安师后来又到广州，找到了前世害他的少年，这时那少年还在人世，师就亲自前往拜访，并说出从前偿还命债的往事，以化解怨结，免得冤冤相报，永无已时。这位广州客忆及前愆十分追悔，终于尽释前嫌欢喜相对了。

安师又说："我还有余报，尚未了结。现在应当前往会稽偿报。"这位广州客知道安师绝非一个寻常人，就以非常厚重的财物供养法师，并愿跟随他东游。二人抵达会稽后，同到市中，正巧遇到市中有暴徒多人正打斗得难分难解，一个不留神，竟然误

29

打到安师的头上，安师遂当场丧命。这位广州客，从此就放下万缘，精勤修学佛法了，并常对人说出自己亲身经历的两段因缘。

安世高因为是王族，所以当时西域旅客，都叫他为安侯。安师通于禅经，也是第一位将禅观带入中国的人。安师翻译《安般守意经》《阴持入经》《阿毗昙五法四谛》《十二因缘经》《转法轮经》《八正道经》《禅行法想经》等约三十部、三十七卷之多，均是小乘经典。早期佛学的流布，由他奠定了基础。安师对佛学的贡献及他个人在佛学上的造诣，都是不可忽视的。早期高僧中，安师乃是一位典型的代表人物。道安法师就曾经说过："谁能面见安世高，就跟见到菩萨圣贤一样。"他对安师的敬慕之情，很自然地流露于言语之间。康僧会说："安世高善针脉诸术，睹色知病。"这些也只是安师的一些小事迹罢了。

【附注】

① 色是指美丽的色相，包括女色与一切可悦之色；声是指美妙迷人的声音；香是指芬芳的香气；味是指可口的味觉；触是指适意的触乐。以上五者因能使人生起贪欲的心，故名五欲。

② 译为大法、无比法、对法。这是一门其他任何学问所不能与它相比的大学问，故称无比法或大法。它是用智慧对观一切法的真理，所以又称对法。

③ 即杀生、偷盗、邪淫、妄语、饮酒，佛家所制定的五戒，

就是特别来防止这五样罪过的。所谓不杀生，就是不杀伤生命；不偷盗，是不盗取别人的财物；不邪淫，是不做夫妇以外的淫事；不妄语，是不说欺诳骗人的话；不饮酒，是不吸食含有麻醉人性的酒类及毒品。

第三章　传译大乘经典厥功甚伟的高僧
——支娄迦谶

　　在当时与安世高同去洛阳译经的，以支娄迦谶最为有名。支娄迦谶，也可简称作支谶，师本是月氏国人。他的操行淳朴深厚，性格气度开通灵敏，秉持戒律，以谨严勤奋而著称于当时。他能背诵许多经典，一心想要宣扬佛法。他在东汉桓帝的时候到洛阳游学，并在灵帝年间开始传译梵文（印度古文），先后译出《道行般若经》《首楞严经》《般舟三昧经》等经。另译《阿阇世王宝积》等十余部经。这些经典，由于年代已久，卷帙不全并已不知作者姓名，后经人校定整理，并研寻其中文体，认为都是支谶所译。以上支谶所翻诸经，共十三部二十七卷，都能深得法门要旨，汉末《般若经》《方等经》诸大乘经典，即已流传中国，师之功劳实不可没。

　　东汉末年，佛教界有两大系统，至三国时，传播于南方。其一是安世高禅观派的禅学，较偏重在小乘佛学，其重要的经典有《安般守意经》、安玄的《法镜经》及康僧会的《六度集经》。二是支谶讲经派的《般若》，属于大乘佛学，其主要的经籍是《道行经》《首楞严经》及支谦的《维摩经》《明度经》等。支娄迦谶在当时的地位与重要性，由此可知了。

佛教自传入中国后，往往被道家牵强附会，终不能显其真面目，等到后汉桓灵时代安世高、支谶等人相继来华，译出的经典渐多，佛陀的教化才有了依据，此后佛学之日益昌明，安世高、支谶等人实居首功。

当时有所谓"三支"，即支娄迦谶、支亮与支谦。支谦之祖父即已归化中国，谦出生于中国，学问广博，通达六国语言。身为居士，尝就学于支谶弟子支亮，后避难吴中，孙权尊为博士。译有《维摩经》《阿弥陀经》《首楞严经》《大般泥洹经》等大小乘经，约三十部四十卷。南地佛教流传，厥功至伟。同时有康僧会振兴南地佛教，影响亦巨。

第四章　法化江东的高僧
——康僧会大师

一、虔求诚感，舍利降临

康僧会大师的祖先，原来是康居（古国名，在今新疆北部）人，其后世世代代皆居住于天竺。他的父亲因经商移居交趾（今越南北部）。会师十余岁时，父母就双亡了，他以至性奉孝服毕，就出家了。大师甫入僧门，即刻励修行，严峻自守。师为人识度恢宏，笃志好学，不但对经、律、论三藏都能悟解，就是对《诗》《书》《礼》《乐》《易》《春秋》六经也都博览无遗。至于天文、地理，也多所涉猎。因此其才辩敏捷，文笔优雅。

传说当时孙权在江东，佛法初传吴地，教化未开，僧会法师想令佛法振兴于江东，于是振锡东游，最初先到建业（南京）。这时吴国初见沙门（沙门，指出家人，本意是勤息，是勤习戒定慧，息灭贪嗔痴之意），对他们深感怀疑。有位官吏就上奏说：

"有胡人入境，自称沙门，容貌服装，都跟一般人不同，我们应当对他们加以考验。"孙权就召见他们且诘问说："汝辈修行有何灵验否？"会师答道："如来（佛的名号）迁化（得道者，去世称迁化）至今，已有一千年了，但是所遗舍利（乃佛遗骨，佛遗体经火化后所得的珠状物。佛家认为是由戒、定、慧的功德力所凝聚成的结晶，代表修行有得的证验，历代高僧大德多有舍利，而佛的舍利最为珍贵），仍神采照耀。从前印度的阿育王就建塔八万四千座大兴供养，那些宏伟的塔寺，不正表示佛陀教化的广被与深厚吗？"孙权不信，以为夸诞不实，就对会师说："只要你能得到佛的舍利，我就为你造塔供养，否则，我就依国法制裁你。"会师就请限期七日，以求舍利。师乃召集其徒众宣布说："佛法是否能于此兴盛，就赖此一举。如我们现在不用至诚心祈祷求验的话，以后佛法何以传扬呢？"遂与徒众斋戒沐浴，并以铜瓶放置在桌案上，虔诚烧香礼请。等到七日期限已到，竟毫无反应。于是会师再请延长七日，但七日期满，仍然毫无反应。这时孙权说："我已允许你延期，至今怎么还没有应验？"孙权认为他犯了欺君之罪，正待加罪于师，会师恳请再延七日，必有应验。孙权经考虑后，又勉强准他再延长一次，但是约定不准再延。会师应允，就对他的徒众说："我们连续二七日，一直没有感应的原因，必是心不够诚，现在应当以死自誓，必获感应。"于是大众咸共自誓，如是又过七日，然而在最后一天的日暮时分，仍然毫无动静，徒众们没有一个不心感震惧，康师却不动声色，只率领徒众，更加虔诚地祈请。传说到五更的光景，只听得铿锵一声，似有珠玉落入盛舍利的瓶中。会师亲自向前探视，果然见有一颗晶莹剔透、光彩夺目的舍利赫然在目。第二天清晨，会师就把舍利小心恭敬地捧呈孙权，这时候满朝文武官员也一并前来观赏。佛的舍利果然不同凡响，传说有五色火焰，晃耀瓶中。孙权亲手接过瓶来，将舍利倾于铜盘上。说也奇怪，只见那坚硬无比的铜盘，一经舍利碰击，竟应声而碎了。孙权一看，叹为稀有，不禁肃然起敬，连连说道："这真是罕见的瑞兆啊！"这时会师向前进言说："佛舍利的威神，岂止是光彩四射而已！就算是那无所不焚的劫火，也对它莫可奈何。姑且不说劫火吧！就是那世间号称无坚不摧的金刚杵，也不能损伤它分毫。"孙权将信将疑，就令当场试验，将舍利放置在巨大的铁砧板上，命大力士以最坚硬的铁锤用力锤击。传说，在激撞的火花中，只见那砧板与铁锤都撞击得七凸八凹，而舍利却安然无恙。孙权这时不得不为这神奇的事所震撼，而发出由衷的欢喜与赞叹，就下令立刻兴建塔寺，供养这颗舍利。这是吴地兴建佛寺之始，故命名为建初寺，并且把该地改名为佛陀里。江东的佛法从此大为兴盛，康师的贡献，应居首功。

二、机辩无碍，力折辩士

孙权薨逝，传位于孙皓，孙皓在位时法令苛刻暴虐，政治昏暗，才识远不及乃父。皓登位不久，即废弃淫祠（滥设的祠庙），同时也想毁坏佛寺。群臣谏阻道："佛的威神实在不可思议，它与一般神明大不相同。僧会大师以诚力感召瑞应，故有先帝创建佛寺盛举。现在若轻易将它毁坏，将来必定会后悔的。"孙皓素来专横暴虐，缺乏善根，所以对群臣谏言，只是充耳不闻，并且特地派遣大臣张昱到建初寺，欲向会师当面诘问。张昱素以机智善辩著称，但虽用尽各种方法，尽情问难，只见会师从容置对，随机应变，条理分明，词锋捷出，辩论从朝至暮，张昱不曾难倒会师分毫。此时昱已感词穷，只得告辞而出。

会师送昱到寺门口，昱抬头偶见寺旁有一座淫祠，突然灵光一闪，计上心头，即时就说："佛教的宣化，既然这般孚于众望，何以这个淫祠还会存在佛寺之侧呢？"

会师应口答道："此理极易明了。譬如雷霆虽然能够破山，但是耳聋之人却不能听到。这岂是雷声大小的问题呢？凡合乎物理者，就是远在万里之外，也能如响斯应的。否则，就是近在咫尺，也不能有所感应的。"张昱闻后，语为之塞。

张昱即回禀孙皓，感叹会师的才学与明智非人所能测度。孙皓仍旧不服，又大集朝臣及贤达之士，以马车迎接会师，并质问善恶报应的事，想当面给予难堪。

会师却从容应答说："贤明的君主以孝亲慈爱来教诫世俗，以仁德力感化万民，那么国家自会风调雨顺，国泰民安，四海归心，万民颂德，这些都是历史上有目共睹的事实。善的事情，既然有这种种瑞应，恶的事情又何尝不然。所以假若造恶不为人所知，鬼神必诛之；造恶而天下皆知，人人得而诛之。《易经》上说：'积善余庆'，《诗经》上说：'求福不回'，又说：'永言配命，自求多福''天作孽犹可违，自作孽不可活'，这些虽都是儒家典籍的格言，也即是佛教的明训。"

孙皓嗤笑着说："既然周公、孔子已经说过，又何待佛来说呢？"会师答道："周公、孔子所说，不过略示其迹而已，至于佛法所述，则备极细微，可谓无幽不烛，无微不显。不仅叙述现象，更详细说明其中的因果关系，所以若论通情达理，究竟圆满自无过于佛者。因此作恶，则有地狱长苦；修善，则有天宫永乐。修五戒，则得人身；修十善，则升天界；修'四谛'（苦、集、灭、道），破我执，则成罗汉果；发慈悲心，修'六度'（布施、持戒、忍辱、精进、般若、禅定），则成菩萨果。总之，不论十法界（饿鬼、地狱、畜生、修罗、人、天、声闻、缘觉、菩萨、佛），都是随其所修因的不同，而感得不同之果也。这不过是个大概情形罢了！详细说来，天有二十八层，地狱也有八寒地狱、八热地狱，人的福报也不同，畜生种类亦各别。除了究竟成佛外，就是菩萨的品位也有五十一个阶次之差异。这些都各随善恶染净修因的不同，而感有这许多错综复杂的果报。就如种瓜得瓜，种豆得豆，瓜、豆种子千万，质量也各有优劣，再加上所受日光、空气及水土、肥料等之因果关系，故其栽培所生的果子，也自然千差万别了。所以'因'与'果'之间，是多么复杂而微妙的啊！佛家讲因果，所不同于一般者，乃在它特别强调人世间的因果罢了！因果报应的说法，又有劝善阻恶的作用，谁又说其不然呢？"吴主孙皓当时被驳得哑口无言，只好作罢，不敢再加质问了。

三、孙皓忏悔，会师说法

传说孙皓虽已听闻正法，但昏暴成性，不易悔悟。有一次，他的侍卫在后宫整理园地时，突然挖掘到一座金佛立像，高有数尺。孙皓本即不信因果，就故意命人将金像置于不净处，以秽汁浇灌，并加以百般戏辱，自己更与群臣在一旁嘲笑以为戏乐。正嬉闹间，突感全身大肿，阴处（生殖器）尤其痛彻，顿时痛得哀叫不止。立刻召来太史占卜，说是犯了大神，于是祈祷祭祀诸庙，但一直未见好转。当时宫中有位宫女，奉佛甚虔，因此就特来禀告说："臣妾素闻佛像乃象征佛之住世，它能教化众生，令之离苦得乐，祛除燕恼而得清凉，并使身心解脱自在，它是众生的福田主。经言：'一切众生皆有佛性，一切众生皆当成佛。'故礼敬佛像可以长养一切有情之慧命，功德、福德俱皆无量，否则将获无量罪业。今陛下秽污佛像，亵渎神明，故受此大苦。欲求脱免，唯有求佛慈悲哀愍，非以至诚心忏悔，否则此罪难除！"孙皓此时痛苦异常，听后方始醒悟，立即表示愿意忏罪。于是这宫女便将那尊被秽污的佛像，恭恭敬敬地请到殿上，重新用香汤（芬芳的浴汤）洗涤数十遍，更替孙皓烧香忏悔。孙皓也仆伏枕上，至诚恳切地自陈罪状，说也奇怪，当下便觉痛苦减轻许多。于是赶紧派遣使者到建初寺，请会师前来说法。皓闻道后，欣然大悦，又从会师受持五戒，据说约十日，怪疾竟霍然而愈。

四、梵呗接引，法化江东

僧会大师工（熟习）于梵呗[②]（佛家的音乐），所造泥洹梵呗，音响清亮，师以此梵呗宣导大众，流传迄今，影响至巨。会师在当时法化未开的江东开创度化事业，其艰难困苦，固可想见。然师怀抱自度度他之热忱，从事法化之流布，终于成就法缘鼎盛之局面——上至帝王，下至百姓，无不感通，从此佛法流布于南方，其影响于后世者，既深且广。

大师住锡于建初寺，翻译众经，就中以《六度集经》《吴品经》较著名；另注解《安般守意经》《法镜经》等，并能深得其中妙谛。会师后于东吴天纪四年九月示寂（佛菩萨与高僧得道后，缘尽化去，概称示寂）。

【附注】

① "三宝"之解释很多，通常有二：自性三宝和住持三宝。

一、自性三宝："佛"者，自性之觉；"法"者，自性之正；"僧"者，自性之净。二、住持三宝：木雕泥塑纸画的佛像，即住持佛宝；三藏经典，即住持法宝；剃须袈裟之僧尼，即住持僧宝。住持者，久住于世，保持佛法之三宝也。

② 梵呗：本为梵土之赞颂，印度习俗，凡歌咏法言，都称为"呗"。译作：止断，止息或赞叹。法事之初，每唱诵之，以止断外缘，籍以收摄身心，荡涤凡虑，方堪做法事，又其偈颂多赞佛德，故云赞叹。而流传中国后，诵经则称为转读，歌赞始号为梵呗。

第五章　中国第一位现出家相的比丘
——朱士行

一、为求大经，誓志西行

朱士行，东晋颍川人。士行身际魏晋五胡乱华、佛法初来的时代，出家者多为西域胡人，而当时国制不许汉人为僧，有则自朱士行始，其后乃成风气。士行不仅是中国第一位出家人，亦是西行求法的第一人。师从小就具有高超的悟性，并怀有脱离尘俗的思想。出家以后，钻研经典，不遗余力。早在汉灵帝时，竺佛朔译出《道行般若经》，文句简略，意义未周。士行曾经在洛阳讲《道行经》，觉得译文有许多地方未妥，常常叹息说："这部经是大乘重要的经典，而译者文理亦未尽完善。我誓志远赴西域，求取大本经，即使为此而牺牲生命，也在所不惜！"于是在魏甘露五年（260年）出发到雍州（陕西一带），向西渡过流沙，历经艰难，来到于阗国（今新疆和田），果然发现梵文原典，共计九十章，二万五千颂。正待派遣弟子将梵本送回洛阳的时候，于阗国诸小乘学众闻讯，即刻通报于阗国王，诬告他们说："中国沙门，冀图鱼目混珠，拟以婆罗门书籍遣送回国，势必坏乱佛典，王为地主国，如果不加以查禁的话，那就会破坏大法，使得汉地的人有如聋盲一般，永远不能闻知正法，这岂不成了王的罪过吗？"于阗王听了以后，立即下令不准他们将经典送还。

二、为法忘躯，以证悟道

朱士行对这件事感到十分痛心，于是就想出一个方法。他禀明国王，愿以焚烧经典来证明它的邪正真伪，国王答应了他的请求。于是在大殿前堆积了一堆薪柴，将一切都布置好，便举火引燃。士行在燃烧的火前神色凝重地宣誓说："如果大法应当流传汉地的话，这些经书就不当被烧毁；假如不能护经回到汉地，经书被焚，也就是业命，自也无可奈何了！"说完，就把经书投入熊熊烈火中。传说，此时，奇迹立即出现，投入的经书不但未损分毫，而正在燃烧的烈火，却自行熄灭了。王及大众见了这般景象，无不为之骇异叹服。大家都称赞这是神迹的感应，从此经书的南传便无人敢再阻止了。这些经书因此就得以送到陈留（位于今河南）垣水南寺。后来士行卒于于阗，春秋八十。

朱士行生当魏晋玄学（老庄玄理）盛行之际，佛学般若真空之教也正于此时东传中国，其学说颇能契合当时之根机，故得以普遍流传，而《般若经》之传译，士行之功独卓。

士行自魏甘露五年（260 年）离开洛阳，西行求法，至太康三年（282 年）卒于于阗。师徒步行万里路，在外二十年，曾遣弟子将部分梵本运送回国，所愿得遂，而己身卒于异域，亦可谓为法而忘躯！此后，西行者，代不乏人，士行可谓开风气之先者。四百年后，唐玄奘大师继志承烈，迈越前古。论及成就，士行固不能与之相抗衡，但誓志坚贞，风骨嶙峋，则亦不多让焉！

第六章　形貌丑陋、德行高迈的印手菩萨
——释道安

一、形貌丑陋，慧性非常

道安法师，俗姓卫，山西常山人。师家世世代代都是英儒，早年失掉父母的覆荫，靠着外兄孔氏抚养成人。师七岁开始读书，因资性聪明，凡书到手，经寓目两遍，就能背诵如流，乡里邻居都感到非常诧异。十二岁时，神悟明敏，而形貌却非常丑陋，因此不为其师所看重，只命他到田间工作。师并不因此稍稍气馁，更加勤奋认真。默默三年，任劳任怨，绝无半句怨言，只知笃守斋戒，毫无缺犯。数年之后，又自觉不足，就启请师父教授经典。师父交给他《辩意经》一卷，大约五千字，安师捧着经书到田间，利用余暇展经读诵。到了日暮携卷归寺，又另请他卷阅读。其师颇感疑怪道："今早方授一卷，宁可贪多？"安师答道："早上所授经卷，我已熟读成诵了。"其师很觉惊讶，以为不过偶尔如此

罢了，于是另授《成具光明经》一卷，约有一万字。安师照例带经文到田间工作，利用闲暇读诵。日暮还寺，又把经卷交还，其师执卷验之，背诵一如前卷，不差一字，后来屡试皆不爽。其师至此始知此子天资过人，便对他另眼看待。于此可知——"以貌取人，失之子羽"（子羽是孔子弟子，名叫澹台灭明，容貌虽很丑陋，但德行很高，常为孔子所称赞）。

其后安师受完具足戒，其师就让他到处参访。师先到河南邺县，在中寺，遇见高僧佛图澄。澄师一见他就嗟叹不已，跟他谈论终日，颇为投契。大众因见安师形貌不扬，对他都心存轻视，澄师训斥大众说："此人远识器度，实非汝等能及。"安师因感澄师德行超卓且具知人之明，于是就以师礼事之。师此后渐露头角。澄师每次讲经，师常为复述讲辞，大众疑难锋起，安师解其纷、挫其锐，绰绰有余，大众始帖服。

安师后又从竺法济、支昙受业，并与同学竺法汰、道护等人在飞龙山共相切磋，道业愈进。后于太行恒山创立寺塔，化度河北一带尤多。当时武邑太守庐歆敦请安师大开讲筵，四方道俗纷集而至。师四十五岁时，住持于受都寺，徒众有好几百人，常常宣扬佛法，度化众生。

二、经义明畅，自道安始

不久安师为避后赵、前燕及冉闵之乱，就与弟子慧远等四百余人南投襄阳，就在当地宣讲佛法。安师认为旧译经典常有错误，以致深义隐没、文理欠通，所以每次讲说，唯叙述大意而已。为了弥补这种缺点，他穷览各部经典，钩深索奥。师所注《般若》《道行》《密迹》《安般》诸经，都能研寻文义，排比文句，并一一为之解析疑难，共凡二十二卷。并为便于讲解经义，立序分、正宗分、流通分三部分，佛经要旨遂一目了然，而经义从此更具系统。从此凡读经文者，都能妙尽其中深旨奥义，并融会贯通其理。经义之所以能够明畅，就是从安师开始提倡的。自汉魏以降以迄于晋，经典流传渐多，而译者姓名年久湮没，不为人所知，后世欲加追索考证，就更加不易了。安师有鉴于此，于是总集一切经典名目，按时间先后，画表条列译经诸人姓名，将新译旧译分开，并依品级等第加以诠释，撰成《综理众经目录》一书。从此查阅众经就都有所依据了，安师之功实不可没。

此时征西将军桓朗子坐镇江陵，请安师暂住江陵。朱序又请安师复还襄阳。安师因白马寺狭窄，乃另造新寺，名字叫作檀溪，该地本是清河张殷的住宅。许多大富长者都加赞助，或出钱或出力，建造成五层佛塔，僧房四百多栋。凉州刺史杨弘忠送铜万斤，准备建造承露盘。安师就说："露盘已经托汰公营造，因此欲以此铜铸造佛像，不知可否？"弘忠欣然允诺，于是大家共同施舍，助成佛像。佛像造成光相一丈六尺高，神采灿然。安师说大愿既成，死亦无憾。苻坚派遣使者供奉外国所制金箔卧佛像，有七尺高；另又有金色坐像，连缀有珠玉的弥勒佛像，金色纱缕绣像，各一尊。每逢讲经法会，就罗列尊像，布置幢幡（为旌旗的一种，在高竿上饰以彩帛庄严的叫"幢"，长帛下垂的叫"幡"）。珠佩互相辉映，烟花四发。凡是参加法筵的，没有不肃然起敬的。

三、四海习凿齿，弥天释道安

当时襄阳有位习凿齿，天生辩才词锋峻厉，可说笼罩当时。他素闻安师大名，曾致书通好。是时听说安师驻锡在此，即登门造访。安师出门延请入座，他劈头第一句话就自称是"四海习凿齿"，意思是说，他的辩才在四海之内无有匹敌。这五个字的确用得精简有力。习凿齿显然是故意卖弄口才，也想借此来考验安师。哪知安师不假思索，即应口说道："弥天释道安。"意谓，弥天之下也只有我一个释道安了。二者正可谓针锋相对，平分秋色，时人都称许以为名对。后来习凿齿致书与谢安时，对安师称赞不置，称为"非常道士"。而且称其师徒讲经终日，斋戒谨严，彼此仪轨肃然，互相尊敬，乃是他所从未见的。在学问方面，他称安师广览博涉，对内外群书（内指内典诸佛书，外指世间书）无不遍观而尽识，甚至是阴阳算数，也都能通达。晋孝武帝遣使通问安师，并下诏说："安法师器识宏通，风韵秀朗，居正道而训世俗，美德功绩兼著，不仅救济当今，且可陶铸来世，为迷航的指针。"

四、安公一人，凿齿半人

当时符坚素闻安师盛名，曾说："襄阳有释道安，可谓神器，朕想招致，以辅助朕躬。"后来他就派遣符丕南攻襄阳，安师与朱序都被符坚所获。符坚就说："我以十万之师攻取襄阳，唯得一人半。"有人就问："其人为谁？"坚说："安公算一个人，习凿齿算半个人。"从此可知时人对安师推崇至何程度了。等安师到了长安，就住持五重寺，僧众数千，大大弘扬正法。

五、释氏冠姓，倡自道安

最初，魏晋沙门都是依着他的师父而冠姓，所以每人的姓都不同。安师以为，师莫尊于释迦，乃创以"释"为姓的先例。其后果然在《增一阿含经》中，发现有印度四姓阶级为沙门的，都称"释"种之说。既然安师的创议与经文相符，此后比丘法名前，多先冠以释字为姓，这种习惯一直流传到现在。

当时，在陕西蓝田县挖到一个大鼎，鼎的旁边刻有篆铭，无人能识，乃请安师鉴定，安师谓此是古篆书，系春秋时鲁襄公所铸，于是将它改写为隶书，由此亦可见安师之渊博了。

六、不听谏阻，苻坚战败

此时苻坚的势力，东到沧海，西并龟兹，南包襄阳，北抵沙漠，可谓民殷户富，四方略定。只有建业（指东晋）一隅，还未能平服。苻坚每次跟侍臣谈话，都以未能统一江左为憾。他常夸口道："朕要以晋帝为仆射，谢安为侍中。"苻坚弟平阳公融及朝臣石越等都切谏不可轻举妄动，而终不能使他回心转意。众人无法可想，就一同请求安师说："主上（指苻坚）将用兵东南，公怎不为天下苍生进一言呢？"安师素以慈悲为怀，即刻允诺。

有一次苻坚经过东苑，与安师升车同座，仆射权翼向前谏道："臣闻天子大驾，都由侍中陪乘，道安毁形出家，怎可与之同车共载呢？"苻坚勃然作色说："安公道德可仰可尊，朕以为以天下之重，尚不能与之相比，这区区同车共载之事对他人则可称为荣典，对安师则岂能显扬其盛德于万一呢？"实时命令仆射扶安师登车，与他上车共驰。苻坚顾盼自喜地对安师说："朕将跟你南游吴、越，整顿六师而巡狩，并同登会稽山以观沧海，不亦乐乎？"安师知道他想东征，于是就说："陛下应天御世，已有八州之富，居中土而制四海，应谨守无为之教，与尧舜比隆。现在要以百万之师，求取下下之土。而且东南一带，地卑湿而气多疹疠，古时舜禹游而不能返，秦始皇一去也不归，所以东征之举我不敢赞同。平阳公苻融是陛下的近亲，石越是陛下的重臣，都期期以为不可，我知陛下必不会听，但因素荷陛下厚遇，岂能不略尽赤诚？尚请君三思！"苻坚说："并非地不广博，民不足治，只不过想使天下皆知天心大运所在而已！"安师见他持意甚坚，无可挽回，就说："如果你一定要用兵，不妨先坐镇洛阳，蓄锐养精。先传檄江南，如果对方不服，再作讨伐之计也未迟。"忠言多逆耳，平常对安师言听计从的苻坚，此时大约因气数将尽，对安师之忠告却怎样也听不进去了。未久，苻坚派遣苻融率精锐二十五万为前锋，坚自己亲率六十万攻晋。晋遣征虏将军谢石、徐州刺史谢玄抵抗。两军交阵，苻坚大军果在八公山大溃，死者相枕藉，仅苻坚一人单骑遁回，这就是历史上有名的淝水之战。经此次挫败后，苻坚便一蹶不振了。

七、梦见瑞相，为注印证

安师注解诸经态度严谨，而心中仍恐不合佛理，乃设誓说："若我所说不背佛旨，愿见瑞相指点。"传说师当夜即于梦中见到一个梵行道人，白首而长眉，对安师说："君所注的经，都很合乎佛旨。我现住在西域，因佛指示不得入涅槃，当帮助你弘扬佛道。"后来《十诵律经》来到中国，慧远大师认为和尚所梦见的僧人，是宾头卢尊者。于是在寺内立座设食供养他，后来供养尊者像便成各寺庙中的成规了。

安师道德既为人所宗仰，学问又能兼通三藏，所制僧尼轨范，佛法宪章，条列为三则：一、行香定座，上经上讲之法。二、常日六时，行道饮食唱时法。三、布萨（义译净住长养。出家之法，每月十五及三十日集众僧说戒经，以长养善法）差使、悔过等法。为天下寺庙所崇奉。

八、异僧降临，兜率缘近

安师常与弟子法遇等在弥勒像前立誓，愿生兜率天。传说在苻秦建元二十一年正月二十七日，忽然看见一个异僧，形貌粗俗而丑陋，前来寺中投宿。正逢寺房已满，有空的又太窄，于是安排他到讲堂中休息。传说当日维那（僧寺中管理僧俗众事务的僧侣）师值夜殿前，看见此僧从窗隙出入自如，感到非常惊讶，就马上禀告安师。安师惊起，知此僧必是异人，来此定有目的，急忙前往行礼问讯，并问及来意。异僧答道："自有所为而来！"安师说："我自揣量罪障颇深，怎可度脱呢？"异僧道："不然！你善根深厚，机缘已熟，即可度脱。但须沐浴圣僧，所愿必满，因缘始熟。"于是就开示安师沐浴之法。安师就请问自己来生所生之处，传说，异僧乃以手向西北上空作势，即见随手拨处云开天霁，备睹兜率天妙胜之报。传说，这天晚上，大众数十人悉皆同见。后来安师准备浴具，就见到有非常小儿，伴侣数十人，来到寺内嬉戏，安师须臾就浴。到了那年二月八日，安师忽然告大众说："我要走了！"那天早斋用完，他无疾而终。弟子们将他葬在城内五级寺中。那年是东晋太元十年（385年）。安师生而左臂有肉隆起如印，时人亦称其为印手菩萨。

鸠摩罗什与安师同时而稍后，安师先闻罗什在龟兹，非常想跟他共同研习经义，因此常劝苻坚礼请什师，而因缘不巧，迟迟未能如愿。什师亦远闻安师的风神教化，说他是"东方圣人"，也常遥向礼拜，可知他对安师的礼敬了。安师终后十六年，什师才到中国，什师终生深以不能与安师相见为憾事。

综观安师一生，有功于佛学者，首在以德学领袖群伦，造成风气，并改正格义佛学①之弊，合经义明畅。

九、隐者王嘉，谶语成真

传说安师未终之前，有一个隐士叫作王嘉的，曾前去问候安师。安师说："世事纷乱如此，祸将及身。不如相与同去！"王嘉就说："话是不错，你且先行，我尚有宿债未了，不能随着同去。"等到姚苌据长安称霸，嘉当时就在城内。姚苌与苻登互争雄长，姚苌就问王嘉说："朕当登王位吗？"王嘉答得很妙，只说"略得"二字，姚苌听了大怒，就说："得到就说得到，什么叫作略得！"于是就把王嘉给杀了。姚苌死后，他的儿子姚兴即位，方得打败苻登而称王。王嘉字子年，洛阳人，形貌鄙俗丑陋，性滑稽，喜欢开玩笑，不食五谷，而形神清虚，人多宗奉他。传说凡有人问他善恶，嘉随机应答，语多可笑，状如调侃戏谑，言辞亦似谶语，不可领解，然而事后多有应验。苻坚曾征召他为大鸿胪，他辞而不就。等到坚要南征时，先遣人问他吉凶休咎，嘉无言，乃乘着马匹向东走数百步，故意失落靴帽，解弃衣服，狼狈驰奔而回，这就暗示将来寿春之败状，惜苻坚终不能悟。

【附注】

① 格义佛学，魏晋时佛法初入中国，常以我国原有词语或老庄哲理附含佛理，辄至错解。

格者，量度也，有揣量比度之义。至道安始脱离格义佛学之窠臼。

第七章　体悟大乘、演绎诸经的高僧
——鸠摩罗什

一、身处母胎，便多异征

鸠摩罗什法师，原名叫作鸠摩罗耆婆什，中文意为"童寿"——即童年而有耆德的意思。他是天竺人，家世很好，家族世世代代都是位居国相，其祖父达多，个性豪放，在当时很有名望。他的父亲名叫鸠摩炎，炎聪明而有美德，在他将要继承宰相位置的时候，却辞让而出家了。炎向东渡过葱岭，来到龟兹国。龟兹王久仰他的美德，又听说他抛弃相位，置荣显于不顾，知道他必非凡品，所以对他特别崇敬，当他将要入境时，即亲自率众出郊欢迎，恭迎回国后即尊礼他为国师。

龟兹王有一个妹妹，正值双十年华，才貌优异，悟性聪敏，读书一经过目，就能理解，一经听闻，即能背诵。附近诸国都争相礼聘，但她都不中意，可是一见到炎，心中便自默许。王知其意，就逼炎和他妹妹成亲，招为妹婿。婚后不久，王妹就怀了罗什，传说罗什处在胎中时，就有异征。其母的智慧和理解力，竟比原来增加了数倍，更奇怪的是她忽然自通了天竺语言，对于别人所设的种种难问之词，她都能应答如流。大家对这些异征惊讶不已！就有一个罗汉说："这必定是怀了一位智慧之子！以前舍利佛在母胎的时候，就能使他母亲辩才无碍，这就是一个明显的证明。"后来什母因出城游观，看见坟墓上的枯骨纵横狼藉，深深觉悟到人生的无常及身是苦本，因此誓欲落发出家修行，此后专精佛法不懈，终于证到初果（指声闻修行所证共有四种果位，初果名须陀洹果，亦名预流果，中译为入流，意即初入圣人之流，断尽三界见惑）的境界。

二、幼年出家，天资神隽

罗什七岁时，就出家为沙弥，跟从他师父读经书，每日诵偈千首（偈，佛经中的诗句），每首偈有三十二个字，总共三万两千言。其师又教授经中文义，他一经指点便能通达无碍，无复疑滞。什母因是王女，龟兹国人供养很厚，对修道之人颇为不宜，于是什母乃决心携带罗什走避他国。

什师九岁的时候，随其母到罽（jì）宾国（今印度北部克什米尔一带），就遇到名师盘头达多，他是罽宾王的从弟（同一祖父的兄弟）。盘师渊雅醇粹，器量宏深，博学而有才识，在当时可谓首屈一指，对三藏九部，无不博览通晓。其名声早已远播诸国，远近学者，都礼他为老师。什师到罽宾国，就以师礼侍奉他，跟随他学了许多经籍。达多每每称赞什师的天资神隽，没有人能比得上。罽宾王听到什师的名声，就礼请什师进宫，并召集许多外道有名的论师，与什师相互问难辩论。最初，外道见什师年幼，不由心存轻视，言辞间毫不礼让，什师却神色泰然，从容应答。一俟有破绽，就乘隙痛加反驳，予以重挫，最后，那些外道都被驳得哑口无言，不得不为之心服不已。经过这场激烈的辩论，罽宾王对他更加佩服，每天赐以最上等的供养。什师所住的寺院也派遣大僧五人，沙弥十人，在师左右像弟子般照拂饮食起居，并替他担负洒扫等杂务。什师以一稚龄的幼童，竟然能受到如此的礼数，绝非幸致。除因其资性优异，并得名师之益外，尤在其能奋勉自励，始克有成。孔子曰："无众寡，无小大，无敢慢。"其言于此，又获一明证。

三、偶戴铁钵，悟法唯心

什师十二岁的时候，他的母亲又将他带回龟兹国，各国闻讯，纷纷争着以重爵礼聘他，但什师均不为所动。什母带他到月氏北山，那里有位阿罗汉，一见到罗什，就知道他异于常人，便向什母说:"这小沙弥,应当好好守护着。如果年至三十五岁不破戒的话,就可以大大地振兴佛法,度化无数的人。否则,只可以称为才明俊艺的法师而已。"什师后来到沙勒国,在一寺庙中,偶然好奇地将一个很重的铁钵戴在自己头上。这时他突然作念:"这铁钵又重又大,幼小如我怎么竟能轻而易举地将它顶戴在头上呢?"一转念间,骤觉那铁钵奇重无比,无法支撑,不自觉向前一倾,铁钵便滚落地上。传说此时罗什想再举起时,却怎么也举不起来了。他的母亲问他究竟怎么一回事,什师答说:"只因孩儿一念分别心生,故感铁钵的轻重悬殊若是。"

四、虚心勤学,体悟大乘

沙勒国有一个三藏沙门名喜见,看到罗什,就对国王说:"这个沙弥,不可轻视,王应请他讲法,可以得到两种好处:第一,对我国来说,在国内的沙门,一听到他讲法,就会感到惭愧,难道自己竟连一童子都不如吗?便会奋自勉励,努力修行了。第二,对龟兹国来说,龟兹王一定会如是想,罗什出于我国,而他国竟如此加以尊重,真可谓与有荣焉,这样必能增进两国的邦交。"沙勒王听后觉得很有道理,就答应了,于是礼请什师升座说法。龟兹王果然派遣重使,来酬谢沙勒王。但什师并未因少年得志而自满,反而更自策励,奋勉倍昔。

凡人失意时，处之泰然，固已不易；而得意时，处之淡然，尤为难得。常人略有小成，便得意而忘形；否则，亦安于小成，不知长进。老子曰"大器晚成"，良非无故。什师以一区区少年，竟高居王者之师，得志于朝，道德学问俱独步于一时，名声倾动朝野，若此荣誉，古今中外，实不多见。师却毫不以为意，反更奋然自勉，实为难中至难。

什师在说法之暇，到处寻访外道经书，由是先后博览《四韦陀典》①以及五明诸论阴阳星算②等，无不一一深加研究。什师个性豁达，不注意小节，当时有莎车王子、参军王子兄弟二人，抛弃国家来跟随什师出家修道，并且特别向什师介绍大乘义理。什师最初对大乘颇感疑惑，难得的是他并不拘执成见，肯虚心接纳，于是用心地研究大小经论，并加以综合比较。经过一段时日的参究后，什师始知大乘经论确实殊胜有理。于是深感慨叹地说："我以前学小乘佛法，就好像一个人目不识金一样，竟错把一种似金的石子，认定是金了。"从此就开始广求大乘义理，尤专心于钻研《中论》《百论》《十二门论》等般若经论。

五、方便度化，折服外道

后来什师随母来到龟兹北界的温宿国。罗什刚到彼国，该国久闻什名，争欲瞻仰或问道。而当地却有一个道士，心有不服。

这位道士因擅长辩论术而名震各国，因此对自己的辩才极为自信，便以无比狂傲的气势敲击王鼓，向大众宣称说："假若有人辩论能胜过我，我愿以颈上的头颅作为赌注！"其狂态，真可谓目无余子，其意态很明显是针对什师而来。罗什沙弥为度化这道士，仅用两个巧妙的问题，便把这位狂妄的道士难住了，一时竟不知如何置对。那道士虽曾经自誓，输了便要斩首以谢，但什师心怀慈悲，只不过想借此折服外道，方便度化罢了，自然不会要他的头颅。那道士在称谢之余，心悦诚服地向他稽首顶礼，并皈依佛法了。从此以后，罗什的威名更因之大振于西域。消息传到龟兹，国王亲自到温宿国，把什师迎接回国。于是大开法席，请他广说诸经，四方远近的学者，都敬服其才学，而不敢与他对抗。当时国王之女出家为尼，名字叫阿竭耶末帝，曾经博览群经，特别精通禅要，传说已修行证得二果③。她在听到什师讲法后，欢喜赞叹得未曾有。于是更请敷设大座，开讲《方等》诸经，什师因此愈能畅怀发扬佛法妙旨，推阐辩论诸法，纵横自如。当时与会大众听闻以后，没有一个不深受感动，咸以闻法太迟而深感遗憾。

六、法缘在东，倍加精进

什师在二十岁的时候，就在王宫中受戒。罗什母预测龟兹国运将衰，法运也将随之而衰，于是就辞别龟兹，到天竺去了。什母在临行时，曾告诉什师说："《方等》诸大乘经典，将会大大阐扬于东土，你的法缘在彼，而且也只有你足以振兴佛法，但对你本身将大不利，奈何？"什师泰然说道："要行菩萨的大道，就应当为法忘躯，因此只要使大化流传，纵使赴汤蹈火，也在所不辞。"于是独留龟兹，更加精勤读诵修行，以等待机缘的成熟。

七、饮水思源，化度恩师

罗什大师在龟兹停留的两年中，广诵大乘经论，功行倍进，对大乘的微妙奥旨所悟更深。在此期间，国王特别为他造了金狮子宝座，并铺上最名贵的中国锦绣，恭请什师升座说法。什师并未因此而忘其所以，他深明饮水思源之道，念及他的小乘师父尚未能听闻大乘的义理，悲悯之心油然而生，便起感恩化度之念，于是就对国王说："家师犹未悟大乘义理，我想亲往说服。"事有凑巧，就在这时，他的师父盘头达多忽然不远千里而至。国王颇感诧异地说："大师何以不远千里而来？"达多说："此来，一则闻知我的弟子所悟非常，意欲前来参访。二则听闻大王要弘赞佛道，稀有难得，所以不辞冒涉艰危，远来此地。"什师见到恩师竟然翩然降临，真是喜出望外，正可借此得遂其本怀，即为其师说因缘空假的大乘教理。这些道理是达多与罗什以前所不能信受的。达多听后便说："你说一切皆空，这是极可怕的论调，哪里有舍去有法而爱着空法的呢？譬如：'从前有一个痴人，令织匠纺布，事先讲好要织成最细的质料，织匠就加意纺织，所织之布细若微尘，但那痴人仍嫌其粗劣。织匠认为这人苛求无餍，立时大怒，以手指着天空说："这是最细的线。"那痴人问他何以看不见呢？织匠就说："这线极为细微，即使那最优秀的巧匠尚不得见，何况他人？"痴人听了大喜，便付了优厚的工资离去了。'你所谓的空法，不是就跟这个痴人一样吗？"什师乃依据大乘空义，婉转陈述小乘的偏执与不究竟，横说竖说，上下纵横，引经据典，再加上自己的亲身体证，往复至一个月的时间，方使其师信服。达多至此时方叹息说："老师所不能通达的，反须借学生来启发，可谓闻道有先后，悟道各不同。今天可算得到验证了。"其师于是反礼罗什为师，对什师说："我是和尚小乘师，和尚是我大乘师。"这是一个多么感人的场面啊！罗什悲心度师，乃饮水思源，固是难得。其师虚怀若谷，卑己以从其徒，这种唯真理是求的精神，则更为不易。其师徒二人可谓相得益彰了。

八、符坚慕德，大军迎师

西域诸国对什师的神俊无不拜服。每次升座讲法，诸王皆顶礼恭迎，并长跪座侧，令什师履践登座，其被尊崇之程度，真是无以复加了。什师的名声不仅广布西域，同时亦远扬至中国。其时正是我国晋朝与五胡十六国并峙的时代，前秦苻坚僭号（僭越名号）于关中，有外国前部王及龟兹王弟一起来朝见，苻坚于正殿召见。二王告诉苻坚，西域产有许多珍奇玩物，请出兵平定，以求内附中国。至苻坚建元十三年，太史观察星象，就上奏道："天上有一种奇异的星座，见于外国星宿的分野之际，应当会有大德智人入辅中国。"苻坚就说："我很早就听说西域有位异常卓绝的大师鸠摩罗什，可比坐镇襄阳的中国沙门道安法师，当系此人了。"即忙派遣使者到龟兹去求，但未获结果。建元十七年，鄯善王等又劝说苻坚，请兵西伐。于是在十八年九月，苻坚派遣骁骑将军吕光、陵江将军姜飞等，率兵七万，向西讨伐龟兹、乌耆等国，迎请罗什大师。

吕光率军将出发时，苻坚为他们饯行于建章宫，并叮嘱道："此行并非贪地而行讨伐，实为仰慕怀道圣人的缘故。听说西域有一个大师叫作鸠摩罗什，他深解法相，通达阴阳星历，颇为宿学所推崇。我久仰其名，亟思迎请。此辈贤哲的人，为国之大宝，假若能制胜龟兹，即刻派传驿驰返中国，不得有误。"在吕光的军队尚未到达龟兹时，什师就告诉龟兹王白纯说："我国国运就要衰微了，不久当有敌国自东方来，应该恭敬承奉，不要抵抗。"然而白纯却不听从，奋起迎战吕光的军队，吕光就攻破了龟兹，杀了纯王，立纯弟震为国王。

九、磨难纷至，什师忍辱

吕光既得什师，并不知道他智量的高深，见他年龄尚小，乃以常人视之，强迫什师娶龟兹王女为妻，什师拒而不受。吕光强词夺理地说："有道之士的德操，不应该超过他的父亲。你的父亲尚且娶妻，你为何反不娶妻呢？"于是逼迫他喝下烈酒，使其大醉后不省人事，遂将王女与之同闭密室，令亏其操守。吕光至此犹觉不足，又令他骑牛及乘恶马，加以百般侮辱。为法忘躯的什师始终心怀忍辱，故而在这样无理的折辱下，他非但容色如故，连眉头都没皱一下，终因忍辱之功德，感动了吕光，使他自觉惭愧而作罢。

十、屡次规谏，吕光不悟

吕光携师率兵旋归，中途安顿军队于某山之下，当时将士已经解甲休息。什师一见此山地势凶顽，就劝吕光不可驻军此处，应该迁到田垄上驻扎，但吕光不予采纳。到了晚上果然大雨倾盆，山洪暴发，水深数丈，兵士死者数千人。光与师等走避山上，幸免于难。师对光说这里是凶亡之地，不宜久留，应尽速言归，中途必会遇到福地可居。吕光至此就不敢不信从什师的话了。当他们行到凉州的时候，就听说符坚在淝水战败后，已为姚苌所害。

吕光所率三军全部缟衣素服发丧，就不打算再回长安，乃在凉州（在今甘肃省）自立为王，窃号关外，称年号为"大安"。自吕光自立后，反叛他的事件层出不穷。不久，吕光也就死了，由其子吕绍袭位，仅数日，吕光庶子纂又杀绍而自立，称元"咸宁"。纂即位后，宫中怪事频现，什师就劝他宜克己修德，否则，国中将发生变乱，纂不听。果然在次年，纂即为吕光之侄吕超所杀，立其兄隆为王。

十一、历经波折，姚兴迎归

苻坚是最初迎请什师者，可惜未及亲见便已身亡。等到姚苌僭有关中，国号"后秦"，听到什师的高名，就虚心邀请。但吕光子侄辈皆以什师智计多解，恐师为姚苌计谋，对己不利，所以不许什师东去。等到姚苌去世，他的儿子姚兴继位，又派遣使者敦请什师东来，仍然未获结果。弘始三年五月，姚兴派兵向西讨伐吕隆，隆军大败，只得上表归降，至此方得迎接什师入关。计前秦苻坚发兵迎师，到后秦姚兴迎师入关，中间历经二十年之久。其间苻坚兵败身亡，吕光于凉州自立，不久亦亡。此后祸乱相乘，历吕绍、吕纂二主，亦相继而亡，最后由吕隆（吕光侄）争到王位。苻坚之后，姚苌继之兴于关中，苌求什师不得，至其子兴始得遂所愿。此事可谓历经波折，而人事的无常，世事的沧桑，亦可见一斑了。

弘始三年十二月二十日，罗什大师终于被迎到长安了。姚兴亲自出迎，文武百官站列两旁，万人空巷，场面热烈。姚兴待罗什以国师之礼，优宠备至，每次相对言谈，娓娓终日不止。而姚兴对于佛理至精微奥妙处，无不尽情请益，至于穷年累月，不知疲倦。

十二、演译诸经，盛况空前

佛法之东来，开始于汉明帝时，中间经历了魏晋，经论的翻译日渐增多。当时常用我国道家、儒家的名词来解释佛经，因此往往词不达意。而前此支谦、竺法兰等人所译的经典，亦多半艰涩难通。姚兴自幼崇敬三宝（佛、法、僧称三宝），锐志于讲经说法的推展。自礼罗什为国师后，乃请师及其徒众到西明阁及逍遥园（在长安西北）翻译诸经典。什师幼时即能背诵许多经籍，而且都能究尽其理。并且也通晓汉语，因此在语音的翻译上自然就流利畅顺。师观览旧译经典，文义有不少错误，译文与梵文原本不能相应，往往失去佛法本旨。于是姚兴召集沙门僧䂮、僧迁、法钦、道流、道恒、道标、僧叡、僧肇等八百余人，可谓极一时之选，派给罗什差遣。于是又译出《大品般若》诸经。罗什持梵文本，姚兴执旧经，来互相校对。其所译出的新文，凡有不同于旧译的，其文义都圆融通达，于是众心无不贴服而交口赞叹。

罗什除了译经外，还常应诸文武官员之请，于长安大寺讲说新译的经典，续出诸经有《小品金刚般若经》《十住经》《法华经》《维摩经》《首楞严经》《持世经》《佛藏经》《菩萨藏经》《小无量寿经》《禅经》《禅法要解经》《弥勒成佛经》《弥勒下生经》《十诵律经》《菩萨戒本经》《中论》《百论》《十二门论》等诸经论，凡三百余卷，都能畅发佛法宗旨，阐述幽微深奥的义理。当时四方大德僧侣，虽在万里之外，也必赶来座下听经。当时的俊彦（才德超人之士），如住持龙光的道生法师，虽慧解过人，对于佛理也能渊渊入微，但是一有疑难，就亲自入关请益。又如坐镇庐山的慧远大师，学贯群经，为一时之泰斗，每有疑义，也常通信咨商请教。这不但可看出旧译诸经多不能餍人意，致疑难滋多，而且也可以看出古德之虚心与什师学养的高超了。什师在译经之余，常感叹说，西土文字（印度文字）与东土文字（中国文字）文体不同，虽各擅胜妙，但一经翻译梵文为汉文，就失去它的味道。虽能得其大意，也好像嚼饭与人，非但失去原味，也令人作呕。才高学博如什师者犹觉翻译之难如此，其他自不必多论了。

十三、王赐歌伎，随缘不变

什师为人神情鉴彻，傲岸出群，应机领会，无人可比。最难得乃在其性情笃厚仁慈，时时以泛爱为心，又能虚心接纳善言，循循善诱，终日不倦。姚兴曾异想天开地对什师说："大师聪明盖世，悟机超妙，天下无双，倘使一旦去世，岂不使法种绝后了吗？"在姚兴看来，以什师的聪明智慧，若能娶妻生子，必获麟儿。遂以歌伎美女十人，逼令什师接受，并且特别为师另建官舍，供养丰足，从此不让师再住僧舍，什师只有勉强接受。

什师何以会接受这无理之要求呢？岂非使僧众滋生疑惑，以为大法师尚可如此，那么僧众岂不都可任意破戒了。什师亦深恐大众误会，就常在说法时对大众说："若在染污的臭泥中，生出清净妙洁的莲花，你们但采妙莲之洁净，不可取法臭泥的染污。"

十四、世缘虽尽，经论流传

传说，某日，罗什法师自知世缘将尽，于是召集众僧，向大众告别说："我世缘已尽，不能与大家共同主持译事。自惭才智暗昧谬充传译，但所译出的经论凡三百余卷，除一部《十诵律经》来不及删繁就简，存其本旨外，其他必定不会有差失。希望凡所有宣译诸经论，都能流传后世，愿大众共助弘扬流通。

罗什法师在后秦弘始十一年八月二十日卒于长安。

龙树菩萨为印度大乘空宗之祖师，罗什乃其四传弟子，其性空教理，在中国能盛行并发扬光大，实乃什之功。罗什前有吕光所迫犯戒，后有姚兴逼以十女妻之。故什师每列讲习常先自说：

"譬如臭泥中生莲花，但采莲花，勿取臭泥也。"以此而论，什师之豁达不拘与道安之严肃不苟，各有不同。什师至中国时间虽不长，而其影响之巨实不可思议。其译经事业规模宏大，造就门下众多，号称有三千之众。弟子中有四圣十哲，如北之僧肇、道融，南之道生、慧观，乃其最著名者。而影响于我国思想界至巨之佛教学理，得到扎实稳固之基础，进而有完整体系之发展。如其所译经论中：《中论》《百论》《十二门论》之于"三论宗"，《成实论》之于"成实宗"，《法华经》《大智度论》之于"天台宗"，《阿弥陀经》之于净土宗等的立宗，无不受其译经之惠。总之，所译共九十四部，四百廿五卷。大乘之确立，有大力焉。

【附注】

①　韦陀，义译为智，意谓智慧的学问。这是印度最古老的经典，当时只有婆罗门可以研究。内容分四部分：一、寿：关于修身养性这方面的。二、祠：关于祭祀祈祷这方面的。三、平：关于占卜算命、兵法军阵这方面的。四、术：关于禁咒医方、伎数异能这方面的。

②　五明是印度的五种学术：就是语文学的"声明"、工艺学的"工巧明"、医术药剂学的"医方明"、逻辑论理学的"因明"、宗教佛学的"内明"。

③　声闻乘的果位名，梵语叫斯陀舍，中译为一来。

第八章　与罗什共襄译事的高僧
——佛陀耶舍

一、因父恶缘，出家修道

佛陀耶舍，译义是"觉"的意思。他是罽宾人（今克什米尔一带），本是印度婆罗门种[①]，世世代代事奉外道（凡心外求法，不合真理的称外道）。有一天，有一个沙门到他家来乞食，他的父亲看到了就大发脾气，指使仆人殴打那沙门。传说就在这时，他父亲的手脚不知怎的忽就变得蜷曲不能自由活动了，心中不禁深感惶恐，就去请教巫师。巫师说，这是因为冒犯了贤人，所以才会遭鬼神的惩罚。于是只有赶忙找到那沙门竭诚忏悔，数日之后也就痊愈了。他父亲从此以后，看见沙门就恭敬顶礼，不敢再予轻视了。

二、遇虎不惧，胆识过人

耶舍十三岁时，其父就叫他出家修道。他出家以后，某次，随其师远行，在旷野中遇到一只老虎，他师父感到很害怕，急欲走避。耶舍却从容不迫地说："不必害怕，这只老虎不会伤害人的，因为它已经吃饱了。"他师父还在疑惧之际，那老虎果真不曾害人，就径自离去了。于是师徒两人继续上路，果然在不远的地方，他们发现了一堆老虎吃剩的骨头。由耶舍对于这件事的反应，可以充分看出他的智慧与胆识有过于常人。他师父也从此对他另眼相看。

三、日诵万言，受戒期晚

当耶舍十余岁时，就已能背诵经文二三万言。但因需时常外出乞食，所以荒废了诵习。有一个罗汉，很爱惜他的聪敏，常将乞食所得分一半给他，使他无饥乏之忧，得以安心读书。因此在耶舍十九岁时，已经能背诵大小乘经数百万言了。但他性行傲慢，不拘形迹，颇以自己的知见自得，时常自鸣得意地说，世上还有谁有资格当我的老师呢？因此，就不被其他出家人所器重。所以每当受戒时，无人愿意为他临坛受戒。就因这样，舍师一直是个小沙弥（沙弥译作勤习，意谓勤习众善，息灭诸恶），无法晋升做比丘（比丘是正式的和尚，必须受二百五十个具足戒）。于是就跟从他的舅舅学习"五明"等诸论典，并综览世间法术，直到二十七岁，才受具足大戒，升格做比丘。他在经过这番磨难后，从此便敛心克己，虚心应事。他平日视读书为常业，经常手不释卷。每次端坐读书寻思其中的道理，往往过了午夜还不自觉，从他读书的专精可见其好学深思之一斑了。

四、耶舍罗什，贤圣相惜

后来耶舍至沙勒国，国王正邀请三千僧人聚会，耶舍即参与其中。当时沙勒国太子达摩弗多，见耶舍仪容服饰端庄文雅，就暗暗称奇，于是问他从哪里来。耶舍酬对应答清畅无比，令太子倾心不已，乃请耶舍留在宫内受他供养，待遇特别优厚。正巧鸠摩罗什也在此时来到沙勒国，就跟才高学博的耶舍受学。虽然罗什是后学，但耶舍并不轻视他，两人惺惺相惜，互相尊重。后罗什跟随其母回到龟兹，耶舍仍留在沙勒。两人就分开了。

五、追踪罗什，巧计脱身

不久，沙勒王薨，太子即位。这时前秦苻坚派遣大将吕光讨伐龟兹国索要罗什，龟兹王因情况紧急，即刻求救于沙勒国。沙勒王亲自率兵应援，临行委托耶舍留在宫中辅助太子，就率兵出发了。可是龟兹在救兵尚未抵达时，就已败北而交出了罗什。沙勒王归国后，告诉耶舍，罗什大师已为吕光所执。耶舍说："我与罗什虽然相处很久，可惜并无机会与他畅论平生的怀抱。现在他忽然被执，不知要到何时才能再相见呢！"言下不胜感叹。

　　耶舍留在沙勒十余年，然后向东来到龟兹。他所到之处，法缘都很盛。这时罗什在姑臧（甘肃凉州），特别遣人送信相邀。耶舍接信大喜过望，但在备妥粮食即将出发的时候，龟兹国人却坚不放行，因此只得留下。这样过了一年，想想总不是办法，乃心生一计，就对弟子说："如果要决心前去追随罗什，只有秘密夜行一途。"他的弟子说："就算我们夜晚能溜走，恐怕一到天明仍会被追及的。怎么办呢？"耶舍说："这点请放心，我自有办法！"于是取来一钵清水，投药其中，然后持咒数十遍，以此水洗足。便在当夜出发，传说，等到天亮他们已行数百里了。耶舍问弟子们途中有何感觉，他们说："只听到耳边风声作响，眼中不时出泪而已！"耶舍又为他们咒水洗足如故，休息一会儿，然后再行赶路。翌日清晨，等到龟兹国人发觉，想要再追赶时，师等一行已在数百里之遥了。

六、罗什力荐，姚兴厚聘

当耶舍到达姑臧的时候，鸠摩罗什正好已到长安去了。并听说姚兴硬逼他接受美女为妻，这本是极不合佛法的事。耶舍不胜叹息地说："罗什大师是上品好材料，怎可任意加以糟蹋呢？"罗什这时听说耶舍已跟随而来，就劝姚兴派人去迎接，但未为姚兴所采纳。不久，在姚兴请罗什译经时，罗什又极力地推介耶舍说："欲令佛法弘扬，并能流传永远，非使译文的文辞与义理都能圆融畅通不可。佛陀耶舍深达佛理，文笔雅达简练，必可胜任译事。"于此可见，罗什对耶舍之器重可说是无以复加了！自古文人多彼此相轻，凡才学名闻相当的人，互相轻视也是常有的。今观罗什、耶舍两人的交契，能不令人感到惭愧吗？姚兴看见罗什如此推崇耶舍，不免为之心动。于是立刻应允，特派使者前往迎请，并致送厚礼示意以表尊重。耶舍因罗什的事（被迫接受美女一事），深有戒心，就委婉陈辞说："既承明旨相召，理应效命才是。施主（指姚兴，出家人称在家人，不论其地位身份一律称为施主）一向待人厚道，但如仍用待罗什之道对待我的话，那就不敢遵命了！"耶舍为防患于未然，所以事先就约法三章，并要使者先行回报，然后再定行止。这一招果然有效，姚兴极力保证一定依约而行，于是耶舍始应允至长安参加译事。如是耶舍、罗什二人再相聚首，可以说万里他乡遇故知，其欢畅之情自不待多言。

七、共襄译事，不受报偿

耶舍到长安后，姚兴亲自出迎，礼遇甚厚，并为他在逍遥园别立新舍，四事（衣服、饮食、卧具、汤药）供养周到万分。但耶舍自奉甚俭，每日仅守日中（中午）一食之训，其余一概不受。日后姚兴供养更多，衣钵卧具堆满三间屋子，他一概淡然处之。

当时罗什正在翻《十住经》，而疑难时出，着笔为艰，正好耶舍适时赶到，就共同研究咨商，辞理始惬。在场供役的道俗（出家及在家）三千人都叹赏其译笔的精简扼要。因耶舍的脸上长满赤色的胡子，又因平生善解毗婆沙论（译为广解），时人乃称他为"赤髭婆沙"。同时又因他是罗什的老师，所以又叫作"大毗婆沙"。

耶舍为人博闻强记，过目不忘。有一次司隶校尉姚爽存心试探他，要他背诵艰涩难读的羌籍药方，大约五万言，并手持原文对照。他朗声背诵一遍，居然不落一字。因此没有人不叹服他强记的功夫。耶舍于弘治十二年译出《四分律》[②]共四十四卷。并取出《长阿含经》等，由凉州沙门竺佛念译为中文，由耶舍口授，而道含笔录之，至弘治十五年完成。姚兴致送耶舍布绢万匹，他一概不受，道含、佛念两师各布绢千匹。参与译事的名德沙门五百人，也都各有重赐。后来耶舍辞还西域，至罽宾后，不知所终。

【附注】

①　古印度分人民为四级：一、婆罗门——教士。二、刹帝利——王族（武士）。三、吠舍——农商。四、首陀罗——贱族（奴隶）。婆罗门是梵语，义译为净行，奉事大梵王而修净行之族。

②　律学重要的典籍。将律学分为四部分：一、比丘法，二、比丘尼法，三、受戒法，四、灭诤法。后来唐道宣律师所弘的律，就是四分律。

第九章　幽微义理、妙合佛心的高僧
——道生法师

一、器识宏伟，慧解过人

道生法师，本姓魏，是河北巨鹿人，寄居彭城，其家世代本仕宦之族。生公幼而颖悟，聪哲如神，他父亲知他非凡器，非常钟爱他。后遇沙门竺法汰，就改俗皈依佛门，服膺受业。既入法门，智慧大开，研寻经义，即自开解。年方十五，便登讲座，议论风发，其言辞圆润似珠玉。虽是那些宿有名望的僧人及当世名士与他辩难，莫不为之理屈词穷。师二十岁时，器识更深，性度机警，神气清穆。师于是年进入庐山，屏绝尘缘，幽栖七年。常以为欲深入佛法，非慧解不能。因此钻仰群经，斟酌诸子杂论，虽万里求法，不惮疲苦。后与慧严同游长安，从罗什受业。关中诸僧，凡见过生公的，未有不钦服其妙悟神契。当时名士如王弘、颜延之也都仰其风采而心悦礼敬。

二、生公说法，顽石点头

生公钻研佛法日久，已能彻悟言外之旨，乃喟然叹息道："言辞文字只是一种工具，本不过是用以表达佛理的，佛理若真通达了，便不会死在文字下。自佛典东入中国，由于辗转地翻译，人多拘泥经文，不知变通，所以就不能圆融佛理。果能得鱼忘筌（只要得到了鱼——文义，就不必拘执捕鱼的筌——文句），才能深契佛理。如此才可语于道了！"于是校阅真俗书籍，研思因果关系。乃言"善不受报""顿悟成佛"的理论。又著《二谛论》《佛性当有论》等，都能廓清旧说，妙发渊旨，因而引起拘守文义之徒的嫉妒。

初《涅槃经后品》未至，生公熟读久之，剖析道理，深入隐微，乃说"一阐提"人（断善根极难成佛的人）皆得成佛。这种说法在当时可谓闻所未闻，全系创见。旧学之徒，都以为有违佛法原旨，必是邪说惑众，在戒律上应当加以摒弃。生公乃在大众前正容宣誓道："如我所说，不合经义，愿此身得恶报。如果实契佛心，愿在舍寿时，高据狮子宝座。"说完，便径自离去。生公后游吴之虎丘山，不数日即有学徒数十人向师求法。

传说，道生尝竖立石头为听众开讲《涅槃经》，讲到"阐提也有佛性"处，就问众石头说："如我所说，契佛心否？"群石皆为之点头首肯。意味其能阐发经中幽微之义理，妙合佛心，赖此至诚，感动顽石。这就是"生公说法，顽石点头"的典故[①]。后来昙无谶译《涅槃经》后品，果然称"阐提悉有佛性"，与生公从前所说正若合符契。生公慰喜不能自胜。生公既获新经，不久即讲说《涅槃经》。

宋元嘉十一年冬十一月，生公在庐山精舍说法，升狮子座，神色开朗，德音俊发，反复论议，穷理尽妙，观听之众，莫不怡悦叹未曾有。传说，生正在法席将毕之时，忽见麈尾（魏晋清谈者喜执麈尾为拂尘以助言谈，后讲法指授之时亦习用之）纷纷坠下。听法大众骇然，趋前探视，只见生公端坐正容，凭几而卒，颜色如生，好似入定一般。正应前言舍寿时，据狮子座之预言。于是四众道俗无不惊骇叹服，远近徒众皆相悲泣。至此，京师诸僧方觉愧疚，追念生公前语，无不信服其阐提佛性之卓见。后其徒众将师礼葬于庐山之阜。

【附注】

① 生公说法，顽石点头事，见《佛祖历代通载》卷八。

第十章　智斗婆罗门的高僧——释道融

释道融，河南汲郡人，十二岁出家，其师见他神采过人，就先令他在外求学。融师平日唯靠借读书籍以满足求知欲，但他借书，当日即还，从不携回。其师疑怪不置，乃当面执卷相试，他竟都能背诵如流，不误一字，不禁叹赏不已！于是任他到处游学。到了三十而立之年，才气识解卓绝英迈，内（佛书）外（诸子百家）经书，了如指掌。融师因闻知罗什在关中，所以特地前往，以便就近请益。罗什一见道融，就很器重，便对姚兴说："昨天一见融公，就知他是奇特聪明的释子。"姚兴即请引见融师，见后也为之叹赏不置。因此请他进入逍遥园，助理什师译事，并开讲《中论》《法华经》。什师亲往听讲，因赞叹道："佛法之兴盛机运，当有赖融公这样的人才！"

不久，狮子国有一婆罗门，聪明博学，才辩非常，西土俗书，几乎读遍，为彼国外道所推崇的顶尖人物。彼向来自负甚高，闻什师在关中大行佛法，心中大为妒忌，就告诉他的门徒说："岂可任释氏之风独传中国，而我们的大法反而湮没不传？真是岂有此理。我一定要摧破彼法，使我们的大法东传！"当时其气焰之嚣张固可想见了。于是乘着骆驼并载其书东来，进入长安。姚兴召见他，因见其口辩敏捷，也颇为所动。婆罗门宣言道："至道本无定论，各凭本领。现在请与中国僧人辩论，看谁辩胜，就当让谁的大法传扬！"其气势之凌人，实不可一世。姚兴即准其请。当时关中僧众都畏其气焰，莫敢支吾。罗什乃告诉道融说："这个外道聪明过人，而且志在必胜。若使外道得志，则法轮必遭摧折，岂可坐视不理呢？就我所观察，唯有你能对付他。"道融自顾才力不减于婆罗门，佛法岂容他人任意轻蔑。为求知己知彼，乃暗地里差人将婆罗门所读过的经书目录抄下，然后一一加以披阅。聪明强记的他，一经披览即能成诵。其后，在选定的日子公开辩论时，姚兴亲自出席旁听，公卿大臣闻讯都从各处会聚于长安。关中僧众，也由四方纷集。此时真是车水马龙，盛况空前。融师与彼婆罗门各凭才辩学问，针锋相对。融师辩锋捷出，经反复辩难，终于压服婆罗门，使之理屈词穷。但彼犹自以广读诸籍相夸耀，以为此乃融所不及。融师也广列其所读之书，内中除婆罗门之书外，并列有中国经史名目，二人相较之下，融师竟多出三倍有余。婆罗门至此满心愧悔惭伏，顶礼融足，始自认输。不久，就悄然离去。

第十一章　创建莲社的净土宗初祖
——慧远大师

一、佛道流传，其必远乎

慧远大师，俗姓贾，山西雁门人氏，从小就喜好读书，天资秀发。年十三随其舅父背井离乡，远出求学于许昌、洛阳一带。少年时代的他即博通六经，尤其擅长老庄之理。师气度宏伟，风采俊拔，鉴识明朗。即使那些号称有学问的宿儒，也无不惊服。远师年二十一岁时，想到江东从范宣子求学，正值石虎已死，中原一带盗贼骚扰，道路不宁，故未能如愿。

这时，道安法师立寺于太行恒山，弘扬佛法，声誉甚隆。慧远就投依道安。师一见到道老，就颇感投契，以为真吾师也。后来听讲《般若经》，豁然有悟，以为儒、道、百家非究竟圆满之学，唯佛法方能了生脱死，得真实受用，遂慨然与其弟慧持落发出家。出家以后，以大法为己任，精思讽诵，夜以继日，兄弟恭敬，始终不懈。道老常赞叹说："将来能令佛道流传的，必将是慧远贤者！"远公年二十四，便登座开讲佛法，曾有一人在座下听讲，一直不能融通其理，经往复问难，疑惑仍多。远师乃引庄子义理，使之触类而旁通之，终于使他恍然大悟，无复疑滞。

二、以杖叩地，清泉涌出

远师后来随着道老南游樊城、沔县。后秦建元九年，秦将发兵兼并襄阳。道安法师因被朱序所拘，欲行不能，于是遣散徒众，各任所往。临行，那些素称长德者，道老无不对之叮咛再三，独对远师不及一言。慧远心中疑怪，就请示道老说："远虽不肖，尚属可教，何以对大众都训勉有加，独不及远呢？"道老说："贤者乃上等根器，素知自爱，又何待叮咛呢？"道老对远师的器重，当可想见了。远师乃与弟子数十人南往荆州，住在上明寺，后来想前往广东罗浮山居住，而当行经江西浔阳，因见庐山山水清静，适合修行，即依止其处。初住龙泉精舍。传说，此地没有水源，一次，远公以手杖叩地说："如果此山可以栖止，愿使这朽壤即时流出清泉。"语尚未毕，清水如泉，源源而出，不一会儿竟然汇成一股清溪。其后不久，浔阳亢旱，远师乃亲临池旁，诵读《海龙王经》，传说有巨龙忽然出现在池的上空，须臾大雨滂沱。那年收成特别丰厚，故号精舍为龙泉寺。

三、东林精舍，白云充室

这时有沙门慧永，居住在西林，与远师为同门旧好，因见远公法缘殊胜，便与刺史桓伊相商："远公弘法度众，四方慕德来归者日多，其龙泉寺已不敷使用，我虽欲容纳，但住处褊狭，此事该当如何？"桓伊就发大心，为远师在庐山的东方建立佛舍殿宇，此即"东林精舍"创建之因缘。东林精舍，前临庐山之秀美，后负（背负）香炉峰之雅胜，傍带（映带）瀑布之幽壑，屋基则随山石之形累叠而成，屋宇用松木架构，倍觉古意盎然。纵目望去，唯见清泉环屋，白云充屋，纯是一片地灵气象。又在寺内另设禅林，俯仰其中，只见一片森树烟雾凝聚，怪石幽泉，青苔嫩绿，山光云影，争共徘徊。凡是前来瞻仰之人，流连其间，莫不为之神清气肃，陶然忘机。

四、远公诚至，育王像现

当时江西浔阳人陶侃镇守广州。传说，有个渔人在海上见有神光，每晚光彩灿然，经过多日更加焕发，感到非常奇怪，就告诉陶侃。陶侃前往详加观察，竟然是阿育王像，即刻迎供于武昌寒溪寺。后来该寺住持僧珍于夏日夜梦寺中遭火，而供奉此像的房间独有龙神围绕。珍梦醒后，急忙驰还寺中，果然该寺已被烧毁，唯余供像的房间安然无恙。陶侃因为像有威灵，就特别派遣使者往请，以数十人扛抬神轿，经由水路而行。神轿放置船上，不知怎的就沉没了。陶侃为人雄武，但素乏信实，所以神灵不享。因此荆楚之间有风谣流传云："可以诚致，难以力招。"传说后来远公创佛寺既成，诚心礼请，至诚感通，此阿育王像竟忽然浮水而出。于是即刻请回供奉，往还远途毫无梗阻。从此才知远公至诚，一如荆楚风谣。远公自此率领大众精进行道，早晚不懈，释迦牟尼教化的余泽，至此又复振兴了。

五、创建莲社，共期西方

由于远公的德风感召，各方持戒精勤修行，及离尘绝俗清信佛法的人，都不期而至。如彭城刘遗民、豫章雷次宗、雁门周续之、南阳宗炳、张季硕等都抛弃世间荣利，自远方来归。远祖乃于精舍无量寿佛前，建斋立誓，率刘遗民等信士一百二十三人，建立莲社，精勤念佛，共期往生西方。这就是中国创建"莲社"的开端。

六、神韵严肃，伏物盖众

远公祖师，神韵严肃，容止方正，凡是看到他威仪的人，没有一个不感到心神战栗的。曾经有一个沙门，拿着竹如意上山，准备供养法师，但数日之中，每见远师威仪，竟凛畏不敢上陈，只好暗中留置几席之侧，默默而去。另有一位慧义法师，为人强毅正直，自谓平日无所畏惮，一日将上山造访法师，就对远公弟子慧宝说："各位想必都是庸才，故将远师推崇如此，其实大可不必。"于是径自上山来，正值远公在讲《法华经》，他在座下听讲，每次欲有问难时，就只觉心头扑跳，汗流浃背，竟然不敢发语。出来后对慧宝说："此公威仪望之凛然，令人震慑！"远公伏物盖众往往如此。盖以内蕴德器，外现威仪，望之自觉俨然可畏了。

又有一位叫殷仲堪的人，经过荆州，特地上山展谒致敬，与远公共临北涧，谈论易学体要。师滔滔万言，许久不倦。仲堪钦佩之余不觉称赞道："法师不但通达佛法，而且深明易理。渊博若此，实难企及！"又有司徒王谧、护军王默等都钦慕大师的德风，对师无不遥致敬意。王谧写信给远公说："我现在年始四十，而已经衰老如同六十许矣！"远公答道："古人不爱尺璧，而贵寸阴，试观其中道理，似不在求长寿吧！你既信佛理，若果能奉行，必能有悟。岂不闻：朝闻道，夕死可矣！真能悟道，又何必求长寿呢？"

七、平等处世，无所取舍

当时卢循初据江州城，就到庐山访远公。远公少时曾与卢循之父卢嘏同为书生，论行辈远公是其父执辈了，远公见到卢循仍欢然道旧，朝夕相见。有僧人向远公谏阻道："卢循为国寇，如果与他交厚，恐启人疑窦。"远祖说："在佛法中，以平等心处世，无所取舍，只要心地皎然，又何用担心呢？"后来宋武帝追讨卢循，设帐于桑尾时，左右说："远公向来主持庐山，与卢循交情很好，应多加注意。"宋武帝说："远公乃遗世独立之人，岂有彼此的分别？"于是派遣使者前往致敬，并致送钱米以供养，至此远近始服远祖明见。

八、什师远祖，相得益彰

当时江东一带，经典甚少流通，禅法尚无所闻，律藏也残缺不全。远祖感慨道之不传，乃派遣弟子法净、法领等逾越沙雪，远行寻求众经，历时多年，方才归返，因此获得梵本多种得以传译。远祖孜孜为道，务在弘法，每遇西域来宾，就诚恳前往咨访。

远公又闻鸠摩罗什大师入关，即致书通好。两位大师彼此虽未曾见面，但早就互相心仪，他们为法向道之心都是同样的恳切。远公写信致罗什大师："去年收到姚左军的信，承蒙关怀，无任感荷，仁者因前远在异域，而当时中外音讯未开，而远早已闻其德风而心生慕悦。但恨关山阻隔，各居一方，以致无法一见。只有遥相欣赏雅风与道范，而无由就近请益。负荷大法的人，必以一无所执为心，且使功不在己。只要法轮常转于八正道（正见、正思维、正语、正业、正命、正精进、正念、正定）之路，并在三宝将尽之期常宣法音，则必不让龙树专美于前。"罗什大师答书说："经中言，末后东方，当有护法菩萨。勉哉仁者，善弘佛法。有五项必须具备的事：一是福，二是戒，三是博闻，四是辩才，五是深智。兼而有之者其道必隆，而仁者正可谓兼备这五项优点的人了。"远公又与罗什写信说："听说仁者将回本国（龟兹），令人怅惘不已。前此实因仁者翻译诸经，所以未便咨问，以后恐机缘不再，故此条列数十事请教，希望在暇时，一一为远解释。这些虽非经中大难之处，但要取决于仁者，方能让远心安。"从以上史实，足可看出古德之交友态度，可说是"同明相照""同气相投"了，他们的学问无不是从谦谨中得来的。

九、感格桓玄，护持正法

桓玄征讨殷仲堪，大军经过庐山，就想请师出山，远祖托病不出。因此桓玄亲自入山相请。桓玄进谒远祖时，一见祖面，不觉肃然致敬，因提出问题质疑。他问道："儒礼以父母发肤不敢毁伤。大师何以剪削父母发肤？"远祖说："儒者立身行道，先全其形；释门立身行道，务全其性。故不同也。"桓玄听后称善不已。因此其他问难的话，都为之语塞，不敢再问。于是再请问这次征讨之成败利钝，远祖概不置答。桓玄出山后，顾左右说："远祖德风，实为平生所未见。"桓玄挟其权势，想延致远祖为其效力，以为师一出山天下事可为矣，于是写信游说，劝师做官。师辞严义正，严予拒绝。桓玄莫奈他何。

不久桓玄因目睹佛门中弊窦丛生，于是下令道："沙门除能阐扬佛法，或能谨守戒行者外，其他悉皆迫令还俗。唯庐山是道德所居，不在其列。"远祖致书桓玄道："佛教陵夷（衰败）已久，每一兴念及此，就慨愤满怀。窃见清澄诸杂滥道人，实合素怀。破邪贵在显正，只要泾渭分明，则清浊就可昭然。邪枉者即可改正，不仁者自会远去。其他矫饰虚伪者，从此断绝以假乱真之路。胸怀真心者，也无背负世俗的嫌疑。佛道与世风交兴，三宝从此复隆。"因此更推广桓玄的条文法制，桓玄就助成其事。

十、远师著论，不敬王者

当时有沙门是否应敬王者的争论，远祖乃著《沙门不敬王者论》凡五篇，大意说：一、沙门能导世人出迷途，开启教化之路。与儒家之道，殊途同归：同有功于教化，并可辅儒家之不足。

二、沙门忘名利，道德高洁。使高超者流，挹其遗风；漱其流者，也可体味余津。三、沙门出家离世以求其所志。与俗不同，其袈裟非朝廷之服，其钵盂非廊庙（指国家）之器，沙门全是方外之人，故不应致敬王者。四、沙门近开人天之路，远通出世之津梁，不但可以道洽六亲，抑且可以使德泽天下。虽然不处王侯之位，而可助王者之化。是故在内有背于天伦之重，而不违其孝；在外有缺奉王之恭，而不失其敬呀！

陈郡谢灵运负才傲俗，于人少所推崇，及一见远祖，肃然心服。远祖内通佛理，外善群书，而教化所及，道俗并沾其法味。

十一、三十余年，迹不入俗

慧远祖师自卜居庐山，结白莲社，三十余年，影不出山，迹不入俗；专志净土，澄心观想，三次见到圣相，而沉厚不言。传说晋安帝义熙十二年七月晦夕，于般若台之东龛，方从定起。见阿弥陀佛，身满虚空。日光之中，有诸化佛，观世音、大势至菩萨左右侍立。佛告远祖说："汝七天后，当生我国。"又见莲社中先往生者如慧永、刘遗民等，皆在佛侧，向前作揖说："大师早先发心，何来之晚？"远祖道："吾始居此，十一年中，三睹圣相。今天又得再见圣相，吾将必生净土。"到八月六日端坐入寂，年八十三。门徒号恸，如丧考妣，道俗奔赴，接踵而来。远祖以娑婆情重，恐难割舍，故早制定七日展哀之期，遗命使露骸于松下，既而弟子收葬。浔阳太守阮侃于山之西岭凿圹开冢。谢灵运为造碑文，铭其遗德。南阳宗炳又立碑于寺门。

远祖一生，善作文章，辞气清畅文雅，每登讲席，谈吐精简而扼要。再加以容仪端整，风采洒落。门人画其像于寺中，借供远近瞻仰。所著论序铭赞诗书收集十卷，五十余篇，见重于世。远师以僧节令人钦仰，其风范可谓善继道安。

净土宗历代祖师：晋初祖庐山慧远大师——莲社第一位创始人；唐二祖长安善导大师——疏论净土三论；唐三祖南岳承远大师——曾居衡山设教，从化者以万计；唐四祖五台法照大师——在五台山建竹林寺，代宗尊为国师；唐五祖新定少康大师——在睦州开念佛道场，在新定散钱于市，使小儿辈随之念佛；宋六祖杭州延寿大师——即智觉禅师，本是法眼宗第三代祖，日课佛号数万，作四料简，提倡禅净双修，著有《宗镜录》百卷；宋七祖杭州省常大师——住杭州南昭寺，结社领众念佛，度化缁素颇众；明八祖杭州袾宏——号莲池，因居云栖寺，故亦名云栖大师，融合禅净二宗，以禅理疏成《弥陀疏钞》，一生著作悉收在《云栖法汇》中；清九祖灵峰智旭——字蕅益，自号八不道人，融会性相，扶持戒律，倡修净土，著有《蕅益大师全集》；清十祖虞山行策大师——字截流，虞山普仁院，倡兴莲社，学者翕然宗之；清十一祖杭州实贤——号省庵，因参念佛是谁得悟，后专修净业，著有《劝发菩提心文》；清十二祖红螺际醒——字彻悟，号梦东，亦由禅入净，著有《彻悟禅师语录》，阐净土法门；清十三祖苏州圣量——字印光，深通经藏，力倡念佛为不二法门，著有《印光大师全集》。

第十二章　流沙中的千古英雄——法显

一、消灾延寿，剃度出家

　　法显与玄奘为我国西行求法，前后两位极杰出的人物。凡是稍知中国文化的人，没有不知道他们的。主要原因有二：一因他们艰苦卓绝，不畏万难，为法牺牲的精神，令人敬仰；二因他们对中印文化交流有极卓越的贡献。依据史书记载，中国西行求法的人，以魏朱士行为最早，以后蔚成风气，其中以法显、玄奘二人最具代表性。他们均未假借任何外力，全凭一念求法之忱，在中西文化交流史上写下极光辉灿烂的一页。

　　法显大师俗姓龚，是东晋平阳人。显师本有三位兄长，都先后夭折了。其父深恐法显也步乃兄后尘，就在师三岁时，令他剃度出家，作个小沙弥（当时民俗往往借出家以消灾延寿）。法显在剃度后，其父仍令他居住在家，不令住寺院。过了几年，他生了一场重病，传说就在奄奄一息之际，其父无法可想，就把病中的他送还寺院，住了两天两夜后，病况果然有起色，不久便复原了。法显经这次磨难后，更坚定了出家的意愿。其母因思念这个仅存的儿子，既想要他回来，又怕再遭灾厄，于是便在住宅旁建了一座小屋，以便他随时去来。法显至十岁时，父母就先后病故了。至性过人的法显，含悲尽孝，凡人子临终丧葬之节，都执礼如仪。丧期过后，仍旧返回寺中。

法显沙弥曾经跟他的同学数十人，在田中割草。不幸遇有饥贼要夺取他们的稻谷，众沙弥都已吓得四散奔逃，独有显师处变不惊，反而义正辞严地对群贼说法道："你们如果需要稻谷，就尽管取去好了，但我必须忠告各位：凡事都有因果，就因你们前世不知布施，因果相循，故感今生饥贫之报。如果今生仍不知修福，且要强夺别人的稻谷，恐怕来世将更贫困，我实在为你们担心。"那些饥贼感师语出至诚，顿时良心发现，急忙弃谷而去。众沙弥对显师的急智与勇气都叹服不已。

二、横越流沙，九死一生

法显受大戒后成为比丘，志节行为明达敏捷，仪节轨范整齐肃慎。显师钻研经藏，每叹经律的舛误和残缺不全，便誓志西行求法。于是在东晋隆安三年（399 年），与同学慧景、道整、慧应、慧嵬等从长安出发，开始冒着生命的危险，进行极其艰巨而困苦的任务——西行求法。

这一路上必须跋涉万里，历经险阻，冲霜冒雪，忍饥耐渴，并时有疾病死亡之威胁，寂寞空虚之侵袭，其中可谓极尽人世最难堪困厄之境，非有最大之恒心、毅力、信心与意志绝不能成此伟业。

显师一行，首先遭遇到的困难，就是必须渡过一片流沙。这是一望无际的不毛之地，上无飞鸟，下无走兽，游目四顾，只有茫茫一片，更不要说去测度方向了。每天只有观察日出日落来辨别方位，有时还要借那残留的人骨来当指标。流沙中又常有可怕的热风，只要遇到，必无生路。显师等人凭着坚忍不拔的意志与信念，渡过许多险难，也不知翻越了多少山，渡过多少河才抵达葱岭。岭上冬夏不分，终年积雪，又时有风雨沙砾的侵袭，山路异常崎岖难行，悬崖绝岩，壁立千仞，一望下去看不到底。昔已有人凿石通路，旁边设有梯道。幸赖有此方便而先后渡过七百多所。又有许多悬于山壑之间的绳桥数十处，师等均一一攀附而过，此处，稍一失足即成千古恨事。他们所至之处，都是汉朝张骞、甘英等人所未履及的。好不容易越过了葱岭，接着又越小雪山，在此遇到寒风暴起，此时同行的慧景突感寒疾，噤战不能前行，就对显师诀别道："我已不行了！你们继续努力，不要半途而废！"说完就气绝而死。显师抚之悲感难抑！为完成大愿，只有挥泪而别，鼓勇前行。

三、为法忘躯，灵山礼拜

显师一行越过雪山，又先后经历三十余国，天竺（印度）已经在望。在离王舍城（中印度摩揭陀国）三十余里处，有一座寺院，他们就在寺里过夜。显师等抵达王舍城后，就听说耆阇崛（译作灵鹫）山就在王舍城东北，于是必欲前往参拜。寺僧却警告师等说："此道路况不佳，并有噬人黑狮，经常出没，不可前往！"法显说道："我远涉数万里，历经艰险，只有一个心愿，就是要亲至佛陀当年说法之处——灵鹫山（一说山顶似鹫，一说山中多鹫，故名），瞻仰礼拜，以偿夙愿。纵有险难作梗，也决不退缩！"寺僧不得已，只有派二僧送师前往。显师到灵鹫山时，日影西斜，便想留宿此山，彼二相送僧侣却因惧怕而先行离去，只留师一人单独在山。面对圣迹，显师怀着无比的虔诚，烧香礼拜，有如亲睹佛圣一般，因思佛陀当时说法之盛况，抚今追昔，不胜感叹。

传说，到了晚上，果然在他眼前出现了三只凶猛的黑狮子。黑狮走来蹲踞在显师身旁，只见它们舐唇摇尾，对显师毫无伤害之意。显师对之泰然自若，依然诵经不辍（停），一心念佛，狮子就温驯地低头缩尾，伏在显师足前，若有所悟地聆听着。显师慈祥地以手抚摩狮子说："若饥饿欲噬，待吾诵经毕，便当相舍；若仅欲相试，便可退去。"黑狮盘旋良久，才依依离去。

四、途遇暴风，虔诵脱厄

显师后来又到中天竺，在阿育王塔南天王寺得《摩诃僧祇律》，又得《萨婆多律》，抄写《阿毗昙心论经》《方等泥洹》等经。法显留在那里三年，学梵语读梵书，并亲自书写诸经，等到一切准备妥当，即携带经像，随着商船，到狮子国（今斯里兰卡）。这时那些与显师同来天竺求法的十多名僧侣，有的客死途中，有的留在天竺，只剩他一个人，形单影只。师抚今追昔，只有顾影凄然，悲慨不已。某次，有一商人，以中国产的白团扇供养他，师睹物不觉泫然泪下，兴起故国怀乡之思，于是萌生东归之念。师在狮子国停留了两年，又得《弥沙塞律》《长阿含经》《杂阿含经》及《杂藏经》等，都是中国所没有的经典，便一一装妥，准备带回国去。

其后，正巧遇上一条要返回中国的船，师遂随船，沿着海路回国。船上共有两百多人。传说，舟行途中不幸遇上了暴风雨，船上的人都惊惶异常，纷纷取诸杂物抛弃海上，以减轻船中重量。显师深恐那些经像也被抛掉，那么数年经营，岂非毁于一旦？惶急中，显师只有一心一意默念观世音菩萨圣号祈求加被，因此船在风雨中，竟安然渡过了。又经过了十几天，抵达离中国不远的耶婆提国，在那里停留了五个月，又换乘另一艘要开往广州的商船出发。举帆后二十多天，大风忽起，全船的人都震惧万分。不知怎的竟迁怒于显师，认为这条船所以出航不利，就因载有出家人所致。大家不能因他一人而与之同归于尽，想要推师落海，正商议间，那些随从显师回国的护法们都仗义执言，厉声呵斥说："谁要推这出家人落海，便先推我们下去。中国皇帝本多奉佛敬僧，若有人敢如此胡作非为，待回去禀告皇上，你们必会受到严厉的制裁。"众人凛于护法们的声势，只有作罢。后来水尽粮竭，他们的船唯有随风漂流，不久竟然漂到了岸边，大家欣喜若狂。登岸后，看到藜、藿等菜，知道已经到达了中国，但不知漂至中国何地。后来从两个猎人口中得知，此处是山东青州。青州刺史李嶷素信佛法，忽然听说有沙门自远方来，就亲往迎接，礼遇显师异常优厚。不久法显即欲南归，刺史本拟留师过冬。法显说："我投身万里置生死不顾，就在决志弘扬佛法；现在此志尚未圆满，不可久留。"刺史闻言，深受感动，乃厚赐护送而归。

五、译出《大般泥洹经》，慈悲济度

法显于东晋安帝隆安三年西去，于义熙八年归国，前后凡十三年（399—412年），终于安抵国门。法显回到京师后就随外国禅师佛驮跋陀，在道场寺译出诸经律论百余万言。显师译出之《大般泥洹经》，流传布化民间颇有感应：有某位在家居士，已失其姓名，居住在朱雀门附近，世世代代，奉持正法；并亲手抄写一部《大般泥洹经》，每日诵读供养。但因家贫，别无经室，只有与杂书共置一室。有一次，其室遭回禄之灾，火乘风势，顷刻延及全屋，家中所有东西都焚烧罄尽，传说，只有此部《大般泥洹经》的手抄本完好无缺。后来显师卒于荆州辛寺，春秋八十有六岁。

法显西行求法之壮举，可谓行人之所不能行，忍人之所不能忍，其所以能如此者，乃在以道自任，满怀荷担如来家业，舍我其谁之气概。故历尽千苦万难，在所不辞。

六、埋骨青山，何须桑梓

法显不过是千万西行求法者中，少数幸存者之一而已。而滔滔流沙之中，正不知尚有多少豪杰，因舍身求道，而埋骨其中。其事迹或不下于法显等人，而其名则终古不为人知。"士不可以不弘毅，任重而道远，仁以为己任，不亦重乎！死而后已，不亦远乎！"吾人于此，能不对这些无名英雄们可歌可泣的悲壮精神，致最崇高之敬意吗？即此仅借诗偈一首，以终此篇：

男儿立志出乡关，若不成功誓不还。

埋骨何须桑梓地，人间处处有青山。

第十三章　无视浊秽、庄严佛土的高僧
——康法朗

康法朗，是中山（在今河南省内）人氏。从小出家学道，持戒非常精严。每于读经看到佛说法的鹿野苑，及佛入灭的娑罗双树，就不胜感慨地叹息道："我们现在既已遇不到圣人，怎可不发心西去瞻仰圣迹呢？"

于是发愿前往印度，去瞻礼遗迹。他邀集同学四人，从甘肃的张掖出发，向西经过流沙，行走了三日，一路上没有一点人迹。

大家正想找个落脚处，忽见路旁有一座古老佛寺，寺中杂草丛生。在一片荒凉的瓦砾中，只有破屋两间，俨然似有人迹。走近一看，每间各住一僧，一僧正在诵读佛经，另一僧却染患痢疾，抱病在床。两人的房间虽然毗邻，但彼此各行其事，不相照料。患痢的僧人屎尿纵横，狼藉满地，整个房间臭秽不堪。康法朗看到这种情形，就对他的同伴说："出家同道，应该唯法是亲；不见则已，岂可见而舍弃，视如无睹呢？"其他四人也都认为法朗之言甚为有理，就决定暂停数日，为此患病僧人洗涤秽物，并照拂起居，呵护备至。这位患痾僧人经过这样无微不至的照拂，原本沉重的病便日渐恢复，到了第七天，就完全康复了。

传说，他们诸事完毕，正拟整装待发时，突见房中在一霎时间，变成香花严饰的华屋。原来臭秽不堪的房子，早已焕然一新。法朗等人至此始恍然大悟，原来这病僧竟是神人的化身。此时病僧现出原貌，只见其容颜粲然，并正色相告道："实不相瞒，隔壁的那位诵经僧人是我的和尚（意即亲教师，本指师父），你们切莫小觑他。吾师已经证得了阿罗汉①，你们可以向彼问讯（佛家礼，用合掌或敬揖表示之，是讯问安否的礼节）。"法朗等立即转往隔壁作礼问讯。那位诵经的僧人就对他们说："你们心怀至诚，是入道的法器（即是具有悟道修法的根器），真正具有此心的人，不需远游诸国，所谓道在迩，而求诸远。若真能明了这个道理，就应当努力自修，以免虚掷光阴，果能依教奉行，将来必有悟道之日。你们其中的康法朗将会游历诸国，并重返中国，作大法师。"

从此四人就打消西行之想，安心留此，一心办道。以后果如所言，只有法朗西去游历诸国，研寻诸经论后，又回到中山开座传法，阐扬法相宗，门徒有数百人，最后，便不知所终了。

康法朗与法显两位大师，均立志西行。二人遭际虽不同，一人得遂所愿，一人未遂所愿，但二人却同有所成。

【附注】

　　①　阿罗汉是声闻乘四果中最高的果位名，含有三义：一、杀贼，杀尽烦恼之贼；二、无生，解脱生死不受后有；三、应供，应受天上人间的供养。

第十四章　推行道化、度化凶残的高僧
——佛图澄

一、善解文义，志在弘法

竺佛图澄，是西域来中国的一位高僧。他一生事迹颇多，尤其是度化石勒、石虎权巧方便，用心良苦。澄师本姓帛氏，从小出家，清约真挚而好学，能够背诵经书数百万言，并且善解文义。虽未尝读中国儒书史籍，但与诸学士论辩疑滞，都有如合符契，终无人能使之屈服。因澄师曾受名师教诲，西域的人都称他早已得道。佛教书籍记载，澄师在晋怀帝永嘉四年来到洛阳，夙有志弘扬大法。澄师到中国时，自言已有百余岁，平日服气自养，并能多日不食不饮。

二、潜身草野，石勒信受

　　澄师本想在洛阳建立一个佛寺，不巧正遇到匈奴族的刘曜（前赵）扰乱京师，因此他立寺之志一直未能实现，于是潜身草野之中，以观察世变。当时羯族石勒（后赵）屯兵葛陂，勒为人残虐，专以杀戮为务，遇害的沙门很多。澄师目睹这种情形，心生恻隐，想要以佛法化度石勒，于是杖策来到营门。传说，他事先得知石勒手下大将郭黑略素来信奉佛法，澄师就先投止略处。略就从澄师受五戒（不杀生、不偷盗、不邪淫、不妄语、不饮酒），执弟子礼甚恭。自从澄师来到略处后，略从石勒征伐，每次都能预知胜负之数。石勒感到很奇怪，就问他说："孤不觉得卿有超人的智谋，何以近来每次都能预知行军的吉凶呢？"略说："因我处有一个沙门，智术非常高。他说将军不久当统治北方，他本人也将被奉为国师。臣前此所知道的一切，都是他告诉我的。"石勒一听就很高兴地说："这真是天赐我的机缘呀！"立刻召见澄师，问道："佛道有何灵验？"澄师知道石勒不解深妙的佛理，只可以用神奇的道术来感化他。传说他盛满一钵，并烧香念咒，须臾就从钵中生出一朵微妙香洁的青莲，光色夺目。石勒由是不得不信服了。澄师见他既已信服，就乘机进谏道："王者的德化，普及一国之中，则麟凤龟龙四灵就会出现，以显祥瑞之征；如果政治多弊，道德消损，则彗星（扫帚星）就会出现于天上，显出不祥之征。天象的吉凶，总是随着执政者德行的消长而显现，这种事自古常有，天人也常明白地劝诫。"石勒听后，非常欢喜，即将狱中凡无辜入罪的即时释放，重罪者轻判，轻罪者无罪，因此而得共沾其益的十有八九。从此中州一带不论胡人、汉人，大部分都信奉佛法。

三、以医弘教，石勒畏服

传说，当时凡有人生了不能治的痼疾，澄师都义务为他们医疗，无不应时见效，这种"阴施默益"众生的事不知凡几。石勒从葛陂回河北，经过枋头时，枋头的人准备乘夜劫营。澄师得知此事，乃警告石勒预为防备，后来果如所言，因事先有备，遂免于难。某次，石勒心血来潮，又想试一试澄师，就在某夜冠胄衣甲，全副武装，持刀而坐。一切备妥，就遣人请澄师前来。传说使者刚到师处，未及发言，澄师就先说话了："平居无寇，夜间无故何以冠胄衣甲严阵以待，所为何来？"石勒从此对澄师更加礼敬了。

又有一次，石勒不知何故发怒，就想谋害所有修道之士，并迁怒澄师。澄师得知其事，就先避到黑略将军家，告诉他说："假如石将军派人问我所在，就推说不知。"不久，果然石勒派人来寻澄师，遍觅不得，只得回去禀报石勒。石勒十分惊惶地说："糟了！我略动恶念向圣人，圣人无不预知。想圣人恐将舍我而去了！"于是整夜不能安枕。澄师此时知道石勒已有悔意，就在翌晨亲自登门见石勒。石勒一见，惊喜万分，忙不迭问道："大师昨夜何往？"澄师说道："昨夜因你怒心正炽，失去理性，所以暂避一下风头。现在你既有悔意，所以敢再来相见。"勒在惭感之余，不禁对师愈益敬畏了。

四、发愿求水，百姓苏息

传说，襄国城堑（护城河）的水源，在城西北五里的团丸祠下，其水忽然枯竭。石勒问计澄师，当如何致水，澄师答道："今当召龙来。"勒字世龙，只谓澄师嘲谑他，就说道："正因龙不能致水，所以才相请教。"澄师说："吾言乃是实话，绝非戏言。凡水泉的源头所在，必定有神龙居之，若能召至，水必可得。"乃与弟子法首等数人，来到泉水源处。只见水源久已干涸，地裂如车辙，从者见状异常疑惑，恐水泉终不可得。唯见澄师信心十足，端坐绳床上，点燃安息香，发愿念咒数百言，如是三日，竟然看到泉水汩汩流出，传说突有一小龙长约五六寸许，随水而跃，众人争先恐后要走近仔细瞧瞧。澄师警告大家说，此龙有毒，不可靠近。不久泉水如江河般涌出，四方百姓于是赖此得以苏息。

五、出谋划策，石勒称帝

传说，某次鲜卑族段波攻打石勒，其兵声势浩大，石勒无以对抗，心中恐惧得很，就请教澄师。澄师说道："昨天曾有寺铃鸣声相示，明晨早餐时，必会擒住段波。"石勒登城一望，只见段波军威正盛，浩浩荡荡漫无边际，就大惊失色地说："波军声势如此，段波何能被我所擒呢？澄公不过是好言安慰我罢了。"心中还是忐忑不安，又遣人去问澄师。澄师说道："不必怀疑呀！现已捕获段波了！"是时在城北的伏兵四出，果然把段波捉住了。澄师劝勒释放段波，遣还本国；石勒听从，后来也颇得其用。

当时刘载已死，载之从弟曜篡位，称元光初。在光初十一年，曜自率兵攻洛阳，石勒想亲自率兵抵抗，而他的部下都极力加以劝阻。石勒就问吉凶于澄师，澄师说："军出必可捉住曜。"石勒才放心亲率步骑出战，果然生擒刘曜而还。于是石勒就僭称赵大王，行皇帝事，改年号为建平。

石勒登位以后，师事澄师更加礼敬，凡事必先咨问而后施行，封号大和尚。

六、塔铃独鸣，国有大丧

传说，建平四年四月，在一个天静无风的日子，悬于佛塔上的铃无故鸣声大作。澄师就告诉大众说："塔铃无风而独鸣，表示国有大丧，日期将不出今年了。"果然，在这一年的七月，石勒就死了。由勒子石弘袭位，不久石虎又发动政变，废石弘而自立，并迁都于邺，改年号为建武。石虎倾心师事澄师，更重于勒。乃下诏书说："和尚是国之大宝，封以荣爵，赐以高禄，皆不受。荣与禄两者均不受，将何以褒师德呢？从此以往，当以上等绫锦给他穿，以雕饰华丽的车让他乘。每日上朝，和尚升殿时，凡在常侍以下的官，都要为他举车舆，太子诸公都得扶他上殿。主朝者唱大和尚到，凡在座诸人，不论王公巨卿，一律起立示敬，借以彰显大师的尊贵与德行。"又敕令司空李农日夕亲自至府问安，而太子诸公五日一朝见，以表其礼敬。从是种种都可看出石虎对澄师的尊崇与礼遇，可说无以复加了。

七、莫起恶心，和尚知汝

澄师当时住在邺城（今河北省临漳县）内中寺。一日，派遣弟子法常前往襄国（今河北邢台市），另一弟子叫法佐的，刚从襄国回来，两人相遇，在梁基城下共宿一处。晚间二人对车说话，言谈中涉及和尚之事。翌晨，各人分道上路。法佐回到邺城，进谒澄师，澄师笑着对他说："昨夜你是否跟法常交车共谈你师父的事呢？古人说得好：'不要因为人所不见之处，而生不敬之心；不要以为单独无人之处，就有懈怠之心。'幽居与独处是敬慎的根本，岂不闻君子慎独，你难道忘记了吗？"法佐听后，不禁愕然，大感惭愧，立时对澄师表示忏悔。于是国人每共相告语，咸起警觉心说："不要起恶念，否则和尚没有不知道的啊！"

世人喜争长议短，尤喜在人后评是论非。被批评的，虽无澄师的天耳通，但俗语说："隔墙有耳！"传到对方耳中，岂不大伤感情？即使没有传到对方耳中，也非君子所宜为。澄师即时点醒弟子，正是一种机会教育。

传说当时太子石邃有两个儿子在襄国。澄师告诉石邃说："你的小儿子就要得病，可往探望他。"石邃就派人去探望，果然如其所言。国中名医及外国有道士都自言能治好。澄师跟弟子法牙说："他的病，即使圣人复出，也不能治好，何况其他的人呢？"过了三日，果然就一命呜呼了。太子石邃荒于酒色，并将图造反。他生平最忌惮澄师，于是决心除去这个眼中钉。澄师每月十五都入觐石虎，按例返程必会经过石邃住所，而邃每次都邀澄师饮宴奉养。澄师于是日入觐石虎后，于回程中，道经邃处。此次无论石邃怎么相留，师就是不肯留下，而径返寺中，因此邃的刺杀阴谋不能得逞。澄师早知太子邃行将作乱，但欲言难言，欲忍难忍。于是某次借机向石虎暗示，但石虎终不会意，不久谋逆事发，石虎才悟知师言。

八、澄师咒愿，黑略脱围

某次，郭黑略将军将兵出征长安北山羌，不慎堕入羌人埋伏中。当时澄师正端坐堂上，弟子法常随侍在侧。传说，澄师忽惨然改容道："郭公现在正有大难！"就叫众僧咒愿，他自己也咒愿祝祷，须臾又说："若从东南出则活，其他方向则否。"接着又再咒愿，一会儿又说："现在终于逃脱出来了！"果然，后来过了一个多月，郭黑略将军自前方返归，自述月前曾堕入羌兵包围中，后向东南方突围，正走得人困马乏之际，突见帐下有人推马给他，他换鞍上马始得冲出重围，而幸免于难。推算时日，正是澄师咒愿的当日。佛家传说，大抵如此。

九、珍惜现世，石虎谢罪

传说后来晋军攻到淮泗、陇北诸城皆被侵逼，于是东、南、西三方告急，人心惶惶。石虎大发瞋怒说："我一向奉佛供僧唯谨，而今反招致外寇，佛实不灵呀！"澄师知道后，在第二天清晨就去见石虎，特进言道："王在过去世，曾经为大商主，至罽宾寺尝行供僧大会，当时会中有六十罗汉，我也参与斯会。时有道人对我说：'这主人在命终之后，当受鸡身，以后当在晋地称王。'现在王正在晋地为王，岂不就是前世培下的那一点福吗？所以应

110

当多加珍惜才是。倘现世不加珍惜，来生还将堕落。况且疆场胜败，乃国之常事，何可怨谤三宝，夜兴毒念呢？"石虎听了澄师一番话后，乃大感悟，益加信受，于是跪谢以示忏悔。

十、慈悲杀生，情有可原

石虎又曾经问澄师道："佛法不作兴杀生，朕为天下之生，非刑杀则无以肃清海内。既违戒杀生，虽然奉事佛法，又岂能获福呢？"澄师就开示说："帝王奉事佛法，当在体恭心顺，显扬三宝，不作暴虐，不残害无辜。至于那些凶愚无赖，冥顽不灵，非教化所能改变的，有罪自不能不绳之以法，有恶亦不能不加刑罚。但有一原则，就是当杀不得不杀的人，当刑不得不刑的人，是谓'哀矜而勿喜'。假如借此以大开杀戒，任意暴虐，杀害无辜，则虽倾其资财以奉事佛法，也不能免于殃祸。愿陛下寡其情欲，兴大慈悲，普及一切，则不但佛教永远隆盛，陛下的福祚也自会绵远不绝。"石虎听了以后虽好杀成性，难以顿改，但也收敛许多，亦使众庶沾益不少。

十一、事佛在心，不在建塔

石虎属下尚书张良、张离等，因家富有而广兴供养，常常兴建佛塔，自以为已行大布施，造作大功德，而平日所行所为却依然故我。澄师就对他们说："事奉佛法，最重要乃在清静以养其性，无欲以养其情，平日总当以慈悲矜悯为心。若施主虽表面上奉持大法，而贪吝之心却丝毫未改，且游猎杀生无有节制，现世便已造不少罪业，来生还有什么福报可言呢？"张离等人不能听从信受，不久就因恣意放荡、触犯国法，先后被屠戮了。

起塔本属善事，非无福德。但佛法本意在："勤习戒定慧，息灭贪嗔痴。"此乃去垢明心之道。佛学又叫"内学"，也就是当从内心下功夫，始为务本之道，根本既立道始乃生。非此之先务，而后彼之可求。是故必先泯其恶念而后修桥铺路、造塔建庙，始有福德可言。否则，不务其本，只徒知粉饰其外，本末倒置，岂不失却佛法的真谛了。

十二、不言而化，遥救弟子

当时又值久旱，从正月到六月一直没有下雨，石虎派遣太子到漳西、釜口祈雨，但是总不见有雨。石虎乃请澄师祈雨，传说不久即在数千里平方内大雨如注，那年竟告丰收。因此西方戎貊蛮夷之族，原先不信佛法的，闻悉澄师的事迹，也都遥相礼拜，不言而化了。

澄师曾有一次，派遣他的弟子到西域市上买香，其弟子领命而去。某日澄师宣告大众说："我在掌中看见买香弟子在某处遇贼，恐有性命之忧。"因此烧香咒愿，遥相救护。传说后来买香弟子回来就说："某月某日在某处，我被盗贼劫持，正要被杀的当儿，忽然闻到一阵香气自远飘来，盗贼突感惊惧乃大喊道：'糟了！救兵来了。'就连忙弃我逃逸，因此遂得生还。"

十三、佛益教化，何拘外神

澄师的教化既已流行，民间多奉佛法，到处营造寺庙，竞相出家，以致真伪混淆，僧伦良莠不齐，行为亦有不检束的。石虎下诏书说："佛陀名号叫作世尊，应为世所尊奉。凡在僧门，品德自应高洁端正，精进修行，然后才能称为沙门。现在僧众渐多，或不免有奸匪盗贼之徒混杂其中，以巧避徭役为事。今为维持僧伦的清白，绝不容许僧门中有鱼目混珠的情形。"中书著作郎王度竟借端生事，即上奏道："佛本出于西域，乃外国之神，实非天子所应祀奉的。自汉明帝感梦以来，初传其道，只听西域人得以立寺奉神，而汉人概不准许出家。今魏可因循汉时旧例。现在大赵承天受命，亦理当如此。"石虎特下诏书道："朕生自边壤，君临诸夏，至于配飨祭祀，应当依从朕本国之俗。何况佛门三宝，有益教化，正应供奉。凡是好的制度规范，应由在上者鼓励提倡，永世垂为法则。如果真属良法美意，有益世道人心，又何必拘执于前代的旧例呢？旧例如果不善，岂不永世受其弊了吗？"

十四、奇丐麻襦，装疯卖傻

传说当时魏县有一个流浪汉，无人知道他的姓氏。因平常总是穿着麻布襦裳，在魏县乞食，时人都称他是"麻襦"。形貌像疯子，但言语卓越，无人能听懂。他乞得的米谷也不食，就把它们散置在通衢大路上，自称是要饲天马。赵兴太守将他缉捕送给石虎处置。澄师早先曾告诉石虎说："从国境东方二百里，某月某日，当会送来一个非常之人，绝不可杀他！"如期果然。石虎跟他讲话，觉得他毫无异于人处，就把他送到澄师处。澄师却与麻襦一见如故，二人谈论终日，其内容都是些旁人所听不懂的话。

石虎后来特派驿马送麻襦还本县，车马一出城外，他就坚辞坐骑，徒步而行，并嘱使者到合口桥见面。使者乘马至桥，而麻襦已先在合口桥等待多时，足见其步行如飞，马足都比不上。

十五、尊奉尧舜，勿效太公

澄师有一弟子名叫道进，学问广博通达，为石虎所尊重，有一次言谈涉及隐逸之士。虎说："有一个名叫杨轲的，朕征召他十多次，他坚持不肯出来。朕亲自前往礼请，他却傲然而卧。朕虽不德，亦君临万邦，虽不能令木石屈膝，何以区区一匹夫竟敢傲慢如此？以前姜太公到齐，就先诛杀不听征召的华士。贤哲如太公，尚且如此做，难道我就不可如此做吗？"石虎有意制裁杨轲，心有未安，故作此问。道进对曰："以前舜特别礼遇蒲衣，大禹造访贤人伯成之宅，魏修饰段干木的宫室，汉末管宁不应曹氏之征，皇甫不屈事晋室，这二圣三君，都是要激励贪竞，以扬清风。愿陛下尊崇尧舜之德，勿效太公之用刑。"石虎悦其言，即时遣还杨轲归隐其山，并派十家供奉他。进回去后，把一切事情的经过详细禀告了澄师，澄师笑着说："就你所言诚然不错，但杨的命恐怕终不能幸免于难。"后来秦州兵乱，轲弟子用牛载轲西奔，为乱军追擒，竟为所害。

十六、火起四门，洒酒降雨

石虎某次于昼寝时，梦见群羊负鱼从东北而来，醒来不得其解，就去问澄师。澄师说道："此为不祥之兆，鲜卑族恐将入据中原了。"后来不久，鲜卑族果然占有中原。

传说澄师一日与石虎共登中台，澄师忽大惊道："灾变！灾变！"幽州当有火灾，乃急取酒来洒。过了一会儿方始笑道："幸好已经扑灭了。"石虎实时派人前去幽州，察看当时情况。据报："当日幽州果然有火从四门冒出，正在紧急关头，突然见西南方有一片黑云飘来，及时降下一阵骤雨，便将大火扑灭。奇怪的是这一阵雨，竟然含有浓烈的酒气。"石虎听了以后，惊讶不已。

十七、塔铃又鸣，澄师示警

建武十五年七月，石虎的儿子石宣、石韬二人失和，彼此将图相杀。某次石宣与澄师同坐，浮图（佛塔）上有一铃独鸣。澄师问石宣说："你能解此铃的意思吗？"石宣变色，不知有何不祥之兆。澄师就暗示宣应多加收敛，以免蹈于大祸。宣不能听。某日又碰到石韬，澄师向他熟视良久，韬心中直感不安，就问澄师何处不对。澄师就说："怪就怪在你身上充满血腥臭味，所以久视如此。"韬仍执迷不悟。

等到八月，澄师令弟子十人另辟别室斋戒，为国祈福消灾。师暂迁入东阁，石虎与后杜氏到东阁来问讯。澄师就说："胁下有贼，大约不出十日了！自佛寺以西，此殿以东，当有流血事件发生，慎勿东行呀！"杜后不信地说道："和尚你大概是老了，何处有贼呢？"澄师恐妄生事端，就立刻改变了口气说道："六情所受，都是贼啊！上了年纪的人免不了要昏耄了。但只要年少者不惛就很好了！"遂不再多言。过了两天，石宣果然遣人加害石韬于佛寺中，并拟借其父王石虎临丧时乘机谋弑。石虎因澄师告诫于先，故而未去，乃得获免。等到石宣谋逆事发，被拘捕在案，澄师就向石虎进谏道："宣虽不孝不友，仍陛下之子，今已丧一子，若更丧一子，岂不愈加重这个悲剧？陛下假如于含怒之余加些慈悲，则还有六十余年的国祚。如果一定要大行诛戮的话，则戾气所聚，石宣将为扫帚星，下扫邺城之宫寝，将来祸患就无穷了。"石虎此时愤心正炽，已听不进任何忠告，乃以铁锁穿石宣的头，牵置薪积上，用火活活烧死。这还不算，并收其官属三百余人，都用车裂肢解，投入漳河中，真是惨不忍睹。澄师知祸事将至，无可挽回，乃命弟子离开斋堂。传说不过一个月，突然见到有一匹妖马，颈上鬣毛与尾上长毛都有被烧过的痕迹。妖马先在东阳门出现，又从显阳门跑出，后来又奔向东北，再以后就不见了。澄师听了这事以后，叹息道："灾难至矣！"

十八、祸乱将萌，澄师示寂

传说澄师私下对其弟子法祚说："岁在戊申，祸乱渐萌，己酉岁石氏当会灭亡。我要当其祸乱未发之前，先行入灭。"于是派人向石虎告辞道："万物无不迁化，此乃物理之常。人命亦然，谁都不能长保。贫僧幻质之躯，化期已到，前此既蒙眷宠殊荣，故此先行禀报。"

石虎听后，凄怆无比地说："不曾听说和尚有疾，怎么现在竟忽而告终呢？"澄师对石虎说："出生入死，本是常道。寿命的长短，也是命中注定的，丝毫不能勉强。凡道重在操行完美，德则贵在始终无怠。如果事业操行无有亏损，则身虽亡而德长存；否则，即使获得长寿，也非所愿。现在所憾的是，虽然国家有心护持佛法，供养一切也毫无吝惜，兴寺建庙，备极崇伟壮丽，以此功德来衡量，似乎应该多享福祉了。但因施政猛烈，刑罚滥用而残酷，显然违背了佛道慈悲的精神。如此而不自引为戒，痛加刷新，终必丧失所培的福德。若果真能洗心革虑，嘉惠百姓，国祚自必延长，道俗咸将相庆仰赖，就是身毕命终，也将没有遗恨了。"

石虎聆言，终因宿业太深无法悔悟，唯悲恸呜咽而已。虎知师必逝，即时为之凿圹营坟。到十二月八日，果然澄师在邺宫寺无疾而终，享年一百一十七岁。这年是晋穆帝永和四年，全国上下百官士庶都悲恸哀号，倾国奔丧。乃下窆（biǎn，将棺木埋于土中）于临漳西紫陌，即石虎事先为师建好的冢。澄师寂后不久，梁犊作乱，翌年石虎就死了。冉闵篡位，杀戮石种（石姓家族）殆尽。

十九、弘法盛况，无与伦比

澄师身高八尺，风姿闲雅，妙解经义，并能旁通世间知识学问。讲经说法，唯揭发宗旨，而全经始末，无不昭然可见。加以慈悲度化众生，随时随处拯危救厄，时当二石（石勒、石虎）虐害百姓及施行种种不轨正道之事，若非澄师潜移默运，暗中多方维持，那后果就不堪设想了。澄师弘法利生，教化所及，无远弗届，当时佛调、须菩提等数十名僧，均来自天竺、康居，都不辞数万里路之遥，足涉流沙，历经艰险，前来澄师处，冀得亲承教海。樊沔释道安，中山竺法雅并跨关山、越河川，恭听澄师说法，都能妙悟其中深旨，彻达幽微。澄师平日过午不食，持戒精严，为人无欲无求。由于他德泽广被，常追随他左右的即有数百人之多。前后之门徒，亦有上万人之众。其游化各州郡县，所至之处，兴寺建塔，有八百九十三所，弘法之盛况，无与伦比。

第十五章　开创正统中国佛教的天台宗祖师
——慧思、智者两位大师

一、领袖群伦，法化一方

衡岳慧思禅师，俗姓李氏，武津人。禅师头顶上生有一肉髻，举步姿态稳重而有威仪，本传中以"牛行象视"形容之。师自幼就以富有慈恕之心，为乡里所称道。传说某次梦见梵僧劝他出离尘俗，即了知自己宿世的因缘。于是毅然决然辞别双亲，出家修道。出家后，生活谨严，平时常习静坐，每日只食一餐。

某日，师诵念《法华经》已满千遍，又阅览《妙胜定经》后，深深感叹禅那功德之不可思议，只憾不得其门而入，于是发心寻访善友。当时听说慧文禅师智慧多闻，有徒众数百，多有成就，就决心前往参访。

慧文尝读《大智度论》至"三智①在一心中得"之句，及《中论》"因缘所生法"（见一心三谛）之偈，遂悟入即空即假即中之

120

妙理，因立"一心三观"之法门。师在经承慧文禅师指授后，大发勇猛之心，开始学习昼夜摄心之道。其时正值坐夏安居（僧徒于夏日炎天安居三月，禁止外出，而致力于坐禅修学。本为印度佛制，中土沿用之）期间，经过三七日（二十一天），传说就获得宿命通（知宿世己身及六道众生各各宿命）。于是更加勇猛精进，不久却因勇猛过度而引发宿世的业障，只觉四肢疲软，不堪行步。这时师暗自思忖："病乃是因业障而生的，业障又由心而生。心若不生，外境更何从而有呢？是故病业与身，都如云影一般，全属虚幻。"如是常常观照此心，于是颠倒妄想，从此渐渐减少，但内心的轻安境界，却一直保持原样，未见进步。直到安居时日圆满，仍然如此，心中深生惭愧。然而就在他松弛心情，放缓身子正待倚向墙壁的一刹那间，竟豁然开悟了。是时，法华三昧（三昧，译为正定。法华三昧，直破无明，圆证俗谛、真谛、第一义谛之圆融妙理）最上乘门，在这一念顷，全部明达融通。从此更加精勤不懈，观行日益增胜。同时，他的名声也渐渐远播，学侣徒众也就日多一日。凡来从学的，大师无不激励教诲，丝毫不感厌倦。师随机化导，可谓感应无边。并因大小根器，悲智定慧等法而接引、诱掖众生，真可说是领袖群伦，法化一方。师曾开示僧众曰：

道源不远，性海非遥；

但向己求，莫从他觅；

觅即不得，得亦不真。

又有一偈曰：

顿悟心源开宝藏，隐显灵通现真相；
独行独坐常巍巍，百亿化身无数量；
纵令逼塞满虚空，看时不见微尘相；
可笑物兮无比况，口吐明珠光晃晃；
寻常见说不思议，一语标名言下当。

另有一偈曰：

天不能盖地不载，无去无来无障碍；
无长无短无青黄，不在中间及内外；
超群出众太虚玄，指物传心人不会。

其后慧思禅师化道于衡阳，法缘更盛。不久，师知世缘已尽，屏绝徒众，寂然而逝。传说师逝时异香满室，头顶有暖气，身体柔软如生，颜色亦如常。时当南北朝陈宣帝太建九年六月二十二日，世寿六十有四。

承传慧思衣钵的，就是那开创正统中国佛教的高僧——天台智者大师。

二、灵山一会，传祖心灯

智者大师，荆州华容人（今湖北监利县西北），俗姓陈，母徐氏。传说，当徐氏怀孕的当日夜里，梦见五色奇异香烟萦绕，郁结于怀，久久不散。师幼时，即有奇相，平居卧便合掌，坐必面西，见佛像则拜，逢僧人必敬。师资貌俊朗通悟，仪止温恭，七岁就喜往佛寺，有僧人口授《普门品》，师一遍即可成诵，并能通其文句。若非宿根深植，怎能如此呢？到十五岁那年，师于瞻礼佛像时突有感悟，当下即誓志出家。遂于是夜，梦见一座大山，高耸千仞，下临深海，峰顶有一僧人举手相招，并将他引进一座佛寺内，说道："你将会栖止，并终于此。"其父母在他十八岁的那年先后去世，师深感人生无常之余，更加坚定其出家的意愿。不久，遂于果愿寺依法绪师出家。二十岁时，受了比丘戒。

陈乾元元年，智者大师到光州大苏山（今河南省境内），进谒慧思禅师。传说慧思一见智者，立刻了悟他们二人前生之宿缘，就说道："从前我们一同在灵鹫山（山在中印度摩揭陀国，一说因山形似鹫故名。佛陀曾在此讲《法华》等经），世尊（佛陀名号之一，因佛为世人所共尊，故名）座下听讲《法华经》，因宿缘所追，现在复来此会面了。"乃实时示现普贤菩萨的道场，并指授修行要旨。智师依法入观，经三七日，身心遂豁然大悟，定、慧二法即圆融贯通，而性中本具的六种神通遂一一证悟。据说这种种境界，非自证者不能明了，所谓"不足为外人道"者是也。

于是将其所悟证之境界，禀告慧思大师，籍得所印证。

大师就说："这种境界，非你莫能证得，非我亦不能识得。这是将证法华三昧的预兆。能证此境界，就是千万个依文解义之师，也不能测度此所证境界的万分之一。如今你已证辩才无碍境界，无人能及。具此证悟所得，始可承传祖师的心灯，切记！续佛慧命，非你莫属，勿做断佛种之人。"智者既承慧思大师之印可，心中不觉耸然自惕，毅然立誓荷担起如来家业之重任。

三、名动朝野，暂隐天台

陈宣帝太建元年，师拜别慧思禅师，前往金陵去阐扬佛法。他因辩才纵横无碍，说法不立文字，能深入经中之奥旨，往往彻夜达旦不知厌倦。而当时名师如大忍、法济、慧辩，都执弟子礼于其门。师住锡金陵八年，化度无数，举朝上下，一致皈依。上自皇亲国戚、达官显贵以及朝野名士，下至百姓兆民，无不奉如神明师保。其后，师以听法信受者虽众，而领悟者实少，并为免于名闻利养之束缚，乃决计隐居天台山更自加工用行，以求更上一层之证悟，于是开始其十年的头陀行（苦修）。

四、坐镇天台，亲证法华

太建七年，师隐居到天台山佛陇峰。有一位定光禅师早先隐居在此山中，某日，他对弟子说："不久，将会有一位善知识，率领徒众来到此地。"未久，智者大师果来山中。定光禅师一见就说："你还记得从前举手相招的事情吗？"智者恍然记起，昔日瞻礼佛像，夜梦一僧人相招的宿因，今日相见，不禁悲喜交集，乃执手共同行至庵所。传说那天晚上，忽然听到空中有钟磬的声音在山谷缭绕。智者说："这是何征兆呢？"定光禅师说："这是犍椎（译为钟；磬，佛寺中敲击之以召集大众）的声音，表示将要召集僧众以庆得贤者住持本山的佳兆。此地乃是金地，已有我坐镇于此；北峰乃银地，你可坐镇于彼处。"其后，师栖止于华顶峰，精勤独修。

又传说，某日，师于静坐时，忽然大风骤至，拔木发屋，雷霆震吼，魑魅成群，形容百状，吐火之声骇人听闻。同时又有强、软二魔出现，种种怖人之状，不一而足。师静坐如故，抑止其心，安然默忍，不动如山。如是移时，一切恶境，霎时如幻而灭，又再平复如常。师此时之境界已由前此大苏所证之禅定，进趋至法华圆顿一实中道之境地，亦即由禅定转入止观境界，天台教理，赖此修证境界而奠基焉。

陈至德三年，陈宣帝问道："现时释门，谁为最胜？"大臣陈暄奏道："前瓦官寺有智顗禅师，道德高超，威仪可风，禅功深湛，从前在京师，即为诸方所宗，现隐居于天台山，愿陛下诏之还都。"陈主即降诏迎请，师辞不就。帝又七降圣旨，师见其诚，乃允其请。师至京师，陈宣王亲自恭迎，师至后便在宫中太极殿讲《大智度论》及《仁王经》，宣王必亲至座下听讲，凡诸礼数，悉以国师尊之。其后并为智师修建禅寺，且以始丰县的租税作为供养之用。

五、一代宗师，天台智者

至隋文帝时，其次子晋王杨广时为扬州总管，宿钦大师德范，屡次礼请下山，师均不允。晋王以诚心感之，师乃首肯。王首设千僧会，请师授菩萨戒，王顶礼领受后说道："大师禅慧内融，传佛法灯，应奉名为智者。"师名号"智者"之尊称，实始于此。不久，师欲返庐山东林寺，王留之不得。临行，王礼拜瞻望，送至目力已极，始衔泣而返。师沿途所经之地，道俗均闻风前来请益。缁素延颈而望，庶民扶老携幼，遮道相迎，师感召力之深，就从此可知了。师后栖止于湖北当阳玉泉山中，建立精舍。其地本荒凉险恶，怪兽蛇狼充斥，师创寺后，大加振刷整顿，从此邪氛一扫而空。后宜阳公王积瞻礼，见师辄战栗背汗，心遽不安，出山后对人说："我王积屡经战阵，临危更是神勇，从未怖惧有如今日这般。"师之慑服力，往往如此。其后，师即于此开演天台教义，天台一脉从此传扬于世。

智者大师常谓《法华经》为一乘之妙典[②]，暂且开示方便之权门（指权教而言），直接显示真实之妙理。会同众善之小行，归趋于广大之一乘。智者大师根据自己修证的境界，建立体大思精、最富中国特色的天台思想。先开五重玄义（出《法华玄义》）：

（一）释名。（二）辩体。（三）明宗。（四）论用。（五）判教相。

（一）释名者：谓一乘妙法即众生本性，虽在无明烦恼之中而不为其所染。如莲华处于污泥之中，而体常净，故以为名。此经由开权门（权教）以显实门（实教），进而废权教立实教，再进而会诸权教径入于一乘实教。譬如莲之有华（花），有含容开（花）落（叶）之义。华（花）有之莲，有隐现成实（果实）之义。亦可说从根本以显示外迹，又因外迹以彰明根本。

（二）辩体者：本经以实相为体。实相者，无相无不相，指万有本体，诸法真实之相。又名佛性、法性、真如、法身、真谛、本性、如如等异名。

（三）明宗者：一乘因果为宗，开示悟入佛之知见。

（四）论用者：用者力用，以开权显实，废权立实，会权归实为用。

（五）判教相者：如来一代时教总判为五时八教。"五时"（出《天台四教仪》）者。第一，华严时：佛初成道，为上根菩萨说法（《华严经》）；第二，阿含时：为小乘根机说法（说《四阿含经》）；第三，方等时：弹呵偏执折服小教，赞叹大乘，褒扬圆顿（说《维摩》《楞伽》《金光明》等经）；第四，般若时：荡除法相悉遣偏执（说《金刚》《般若》《大品般若》等经）；第五，法华涅槃时：会权归实，授三乘人（小乘、中乘、大乘）及一切众生悉皆成佛。"八教"（出《天台四教仪》）者："化仪四教"与"化法四教"。

"化仪四教"：

（一）顿教：为顿机顿说别圆之教者，如华严时是也。

（二）渐教：为对渐机说法，渐次由小乘进于大乘者，如阿含、方等、般若三时是也。

（三）秘密教：谓对一种之机，以不思议力秘密说法，而听众各不相知也。

（四）不定教：谓对会众同说一法，而闻者各异其解，各得其益也。

"化法四教"：

（一）"藏教"：即三藏教，正教声闻（小乘），缘觉（中乘），傍化菩萨（大乘）者。

（二）通教：通三乘（小、中、大）而同学者，但菩萨为正机，二乘为傍机。

（三）别教：别对菩萨说大乘法者，不及中小二乘。

（四）圆教：专对最利根菩萨说事理圆融之中道实相者——此四教法，为化导众生之法门，故曰"化法四教"。——从上可知，佛陀一代时教之权巧与方便矣！

复次，又立一念即三谛③、三观④、三止：

"一心三谛"：

（一）"真谛"：因缘所生法，我说即是空。

（二）"俗谛"：亦为是假名。

（三）"中谛"：亦是中道义。

"一心三观"：

（一）"空观"：破见思惑⑤，证一切智，成般若德⑥，为了因佛性⑦（自觉）。

（二）"假观"：破尘沙惑，证道种智，成解脱德，为缘因佛性（觉他）。

（三）中观：破无明惑，证一切智，成法身德，为正因佛性（觉满）。

"三止"（出止观）：

（一）"体真止"（诸法缘生，当体即空，以此止妄）。

（二）"方便随缘止"（知空非空，随缘化益众生故云）。

（三）"息二边分别止"（有无俱遣，不起分别）。

复次，三观圆成，尚忧虑学者只知性德（二德：第一，性德：自性本具之德；第二，修德：用功修来的德。一切众生本来是佛，属性德，如在矿之金。若不加修行——所谓"加工用行"，终不能成佛，此属修德。如金矿不经开采冶炼，永不能成真金），而忽视了修德，或竟陷于偏执，所以又创"六即佛"之义，以绝此弊。

（"六"：明阶层浅深，应自修持，不生上慢，以对治妄自尊大。

"即"：明当体即是，应自承当，不生退堕，以对治妄自菲薄。）

（一）"理即佛"：众生自具佛性，如秽水中藏明珠，虽覆蔽未显，本性却丝毫未减。如：心月本明（虽有不知）。

（二）"名字即佛"：从善知识或经中，初闻三宝名，知佛性义，明了自心全体即是。如：知有明月（知而未见）。

（三）"观行即佛"：如梦初醒，知梦本空，谓之始觉。始觉念念观照本觉，息诸幻妄。如：抬头觅月（觅而未见）。

（四）"相似即佛"：观行功深，步步增胜。如：隔云见月（见未真切）。

（五）"分证即佛"：无明分分破，法性分分显，但无明未全尽，而法身未全显。如：月现未圆（已见未全）。

（六）"究竟即佛"：无明已尽，法身全显，始觉本觉不二，性德修德一如；如梦全醒，如月全现。如：天心月圆（已见全月）。

如上"六位"既皆是佛，通具有法身、报身、应身，所谓"三身"（出《金光明经玄义》）者，都随居"四佛土"（出《观无量寿佛经疏妙宗钞》）为所依止。

"三身"者：第一，法身（自性身）：是常住不灭，人人本具各各不无的真性体。不过众生迷而不显，佛乃觉而证得。第二，报身：由佛智慧功德所成。有"自受用报身"——为自修功德智慧所证之身；有"他受用报身"——是佛为十地菩萨说法而变现之身。第三，应身（应化身、变化身）：即随众生之机缘而变现的，用以度化众生之身（如观世音菩萨三十二应化身即是）。

"四佛土"者：第一，凡圣同居土：为人天凡夫未断见思惑者所居，及已断见思惑之声闻缘觉等圣人所同居者，故名。第二，"方便有余土"：为二乘人（声闻、缘觉）及未证法身的菩萨所暂住处，故名"方便"；而因尘沙、无明二惑未破，故名"有余"。第三，"实报无障碍土"：真实证得一分中道，破一分无明，获一分法身，感得胜报，色心无碍，故名；为地上（初地以上）菩萨所住。第四，"常寂光土"：诸佛清净法身所住。"常"者，法身常住不灭之体；"寂"者，解脱，一切诸相永寂也；"光"者，般若，照诸相之智慧也。以上"三身"所住"四佛土"如下表所示：

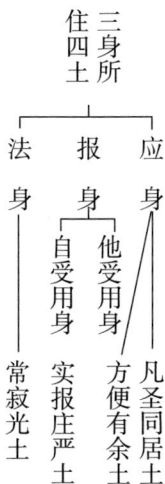

```
            三身所住四土
                │
       ┌────────┼────────┐
       法        报        应
       身        身        身
       │     ┌───┴───┐    │
       │    自      他    │
       │    受      受    │
       │    用      用    │
       │    身      身    │
       常    实      方    凡
       寂    报      便    圣
       光    庄      有    同
       土    严      余    居
             土      土    土
```

实则，不论身或土，本无优劣可分，但为对机之故，假说身

131

土，而分优劣。智师证得身土互融，权实无碍。所以三十余年昼夜宣扬其法，而生四种利益，具备"四悉檀"：

悉：遍也；檀，翻为施。悉檀者，遍施也。智师说法遍施有情，随根得益。

"四悉檀"（出《法华文句》）者：

（一）"世界悉檀"：说浅近之法，令一切闻者莫不欢喜。

（二）"各各为人悉檀"：随各各听众之机，说投契之法，令生正信，增长善根。

（三）"对治悉檀"：对症下药，除众生种种恶病。如：对多贪欲之众生，导以不净观；对多愚痴之众生，教以因缘观；对多嗔之众生，教以慈悲观等。

（四）"第一义悉檀"：若见机缘成熟，为说诸法实相，使其直悟佛道。

门人灌顶将智者大师一生所证悟的思想体系，每日记录万余言，其后并加以整理，分门别类，纂成《法华玄义》《法华文句》《摩诃止观》（以上称天台三大部）；《观音玄义》《观音义疏》《金光明玄义》《金光明文句》《观经疏》（以上称小五部），乃建立成博大精深、最具中国佛学特色的天台宗。

隋文帝开皇十七年十一月十七日，文帝派遣使者召师入京。师知世缘已尽，临行，告门人语："我此番一去就不再回。"智者大师行至石城寺，即止于彼。是月二十四日，师对侍者说："我看见观世音菩萨来迎，想不久就要走了。"果然，未多久，即结跏跌坐（盘腿而坐）而逝，世寿六十，僧腊四十。智师身长七尺，目射异光，终年常披着一件破蔽的衲衣，冬夏都不离身。来往居止天台山前后达二十二年，建造大道场三十六所，度人出家为僧亦有一万五千人。

综之，智者大师乃使佛学中国化之第一人。天台思想依《法华经》立宗，并收《涅槃经》、《大品般若经》（鸠摩罗什译）、《大智度论》（龙树菩萨造，鸠摩罗什译）等为所依经论。又承传北齐慧文禅师之"一心三观"，南岳慧思禅师之法华三昧，至智者行法华三昧二七日，大悟心法，证六根清净，直接佛传，遂创立天台一宗。开"五时""八教"，以判佛陀一代时教；立"五重玄义"，以判摄经典之内容；分"六即佛"，所以明修证之渐次；述止观法门，所以示修行之方便；明"一念三千"，所以显境界之差别。荆溪尊者《止观义例》云："一家教门，所用义旨，以法华为宗骨，以智论（《大智度论》）为指南，以大经（《涅槃经》）为扶疏，以大品（《大品般若经》）为观法。引诸经以增信，引诸论以助成，观心为经，诸法为纬，织成部帙，不与他同。"由此可知，天台宗是依据诸经论，而又凭借中国祖师之智慧，加以组织归纳，开演而成最具中国佛学特色之宗派。而智者大师亦为使佛学中国化之先驱。

天台宗之传承：北齐慧文→南岳慧思→天台智者→灌顶（章安）→……荆溪湛然（中兴天台之祖，著作颇富，并引进华严思想于天台教义中）。

【附注】

① "三智"（出《观音玄义》）：（一）"一切智"：知一切法之总相——空。为声闻、缘觉所证。（二）"道种智"：知一切种种差别之道法——假。为菩萨所证。（三）"一切种智"：通达总、别二相空假不二之一切法者，为佛所独证。

② 佛教共分五乘：（一）人乘；（二）天乘；（三）声闻乘；（四）缘觉乘；（五）菩萨乘。五乘各度不同根器之有情。其中菩萨乘可分为（一）权教；（二）实教。权教所讲，属不究竟、不圆满之理。实教，讲究竟圆满之理。前者属渐教，后者属圆顿教。法华属于实教，故曰一乘，盖指究竟圆满成佛唯一之教也。乘——车乘，以譬佛的教法，教法能载人运达涅槃之彼岸，故谓之"乘"。五乘，均度向涅槃之彼岸，但圆满成就唯此一乘。其实相妙谛，足可荡涤化城之执教（化城者，因成佛路遥，故暂止于中途化现之城郭，作为养息之用，以便将来直趋佛地。此化城，指凡、小、权教而言）。

③ "三谛"（出《法华玄义》）：谛者，真理。三谛者，诸法之三层义谛。真谛（空谛）、俗谛（假谛）、中谛。（一）一切万法，皆无自性，故谓之"空谛"。此为诸法真实之法，故又谓之真谛。（二）一切诸法皆有假相，故谓之"假谛"，此依世俗所执，亦不能舍弃，故又云"俗谛"。（三）空、假不二，真俗圆融，执一则偏，合则双美，离则两伤，故谓之"中谛"。

④ "三观"（出《金光明经玄义》）：对诸法之三种观察。（一）"空观"：观诸法之空谛也。（二）"假观"：观诸法之假谛也。（三）"中观"：观诸法之非空非假，亦空亦假，即合中谛之理。凡就诸法性之理体言，则曰"三谛"；就修观行之方法言，则曰"三观"。

⑤ "三惑"（出《天台四教仪》）：天台家统括一切之妄惑，分为三类：（一）"见思惑"：种种邪见分别道理，凡属知识见解上之误谬，称"见惑"。对于事事物物不明真理，而起贪、嗔、痴等，凡属情识上之执着，称为"思惑"。（二）"尘沙惑"：菩萨度法众生，须通达世出世间如尘沙无量数之法门，所谓"法门无尽誓愿学"是也。若不能通达此无量数法门，则曰"尘沙惑"。（三）"无明惑"：即根本无明，乃对根本理体及自性之迷惑。

⑥ "三德"（出《金光明经玄义》）：（一）"法身德"：佛常住不灭的法性身无不周遍。（二）"般若德"：佛之般若智慧无量无边。（三）"解脱德"：佛所证得之最胜妙法，能够化度一切众生而自在无碍。

⑦ "三因佛性"（出《金光明经玄义》）：佛性虽常住不变，然须修证方能显现，故分三类：（一）"了因佛性"：此为自性住佛性，一切众生本具的佛性；因为是自性，所以常住不灭。即三恶道，亦具此佛性。（二）"缘因佛性"：依修行之功，作为增上缘，渐渐引发出本有之佛性；此三乘人所具有的。（三）"正因佛性"：修因满足，而本有之佛性，了了显发无余，这是诸佛之佛性也。

第十六章　洞门立雪、断臂求法的二祖
——慧可大师

一、精通老庄，精勤修持

慧可大师，河南人，姓姬。其父名寂，虽有妻室，而久乏子嗣。但他常自思念，我家世代行善，岂会无贤子嗣呢？《易经》上不是说："积善之家，必有余庆"吗？于是经过不断地祈祷后，传说某夜果然感得异光照彻庭室，慧可母亲就因而有孕。可师诞生后，就因神光照室之瑞，而取名为光。

光自幼志气超群，凡诗书典籍无不涉猎，尤其精通老庄玄理。然而光不喜世俗事业，唯好方外之清净高洁。他每诵览佛书，便超然自得，大有感悟。于是就到洛阳龙门香山，皈依宝静禅师出家，并在永穆寺受比丘戒。又游历各大名山讲堂，听闻佛法，遍学大小乘义。年三十二时，又返回香山，终日静坐，精勤修持，如是又经八年。传说某次静坐，于寂静中见一金甲巨神向他说道：

"你若欲得证道果，就不能久滞（逗留）于此，若向南行，大道不远。"光自知有神相助，因改名神光。第二天，突觉头痛难忍，有如针刺，同时，又听空中有声说道："这是换骨之兆，不是寻常之痛。"神光就把他在静中所见神异之事禀告其师。宝静师细视光之圆顶骨相，赫然有若五座秀峰隆起，就说："这是吉祥之相，你必将有所证悟，神指示你向南而行，想系指点你拜少林寺达摩为师了。达摩是异国高僧，若向他求法，必可获悟大道。"神光本即通达老庄玄理，但常叹其说未能尽阐妙理。今虽遍参大小乘教，但仍未契妙理，自忖必因缺乏善知识指点，以致迷闷至今，此刻一听有达摩大师可资参访，真是喜不自胜。

二、洞门立雪，断臂求法

当时达摩祖师栖止在嵩山（今河南登封市西北）少林寺，终日面壁默坐，以待教化之机缘。满怀热望的神光来到少林寺后，不分昼夜地前往参礼承教，希望能获得指点，但达摩只管面墙端坐，终日默然，对他不理不睬，以冷漠的态度来考验这位恳切的求道者。神光不远千里，热心前来求法，却一直不曾听到有任何的教诲与鼓励，在失望之余几生退悔，继而又暗自忖道："大乘菩萨求道，敲骨取髓，以行布施；刺出身血，以疗人饥；散发于地，让佛行过；舍身投崖，以饲猛虎。殷诚如此，始得入道。我神光何人，难道不能学古人操履？"

于是为表求道之决心，就在某日夜里，天空正降着大雪，神光竖立洞门外，一直等到天明，积雪已没过了膝盖。达摩祖师认为机缘已熟，遂恻然说道："你久立雪中，意欲何为？"神光求法心切，久悲未闻正法，亲承言教，于是悲泪说道："唯愿和尚慈悲，开甘露（法雨之降，犹如甘露，可以普润群生，故称甘露）法门，广度众生。"达摩祖师说："过去诸佛至高无上的妙道，都是从僧祇劫来，经历多生精勤的修持，行人所不能行的善行功德，忍人所不能忍的艰难困苦。岂能以小德小慧，及不敬轻忽的态度和自视甚高的傲慢心，冀得大乘佛道真谛？算了吧！我劝你不必再痴心妄想，以免空劳勤苦。"

神光听后，就暗取利刃忍痛自断左臂，陈于师前，表示至诚求道之决心。达摩一见，大受感动，知道担当如来家业非他莫属了。于是深加器重，就开示说："诸佛最初求道，无不是为法而忘躯。你现在断臂殷诚求法，恳切如此，岂有求而不得者？"因此将神光之名改为"慧可"。

慧可就问道："诸佛法印（佛法真谛由心心相传而印可之。此即俗云'心心相印'之原意）可得闻乎？"达摩祖师说："诸佛法印，不能自外求得。必须内省心地，身究体察，当下自悟才行。"慧可就说："我虽切志力求无上道，但心中总感时有未安，请师开示妙道，为我安心。"达摩答道："将（拿）心来，我为你安心！"慧可凝神细细寻觅，良久方说："奇怪！我找遍了内外远近，却怎

138

么也无法找到那颗不安的心！"达摩祖师说："好了！我已为汝安心境！"慧可于言下大悟法门深旨。

三、得祖真髓，亲授法衣

某日，达摩大师突然向门人宣布说："我即将西返天竺，你们何不各言所得，以见悟道的境界呢？"当时就有门人道副答道："文字在阐明佛法真谛，不可执着文字，也不可舍离文字，始能得道之受用。"达摩祖师说："你只得到我的皮毛而已！"门人尼总持答道："就我所知的道，正如庆喜见阿閦佛国（佛说东方另一佛之国土），一见之后，便了悟实相，豁然开朗，更不需再见了。"达摩说："你只得到我的肉而已。"门人道育说道："四大①本空，故称人体为四大假合。五阴②非有，而我所见之处无一法可得。"达摩说："你也只不过得到我的骨而已！"最后轮到慧可，只见慧可起身礼拜祖师后，始终立于原位，不发一言。祖师会意，就说："汝乃真得我'神髓'。从前如来（佛十号之一，因佛乘真如之道，而成正觉，来三界垂化，故名如来）以正法眼藏（朗照一切事物谓之'眼'，包含万德谓之'藏'，唯佛陀正法具此眼藏）交付迦叶大士（运心广大能建佛事，故称大士，多为佛菩萨之称号）③，如是辗转相传而至于我，今又付托给你，并且也把我的袈裟（僧衣）一件作为传法的征信。"接着又说："内在传授诸佛法印，以确实证明心地的法门；外则传授法衣，以明示建立禅宗的宗旨。这是因为后代的人们，心地渐狭，多疑多虑。或因我是异国僧人，如何能传法予中国之人？口说无凭，多疑兴谤，易滋纷争，届时只要出示此衣与传法偈语，以资证明。对于将来的教化，便无多大妨碍了。在我逝后两百年，此法衣就停止不传了。那时，禅宗的法门，周遍各地。不过明道的人虽多，但真正行道的人很少。而隐身在千万人中，潜修密行，由此而得证道果的人也会有的。切记！你应当努力护持并发扬此道，万不可轻视未开悟的人，任何人只要一念之间，回转其向外驰求的放逸心，便同已得证道果的境界。现在听我说法偈如下：

"吾本来兹土，传法救迷情。
一花开五叶，结果自然成。"

四、阐扬宗风，韬光混迹

达摩说偈罢，遂又殷殷嘱咐道："我有《楞伽经》四卷，也同时转交给你。这是如来心地法门要典，可开显指示一切众生由此悟入佛之境地。我之所以离开印度，来到这东方国土，就是因见中国有大乘气象，所以逾海越漠，不辞万里，无非是为法而求人。前以因缘不具足，所以就面壁兀坐如愚若讷以待时机。静观默察数年，现在终于有你来托付大法，我东来之宿愿至此已了。"达摩祖师在将衣钵传授慧可后不久，即行入灭。

慧可自受衣钵后，进德修业，益自刻励，并继续阐扬宗风，勤求法嗣。后遇僧璨，遂将衣钵托付予他。慧可自知仍有宿业未偿，遂于邺都随缘度众，一音（佛以一音演法，众生随类各得解）演畅，为众说法，四众欢叹，望风依归，积三十有四年。其后，韬光混迹，改变形貌，或于茶楼酒馆，或于市井街巷，或于屠门粗役，以求历事炼心。后于管城县（今河南郑州市）匡救寺受人毁谤并加罪以非法，师遂怡然顺受，入寂时年一百有七岁，时当隋文帝开皇十三年癸丑岁三月十六日。

【附注】

① 指地、水、火、风（世人称酒、色、财、气者误）。举凡世间一切有形的物质，都是由四大所造。

② 即五蕴，谓色蕴、受蕴、想蕴、行蕴、识蕴。"色蕴"属于物质——地、水、火、风四大所造。后四种属于精神："受蕴"——有苦受、乐受、舍受；"想蕴"——于善恶爱憎等境界中，取种种相，作种种想；"行蕴"——行就是行为或造作，由意念而行动去造作种种善恶业（心念所成之一种力量，佛学称业力）；"识蕴"——由识去辨别所缘所对的境界。由上物质（色）与精神（心）的组合而构成人身。

③　昔日世尊拈花示众，默然不言，在座大众，悉皆茫然，莫解其意，独迦叶尊者破颜微笑。世尊说："吾有正法眼藏，涅槃妙心，实相无相，微妙法门，教外别传（直指佛祖心印，离经教文字，诸言语所不能得，故云），付嘱摩诃迦叶。"这就是禅宗最早之授受。尔后，代代相传，以心印心，阐明直指人心，见性成佛之旨，实始于此。大迦叶受法后，是为禅门初祖，递传至二十八祖达摩，达摩东来，是为中国禅宗初祖。

第十七章　不识一字、顿悟自性的六祖——慧能

一、人有南北，佛无南北

禅宗第六代祖师——慧能大师生于唐太宗贞观十二年二月八日子时，俗家姓卢，本籍在河北范阳，后来因其父贬官到岭南，就落籍到广东了。师在三岁时丧父，赖其母守节抚孤，家中非常贫苦。慧能常往来山中砍柴，以卖薪为生。

一日，慧能背负木柴至市中交易罢，偶然听见有人在旅店里诵念《金刚经》，由于宿慧深厚，听罢豁然有省（省悟），不觉怦然心动。于是好奇地向客问道："此经何名？得自何人？"答说："这是《金刚经》，得自黄梅东禅寺弘忍大师处。"慧能听后倍感欣幸。返家后，慧能先将老母安顿妥当，就直接来到韶州。途中遇一尼师名无尽藏的，慧能听其诵读《涅槃经》，就能解说经中义理。尼师就执卷逐句问字，慧能就说："我不识一字，至若义

理，我可了然。"尼师怪问："你既不识一字，如何能会出其中义理呢？"慧能即答："文字是用来显示义理的，诸佛无上妙理，岂是区区文字所能尽阐？"尼师始大感惊异，知非凡人。及至黄梅参礼五祖弘忍大师，五祖一见就问道："你从哪里来？"慧能答道："岭南。"师问："意欲何为？"答道："唯求作佛。"师说："岭南人岂有佛性？怎么成佛呢？"五祖的问话全是机锋，原系一种测验。而悟性甚高的慧能对答甚妙，他说："人虽有南北，佛性本无南北。"五祖一听，便知师乃上根利智，本想跟他再进一步地交谈，但见徒众都在左右，恐引人妒忌，亦想借此以磨炼他，于是就喝令师随徒众操作寺务。慧能礼足而退，便到后院磨坊，做舂米劈柴等苦差事。这些粗活都是需要具备极大的耐性始克承担，而且当时五祖的口气也很不客气，只要稍有我慢的人就无法忍受。然而求道心切的慧能都泰然处之。所谓"玉不琢不成器"，经不起考验的人，又怎能称得上祖师呢？慧能在寺中，经过了八个月昼夜不息的默默工作，五祖暗地观察，心中默许，知道付授衣钵的时机已成熟。于是就事先宣告于众说："法门真谛，本难理解，不可徒记老师言语据为己见，悟道贵在自得。你们各个随自本心作一偈语，来呈与我，看谁悟道，我就将衣法（衣钵与正法）付与他，作为第六代师。"

二、菩提非树，明镜非台

当时五祖座下法席很盛，会中大众有七百余僧，而其中以神秀为首座。神秀俗姓李氏，洛阳尉氏人，少年时即已遍览经史，博学多闻，未几发心出家。唐高宗武德八年，受具足戒于天宫寺。秀师身长八尺，浓眉秀目，威德具足，气宇轩昂有若帝王。自入五祖门下，运水挑柴以苦自役，精勤不懈。五祖默察许久，知是法器，因而备受器重。而秀师悟解超群，向为大众宗仰。由是大众共同推尊以为，此偈非神秀莫属。神秀身为教授师，素孚众望，虽有一偈早想上呈，又恐呈偈有夺圣位之嫌，但不呈偈，又不知自己是否悟道，心中十分矛盾，迟之既久，于是在廊壁上书写一偈道：

身是菩提树，心如明镜台。
时时勤拂拭，勿使惹尘埃。

五祖见到此偈，知道是神秀所作，虽未见自本性，但很适合中下根性的人修持，就赞叹道："如果后代有人依此修行，必能渐渐熏修而得胜果。"慧能这日正在碓坊中劳作，忽然听到有一小沙弥唱诵偈文。慧能一听之后，便知此偈未见本性，乃出而询问究竟，沙弥便说："和尚欲求法嗣，已令众人各作偈一首，以证悟道境界。此偈乃是神秀上座所作，和尚见后，非常叹赏，想必将付法衣给他！"慧能当下心中便也成偈一首，因己不识字，欲令沙弥代书，沙弥说："你也会作偈呀！实为稀有。"慧能说："欲学无上菩提，不可轻于初学。"沙弥乃说："你但诵偈，我为你书。"于是夜间，密请此沙弥引他到廊下，慧能在旁持烛，口诵偈文，由沙弥书写于神秀偈文之侧。偈曰：

菩提本无树，明镜亦非台。

本来无一物，何处惹尘埃。

三、三更入室，付授法衣

此偈一出，次日就被传诵到五祖耳中。祖知慧能已见自性，心中暗喜。但他一见众人惊怪，唯恐别人妒害，就故意说："这是谁作的？也未见性！"并即刻用鞋子擦掉偈文，以示无足怪异。大众听到五祖之言，也就不以为意了。隔日，五祖避开大众耳目，暗自进入碓坊中，看见慧能正辛勤舂米，心中大为感动，就嘉许道："一位有志求道的人，不惜劳苦为法忘躯，就当像这样的吧！"五祖又用机锋之语问道："米熟也未？"慧能即刻会意，就说："米熟已久，唯欠筛子（煮东西过滤用的竹器）。"五祖便以手杖敲碓三下，暗示他今晚三更来见。慧能当下会意，就于三更时分进见五祖。五祖为他付授《金刚经》大旨，讲到"应无所住而生其心"

处，慧能听言当下大悟，原来一切万法本不离自性，于是就禀告五祖说：

何期自性，本自清净。

何期自性，本不生灭。

何期自性，本自具足。

何期自性，本不动摇。

何期自性，能生万法。

五祖至此，遂印证慧能确已洞彻本性，于是就在这天三更时分传授顿悟教旨，并付与法门衣钵，而寺中僧众俱皆不知。五祖并殷殷咐嘱："自今以后你就是禅门第六代祖师，希望你善自护念本性，并且广度一切有情众生，使佛法永久流传下去，勿令断绝。现听我说偈：'有情来下种，因地果还生。无情亦无种，无性亦无生。'"遂又咐嘱道："以前达摩初到中国，一般人尚未建立信心，所以借传衣钵以表示得法。现在信念淳熟，法衣之传授，反而会滋生争端。因此传授衣钵就到你为止，不要再传下去。而且今后你还得找个安全的地方隐居起来，等到时机成熟，再出来施行教化。当知承受衣钵的人，因法门存亡续绝所系，最易滋生争端，故要特别谨慎小心才是。"慧能就说："当隐居于何地较妥当呢？"五祖指示说："到了怀集县（广西苍梧），就可以歇脚；到了四会县（广东粤海），就即刻隐藏起来。"六祖慧能领了衣钵，辞别了师尊，当夜向南行去。到了四会县，即隐于猎人群中避难，凡十五年。

四、风动幡动，仁者心动

到了唐高宗仪凤元年正月八日，六祖到广州法性寺，正遇印宗法师讲《涅槃经》。某日有两位僧人，因见风吹幡旗飘扬，而起争论。一僧说是风动，一僧说是幡动。二人争执，议论未休，慧能听后，就说："既不是风动，也不是幡动，是你自己心动。"此语正是说明"心生则种种法生，心灭则种种法灭"的道理。

印宗法师听到慧能言简理当，慧性过人，大感惊异，就立刻延请慧能高坐上席，并问他说："贤者必非常人，久闻黄梅衣法南来，难道就是贤者吗？"慧能也不再隐瞒，就坦诚叙述自己得法的因缘。印宗法师究竟是个通达之士，他见慧能得到五祖衣法，非但不起妒心，反而慕德敬贤，唯道是师，马上就执弟子之礼，请慧能为他讲授禅门要旨。慧能即为演说大法，印宗所疑立释，欢喜无量，自言前所说经犹如瓦石，而赞叹慧能所说方是真金。当下即宣告大众说："我印宗是具足（实足的）凡夫，现在遇上了肉身菩萨。"并即介绍在座之慧能乃是肉身菩萨。慧能遂出示五祖所传衣钵，让大众瞻仰礼拜。

到正月十五日，印宗法师就会集诸名德，为他剃发，至是六祖始正式显现出家庄严威仪之相，而身居剃度师的印宗反以师礼奉侍慧能。三月八日，六祖又在法性寺由智光律师授具足戒，此戒坛就是南朝宋求那跋陀三藏所建的。三藏曾说："将来当有肉身菩萨在这坛上受戒。"又梁朝末真谛三藏在此坛旁亲手种了两棵菩提树，并对大众预言："往后一百二十年，有大菩萨在这树下开演无上乘，并且要度无量众生。"至此预言成真。

六祖慧能就在这菩提树的下面，开演东山法门（四祖道信、五祖弘忍都曾住东山，故其法门曰东山法门）。第二年六祖又返回韶州宝林寺，韶州刺史韦据请师在大梵寺转妙法轮（讲经说法以度众叫转法轮），他的门人把法语记录下来，就是现在尽人皆知的《六祖坛经》。后来，六祖又到曹溪，弘演大法普利群生，跟随他的学者，不下千人之多。

五、一花五叶，禅法大兴

唐睿宗太极元年七月一日，慧能于国恩寺召集徒众说："我将离此世间，你们不必悲涕，诸佛应化世间，尚且要示现涅槃。因为世间所有，都是有来就有去的。我从大梵寺开始说法，一直到现在，所有法语全都记录在《法宝坛经》里。你们要好好守护，定可成就自己；将来辗转传授，必能化度众生。只要依此《坛经》说法，就可称为正法。现在我为你们说法，此后不再传授法衣了。

因你们信根淳熟，将来弘法大事，必能胜任无疑。从前，初祖达摩大师就曾经作偈示意，不再传授衣钵，以免无谓之争执。其偈文为：

"吾本来兹土，传法救迷情。
一花开五叶①，结果自然成。"

六祖慧能开示已毕，兀然端坐，一直到三更时分，忽然开口对弟子说："吾去矣！"遂奄然迁化（圆寂）。传说当时只闻到异香充满室内，天上有一道白虹贯穿入地，林木尽皆变白，各种飞禽走兽都发出了哀悼的鸣叫声。六祖入灭时年七十有六岁。

六、南能北秀，顿悟渐修

六祖慧能与神秀大师同为五祖门下，德行并美，而神秀系北衣人，形貌雄伟有圣贤气度，所化度的以北方弟子为多。六祖为南方人，身形矮陋清癯（陋指形貌丑），未若秀师雄伟，尝自谦谓："北方之人见我短陋，恐会因此看轻佛法，先师知我与岭南有缘，故指示我化度南方之大众。"因此六祖终其一生不越大庾岭，其弟子多为南方人。二师度化之法各有不同，一主顿悟，一主渐修，实则"法无高下，对机则佳"。六祖亦曾说："法本一宗，人有南北，即一法种，见有迟疾，何名顿渐，法无顿渐，人有利钝，故名顿渐。"确系平允之论。然则"理可顿悟，事须渐修"，禅门有"先悟后修"，有"先修后悟"，亦有"悟修同时"[②]。"悟"是理上悟，"修"是事上修。理上圆，事上未必圆，必须理事圆融，悟修并重，始契禅门本旨。所谓"言下顿悟""悟后便休"等语，乃针对理上而言，切不可误解。而且所谓"顿悟"，亦是积渐而致，非一蹴可就。六祖慧能在悟前则劈柴、舂米八月有余，悟后则隐身猎人群中历十五年，正是历境验心之明证。

二祖慧可在未遇达摩以前，曾在香山静坐八年，即遇达摩于理上开悟后，为众说法，积三十四年。又韬光混迹，或入酒肆，或过屠门，或习街谈，或随厮役，虽说潜身藏行，以待时机，亦是历事而炼心之验也，凡此无不是事修的功夫。慧可断臂求法，达摩开示云："诸佛妙道，旷劫精勤，难行能行，非忍而忍，岂以小德小智轻心慢心欲冀真乘。"慧能与神秀二大师，心中本无顿渐之别，其后末流强分为二，互争门庭，不肯相下，此岂是二师本意呢？到了晚明流弊更大，或以静坐为禅，或以不读书为禅，或以棒喝为禅，或以逃避现实为禅；甚者竟以酒色财气、恣意放荡为禅，实则与禅门本旨更相违远矣！

【附注】

① 所谓"一花开五叶"，是指六祖慧能乃禅门一朵灿烂的

花，禅宗由他衍成曹洞、临济、云门、沩仰、法眼五派，是为禅门五叶。（慧能以前之禅宗承传全系单传，慧能以后，打破传统，改为广传）。一说："一花"指初祖达摩自己。"五叶"指二祖慧可、三祖僧璨、四祖道信、五祖弘忍、六祖慧能。其后，又有"五家七宗"之说，乃除六祖慧能所开五派外，其中临济宗又出黄龙、杨岐二派，是谓"五家七宗"。

② 禅门悟道境界有破三关之说——（一）"初关"：破本参时，见得空性，不起意识分别，"见山不是山，见水不是水"。（二）"重关"：由空性起用，识得妙有，"见山还是山，见水还是水"。（三）"末后牢关"：人法俱空、顿超佛地。一说"初关"：乃破第六意识。"重关"乃破第七末那识，破我执证人空之境界。"末后牢门"乃破第八阿赖耶识境界，破法执证人法双空之境界。复次，禅宗虽重直指，大抵可分为四种：（一）顿悟顿修；（二）顿悟渐修；（三）渐修顿悟；（四）渐修渐悟。总离不开"理悟"与"事修"。圆融之道，乃在"顿渐不二，理事全收"八字。

第十八章　威震五印、扬名西域的高僧
——大唐三藏法师

　　玄奘大师，是我国历史上最早扬名国际的伟大留学生。他为了追求真理，满足求知欲，不辞长途跋涉，以一双布履、一袭破衲万里孤征，终于到达印度，得遂所愿。在异国他乡获得学术上最高的荣誉，为我国留学生立下了一个典范。他从印度带回极具价值且数量丰富的典籍，并加以翻译流传。在促进中印文化思想的交流上，他的贡献极大，可说是首屈一指的功臣。我们不能仅把他看成一个宗教家，他还是个翻译家、哲学家、辩论家、旅行家，更是思想文化交流运动的大力推行者，所以他的成就及影响力是多方面的。中国民间有一部最为脍炙人口的小说——《西游记》，内容就是取材于三藏法师玄奘至西域取经的故事。可见玄奘大师伟大事迹的深入人心了。但《西游记》全系小说性质，怪诞神奇不足凭。本篇所撰，是以历史传记的眼光加以叙述的。

一、书香门第，非圣不习

玄奘大师，俗姓陈，是河南陈留人（今偃师市），单名祎。其祖康以学优登仕于齐，任国子博士。其父惠，品德高尚，早通经术，身长八尺，美眉明目，曾任江陵县长，但资性淡泊，又因隋政衰微，便隐居在家，潜心读书。当时有识之士，都称赞他的志节。大师生于隋文帝开皇年间，排行老四，是惠的幼子。师自幼聪明，生得眉清目秀，气度不凡。在八岁时，他父亲为他讲授《孝经》，当讲到"曾子避席"一节，奘师急忙整襟而起，拱手侍立席侧。其父问他何为起立，他对答道："曾子听到师命就知避席。我现在禀受庭训，怎可安坐如故，不知礼数？"其父听了很高兴，知道他日后必成大器。

奘师在父亲悉心的教导熏习下，备通各部典籍，在他幼小心灵中就有爱慕古圣先贤之遗风。平日凡不是雅正的书籍一概屏绝，凡不合圣贤矩度的也一律不学。他不喜结交那些嬉戏好玩的朋友，也不好闲荡街市。只要一卷在手，即使门外锣鼓喧天、百戏杂陈、仕女云集，热闹非常，都不足以动其心，只是一心一意埋头书册如故。

二、随兄诣寺，破格准度

奘师自幼即知和颜悦色以奉养父母，并能善尽人子"昏定晨省"（临睡时，问父母是否能安其床曰"昏定"；晨起，省视父母晚间是否能安其枕曰"晨省"）、冬温夏清（冬天则视父母服御是否能御寒曰"冬温"，夏天则视父母能否清凉避暑曰"夏清"）之道。他个性淳厚朴实，为人谦和，做事谨慎，这些都是他日后成为一个伟人的基本要件。

奘师二兄陈捷，先在东部（洛阳）净土寺出家为僧，法号长捷。默察弟弟堪任法教，就教他诵习经典。正值朝廷有敕，将于洛阳度僧二七人，选拔学问德行优异、志愿出家修行者，列入僧籍（当时出家必须由皇帝颁诏，并限定名额，地方奉敕，经过严格考试通过，始获录取）。当时有志出家、成绩优异的有数百人之多。奘师因年幼不够资格，根本不能参加考试，因此只有站立在公门外徘徊瞻顾，以渴盼羡慕之心情痴立一隅。也许是皇天有眼，正好遇上负责度僧的大理寺卿郑善果，此人素有知士之鉴。他一见到眉目清秀、品貌不凡的奘师徘徊不去，心中不觉为之一动，不禁问其是谁家子，为何要出家。奘师立刻自报姓氏并坦率答道："为了要远绍如来（佛）家业，近光佛教大法。"大理寺卿听后，甚为惊异，既奇其貌，又深深嘉佩其伟志，就特别法外开恩，破例录取了他，并对人说："徒会诵经的人，俯拾皆是，而具有凝重高远风骨的最为难得。若度此子，将来必为释门伟器，但恐果与诸公不能亲见他翔翥于云霄（飞黄腾达）的时候了！"他出家后，就先随他二兄同栖止于净土寺。

当时，寺中有景法师讲解《涅槃经》，奘师常执卷听于讲座下。初聆法音，即感到怡悦无比，竟至废食忘寝。后又随严法师学《摄大乘论》，好乐之心弥挚，凡经论只要听过一遍，然后再温习一遍，就永不会遗忘了。大众对他的才智都感到很惊异，于是请他升座复述。奘师登座后，果然不负众望，法音抑扬顿挫，剖析明畅，能将法师所讲的宗旨发挥得淋漓尽致，因此他的令名美誉从此就被传扬开来，那时他不过才十三岁的年龄而已。

三、游蜀受业，昆季并芳

隋朝末年，天下鼎沸，洛阳几为盗贼之穴。奘师虽然年幼，但已能通情达变。他默察局势，知道此非久居之地，于是就随其兄投赴长安。到了长安，这时已是大唐的天下了。高祖武德元年，国基草创，兵甲未休，朝廷以用兵之术为急，至于佛儒之道，则力有未逮。因此在京城里面，根本没有讲经说法的道场。奘师对此深为感叹。而当时佛法人才因战乱关系，大多集中在四川。奘师乃跟其兄相商，认为此地既无佛法，何必在此虚度光阴呢？于是兄弟两人就离开长安，经子午谷（在陕西秦岭山中，为川陕交通孔道）进入汉川（县名，今属湖北省）。在那里碰到空、景二位法师，他们都是佛门中有名的大德。彼此相见，不觉悲喜万分，师兄弟二人就留彼月余日，随从两位大德受学，获益匪浅。奘师时年十七岁。

后来又到成都，因避难而来的四方人士很多，佛门大德亦几乎都辐辏于此，法运称盛一时。由于机缘的殊胜，奘师更加爱惜寸阴，刻励精勤无暂刻（暂时）或懈。在此两三年间，就已通达各宗经论了。当时天下兵荒马乱，唯有蜀中民丰物阜，地方安宁，所以四方僧人前来投靠的越来越多，师每次讲经座下常有数百人。因师才智俱高，当时无人能企及。因此吴（江苏）、蜀（四川）、荆楚（湖南、湖北）等地，无不久仰其名而想望其风采。

奘师之兄住在成都空慧寺，为人风神朗俊、体状魁杰，有类乃父，凡内（佛典）外（诸子百家）诸学无不诵习。曾设法筵开《涅槃经》《摄大乘论》《阿毗昙论》诸经，尤擅长老庄之学，为蜀人所钦慕。其属词谈吐，蕴藉风流，接物待人，引接凡品，固无愧于其弟。至若亭亭独秀，不杂尘俗，游八纮而穷玄理，廓宇宙以为志，继圣达而为心，对万乘而节逾高，固亦其兄所不及。兄弟二人懿美的德行、清高的风范、芬芳的名声、雅正的材质，可与庐山慧远、慧持两兄弟，先后媲美。

奘师在年满二十岁时，于成都受具足戒（具足圆满之戒，比丘共二百五十戒）。坐夏安居研究律学，所谓"五篇七聚"（戒律分篇类聚，内容说明其罪性及其因果等），他读一遍就能理解受持。在彼处的各部经论穷研既尽后，就想回到京城，作进一步的参访与研究。但因路途遥远，为其兄所劝阻。然而却遏不住奘师炽热的求知欲，乃私下与商人结伴，泛舟渡越三峡，直到荆州天皇寺，彼处缁素久仰师名，都请他宣说佛法。因此奘师就为他们开讲《摄大乘论》《阿毗昙论》。从夏季到冬季，各部讲了三遍。当时，汉阳王威德素著，以皇室懿（近）亲坐镇荆州，平日礼敬沙门，听说奘师至彼，非常欢喜，不但亲自礼谒，而且率领他的僚属及道俗中有才艺的人，都集中前来请益。奘师解疑释难，应对自如，无不令人词穷意伏。其中有深悟者，悲不自胜，相见恨晚，汉阳王为之称叹不止。大众的财物供养，虽堆积如山，奘师却一无所取。

四、遍访名师，释门名驹

奘师在荆州讲完经后，又向北游，到处访求明师先德。先后到相州（今河南安阳市）造访慧休法师质疑问难；又往赵州（今河北赵县）进谒道深法师学《成实论》；又入长安栖止于大觉寺，亲近道岳法师学《俱舍论》。这些经典，师一经听闻，就能洞达无疑；一寓于目，就能谨志不忘。纵令是宿学（学佛很久）耆年（年龄很老），都不能与他相比。至于体究深远之宗旨，抉发隐微的道理，莫不妙契神悟，更非他人所能望其项背。这时在长安有法常、僧辨两位大师，对大小二乘及戒定慧三学，都能穷究通达。他们是当时京师的宗匠，缁素二众莫不对之归心。其名声不仅威震中国，而且遍驰海外，从远地负笈（背着书箱）前来请教的，络绎于途。奘师不以既有之成就而稍感自足，诚心地向他们求教，凭其敏锐的领悟力，一触即能通晓。二师都对奘师嗟赏不置，称他为"释门千里驹"，并且都预料将来弘扬正法、使法门隆盛者，自非师莫属，说："老朽如我辈恐不可得而亲见矣！"此后，其门徒无不对之另眼相看，师之声誉亦传遍京师。

五、决志西行，梦见宝山

奘师既遍谒名师，饱餐法味，而经审慎考究其理，但觉其中虽各树宗派，自成一说，若与原典相比，其义或隐或显，时或不免有所出入，令人莫知所从。乃发愿，誓游西方，以释众疑。并且想到以前法显、智严等大德都是一时之俊彦，皆能为法西去，导利众生，岂能任彼辈高蹈的行迹，无人继踵；清高的风范，从此断绝？身为顶天立地的大丈夫，就当步武（追随）前人的足迹，无所瞻顾。于是联合道侣数人，准备启程。行前上表奏呈皇上，请求前往印度留学，可惜朝廷有诏不许。其他几位道友，都因而退心，唯有奘师一人毫不生退屈之想，乃决意一人西行。虽然他知道西行之举艰险无比，但是仅凭着一颗渴求真理的心，与满腔宗教之热忱，使他怀着无比的信念，义无反顾。奘师在出发前，曾入佛寺祈请，先申明心意：此行不为名，不求利，但为法为道。愿众圣冥护，令得顺利达成任务。

唐太宗贞观三年秋八月，大师将要出发，在佛前默求祥瑞。

是夜梦见远处有一大山为四宝所成，极为庄严绚丽。正想攀登而上，却见波涛汹涌梗阻于前，虽无船筏济渡，但心不为所惧，奋身跃海而前。此刻忽见石莲花踊现乎波上，随着脚步而生，真是"步步生莲"，莲花又随着踏过的脚迹而幻灭。须臾来到山下，其山陡峭不可攀，便试着踊身自腾。突然兴起一阵狂飙，随之扶摇而上，一直升到山顶，四望廓然辽阔，喜极而醒。回想此梦，得一启示，凡事只要有毅力与决心，终必底于成。于是西行之意志弥坚，更不再迟疑了。这年奘师二十六岁。

这时正好有秦州（今属甘肃）僧人孝达在京师学《涅槃经》，事毕返乡，奘师就偕孝达同行。到秦州住一宿，又遇见去兰州的同伴，就随行至兰州，度过一宿。接着又遇凉州人送官马归，又随行到凉州。这一路可说很顺利。在此停留了月余，由于奘师之名素著，道俗（在家人与出家人）请他开讲《涅槃经》《摄大乘论》及《般若经》。凉州（今武威）是河西都会，连接西域各国，商旅往来，络绎不绝。奘师开讲，法席称盛。众人听讲后，皆施珍宝，稽颡赞叹。商旅各还归其国，就向其君长再三揄扬，并宣说奘师即将西来。当时，西域各国素来尊重佛教，听到这个消息，无不心生欢喜，准备恭候师之驾临。

六、偷渡出境，老马相随

当时唐室新建，战争方戢（停止），严关自防，不许百姓出境。是时凉州都督李大亮奉命守关，听说奘师要离境西去，就逼令其还京。奘师正无法可想的时候，正好有位慧威法师，是河西的佛教领袖，他很钦佩奘师的学问，又极同情奘师西行求法的壮志。于是暗地派遣两名弟子，一名慧琳，一名道整，秘密送奘师偷渡出关。他们昼伏夜行，到达了瓜州（今甘肃敦煌）。瓜州刺史独孤达闻奘师来到，非常欢喜，供养特厚。法师就访求西行的路程，得知从此北行五十余里到瓜芦河，下广上狭，洄波很急，深不可渡。上设玉门关，是必经之路，也是西境的咽喉所在。出关西北又有五座烽火台，各相去百里，中无水草。五烽之外，就是莫贺延——伊吾国境。师闻后就很担忧，而所乘的马此时已死，计无所出。就这样在瓜州耽搁了一个多月，而凉州的访牒（官文书）适于此时又抵达，书中说明要缉拿一位出家人——玄奘。幸好州吏李昌原是虔信佛法的人，他得书首先怀疑眼前这位出家人可能就是玄奘，就出示牒文，并问师是否即是玄奘。奘师正在迟疑是否应吐实，李昌告诉奘师当实语相告，自当尽力设法帮忙，奘师乃据实而说。李昌听后，甚表同情，就当面撕毁文书，并力劝奘师应及早离此为妙。

这时令奘师为难的是，随从的二位小僧，道整已经先向敦煌去了，只有体弱多病的慧琳在旁，现已不堪长途之跋涉，于是索性遣回。正苦于乏人引路，乃在弥陀像前虔诚祈求，愿得一人相引渡关。这夜就有个胡僧达摩，梦见奘师坐一莲花向西行去，心中暗感奇怪，翌晨即报告奘师。奘师心中窃喜，认为是将成行的佳兆。正好有一胡人来奘师处请受五烽，并携来许多饼果，供养法师。师见他貌恭敬而体又健壮，遂明告西行之意。胡人即慨然允诺送师过五烽。师乃大喜，约定次日黄昏时分，在城外草丛中见面。次日，那胡人更与一个胡翁同来，并带来一匹既老且瘦的马相随。胡人说："这老翁非常熟悉西行的路，曾先后往来伊吾达三十余次。有关西去疑难问题，不妨请问于他。"胡翁先开口道："西行之路，险恶无比。沙河之阻隔姑且不论，最难熬的乃是鬼魅热风，遇着无可幸免。就算是徒侣众多，犹常迷途，况师一人独行而前，成功之希望非常渺茫！"但奘师毅然决然地表示，只要为求大法，纵使死于中途，亦在所不辞。胡翁见他志意坚决，就说："师必要去，可换乘这匹马。不要看它既老且瘦，它可真是识途老马，并且稳健有力。"师因忆起在长安出发时，曾有一预言家为师占卜说，师将乘一赤老瘦马西行而去，至今果然吻合。

七、万里孤征，历尽磨难

于是奘师与一胡人、一老马踏上征途。行不到两天，胡人惧前途险远，且乏水草常有饥渴之患。况且，偷渡不成，一经发觉，绝少活命，因生异心。奘师也不勉强，就将他遣回。从此剩下奘师一人一马孑然孤征。放眼前途，只见一片沙漠茫如烟海，沿途辨路，唯赖认着一堆堆白骨及马粪，逐渐前行。这样走着走着，忽见前有军队数百，都披着皮裘，跨着驼马，并擎着旌旗，满身沙碛，乍行乍止，倏忽千变，远观尚觉清晰，渐近则渐模糊。初看时以为是贼众，渐近而灭，乃知全系妖魔鬼怪所幻化。但每一遇险，辄仿佛听见空中有声言："勿怖！勿怖！"由此心得稍安。

如此径直走了八十余里，才望见第一座烽火台，烽火台西有水草可以汲饮。为了潜藏形迹，只有耐心等到晚间才敢行动。当饮水盥手毕，正待取皮囊要盛水时，忽有一箭飒然而至，师知行藏败露，只得坦然现身，听候发落。师随即被带到守将王祥处。王祥得知奘师西去之意，就告诉他西行之路艰险，不如回去。奘师表示因深恨佛经有所不周，义有所缺，所以不惜性命，不惮艰危，誓往西方取经，绝不回头一步。王祥本是佛教徒，听后深受感动，于是决定助师西迈。乃为师备妥净水及干粮，并且指示途径，亲自送行十余里之遥。师由王祥之助又顺利抵达第四烽。守将王伯陇本是王祥的宗亲，得祥之引介亦以大皮囊及马料相送，并告诫奘师第五烽守将为人粗率，不要冒险。距此百里许，有一野马泉，可往取水续行。从此以往，便是莫贺延碛，全长八百余里，就是古人所称的流沙河。沿途上无飞鸟，下无走兽，复无水草，必须克服这段最艰难的路程，才可抵达伊吾国境。

奘师依着指示前行，绕过第五烽，走入一望无际的大沙漠。

这时可谓"前无古人，后无来者"，汲汲顾影，唯有人马相依而已。奘师一路上只管念"观世音菩萨"名号及持诵《般若心经》。所持诵的《般若心经》系他在四川所得。因遇见一个病人，满身恶疮臭秽，衣服破烂污损，令人不敢接近。奘师发怜悯心，不避恶臭，施与衣服饮食。病者感激之余，乃口授《般若心经》以为报，并叮咛常念必可解厄。奘师因常诵习，颇有灵验。传说师在流沙河常逢诸恶鬼，奇状异类，绕身前后。因诵念《般若心经》，果然随音所至，邪魔恶鬼皆自消散，每历危厄，得以平安渡过，都靠持诵之功德。

师行走了百余里后，不知不觉就迷路了。遍觅野马泉不得，正想下马取囊饮水，岂知皮囊袋重，一个不慎，失手倾覆。这赖以行走千里的水粮一旦罄尽，岂不令人完全绝望？况且前路盘回纡曲，尚不知将伊胡底，乃想径回第四烽取水再来。返身行了十余里，一想："我原先发愿，若不至天竺（印度），绝不东迈一步，宁可西行而死，不能归东而生。"于是旋辔又回，继续鼓勇前行。一路上只管专心持念观音圣号，直向西北迈进。那时四顾茫茫，人困马乏，夜间则见魑魅之火，烂若繁星；昼间则惊风挟沙，如急雨般刺人。又有干热之气，蒸人欲呕。师虽遇此种种磨难，心中却坦然无惧，唯苦水尽口渴最为难熬。这样经过四夜五日，曾无滴水沾喉，口腹干焦，几乎渴死。走至无力再走了，人马均困卧沙中。但心中默念观音圣号，不曾舍离。因默祷菩萨说："玄奘此行，既不为财利，又不为博取名誉；只是为了无上正法而来，仰祈菩萨，慈念众生，以东土群生法身慧命为重。"如是默念不已，到了第五夜半，忽觉凉风触身，通体舒畅有如沐冷水浴般，精神乃大振，眼睛从蒙眬中乍得明亮，那忠心耿耿的老马也振鬣（马颈上毛）而长鸣。身既得稍苏醒，便即小憩一会儿。传说师于睡梦中见一护法大神，身长数丈，执戟说道："你为何不振起精神，奋勇前进，长卧此处何为？"师因惊惧而起，即刻上马前行十里，老马此时突然像发狂般奔驰而去，全然不能控制。就这样狂奔了数里后，映在眼帘的竟是一片清水草原。惊喜之余，即刻下马，先让老马吃个痛快。这草原中一泓清水，不但清澈如镜，而且甘澄异常，乃以身就池饱饮一顿。如是人马俱得苏息。师在草池停留一日，然后盛满清水、备妥粮草，继续进发。更经两日，方走出流沙，抵达伊吾（今新疆哈密）。

到了伊吾，栖止在一古刹中。寺内有汉僧三人，其中有一老者，一听说师至，衣不解带，鞋不及穿，就赶忙出来迎接。不知是悲是喜，抱持法师哽咽不能自已，边说边泣道："不图此生，竟能及见故国之人！"奘师也为之伤感涕泣。

八、辞王慰留，志意坚决

当时高昌（今新疆吐鲁番）王麴（qū）文泰奉佛甚虔。早于奘师在凉州讲经时，就由商旅口中，得悉奘师西行的消息，因此就派使者至伊吾境准备接驾。这日使者正欲返国，恰遇奘师来到，立刻派人飞马归报国王。国王听到消息后，十分兴奋，即日派遣使者告诉伊吾王，请他留住奘师；一面选备上乘马数十匹，派遣特使，专程迎驾。经过十几天，抵达伊吾，特使便将国王殷勤礼请之盛意转告法师。奘师原拟取道伊吾国直接向西北行，越过巴尔库山，沿天山北麓西行，转往天竺，根本没有去高昌国的打算。现在既然高昌王诚意相邀，只得随使者走一趟。经过六天的行程，来到高昌边界白力城。抵城时已近日暮，奘师暂停城中，拟过夜再行，而城中官员及特使告诉他，王城不远，国王急欲接见，可换乘良马，连夜赶进京。师只得将所乘老马留给特使，随后带来。奘师当夜遂行，是日夜半，抵达王城。

　　高昌王一听说奘师来到，立刻与侍从列烛两旁，亲自出宫迎师入宫。然后恭敬礼拜，自称弟子，并说："自从听闻法师之名，就欢喜得忘却寝食，预计法师今夜必至，所以与妻子在宫中读经恭候，以是通宵未眠。"是时，天将欲晓，王见师有倦意，就回宫就寝。留下太监数名，侍候法师休息。翌日天方曙，王已率王妃前来请安。王说："弟子思量自中国到此，沙漠险阻，而师能单独前来，这种勇气与毅力，实在不可思议。"言罢流涕称叹不能自已。这段时日，王对奘师生活起居照顾得无微不至，并特派太监日夜侍候。王一直有意留师永住高昌国，俾能专门教化此方，于是想出种种方法，拟加说服。还命年逾八十的国统王法师与师同处，并要他劝师勿往西方，但奘师不允。师只停留十几天，就向王辞行。王殷勤慰留，表示愿率全国民众以国师相待。奘师说：
"多蒙王恩宠眷顾，玄奘铭感五内，但因有违初心，实难从命。"
王说："我曾与先王同游贵国，从隋帝历经东西二京等地，见过许
多名僧，心都未生敬慕。唯自听闻法师之名，就不自觉身心欢喜，
手舞足蹈，满心盼望有朝一日师能住锡于此，受弟子终身供养，
令一国人皆为师弟子。并望师设座讲授，培养僧才。这里僧众数
千，并可执经问道，伏愿法师察纳微心，勿以西游为念。"奘师
委婉陈词道："王的厚爱，岂贫道寡德所敢当。但此行任务重大，
不是为求供养而来的。盖因念本国佛法义未周全、经教缺少，众
生心中所怀疑惑不解之处颇多，而请益莫由。以是不计一切，拟
赴西方，渴望求得真理，令微言奥旨得以沾溉中国，此乃为东土
众生慧命计！愿王谅解。"王仍坚决地说："弟子仰慕法师，一定
要留下法师供养，山可转而此意不可移。乞信愚诚勿疑。"奘师
再拜恳辞说："王殷诚之意，岂待屡言方知呢？但玄奘西来完全是
为了求法，法既未得，自不可中辍，所以不得不敬辞。且大王夙
修胜福，故今生贵为人主，非但苍生所赖，也是释教所依凭。理
应助我发扬佛道于东土，岂反作法门障碍呢？"王接着说："弟子
亦不敢障碍，直以国无导师，故敢委屈法师，留住于此，以引导
愚迷。"

　　但奘师志意已定，绝不可挽回。王心中不悦，就面露愠色说：
"弟子总有办法留住法师，师又怎能擅自离去呢？今有二途可择：
一为留此住下，一为送师还国，请自三思。"奘师态度表现得很

坚决："玄奘所以来者，只为求大法。今遭遇阻碍，即使被王留，但识神终必不留！"王至此仍不死心，留奘师之意愿并未因而稍减，从此供养更丰厚。每日进食，王亲自捧盘进呈，恭敬倍前。但奘师并未因被阻而稍屈服，遂自誓绝食，以示抗议。乃终日端坐，水浆不入于口者三日。直到第四日，王觉奘师气息渐微，有生命之虞，心中深生愧惧，只好屈服，乃顶礼谢罪，答应任师西行。师恐王心或有不实，乃令王指日发誓后，方允进食。

高昌王要求与奘师约为兄弟，等师自天竺求法归来，请住此国三年。若将来成佛，愿如波斯匿王作外护檀越（施主）。并请师留住一月，讲《仁王般若经》。师一一应允。在讲《仁王般若经》圆满之日，王为师准备行装。因此去多寒，备置法服三十具，又造防御风沙的面具、手套、衣服、靴袜等。并赠黄金一百两、银钱三万、绫绢五百匹等一应俱全，供法师往返二十年所用之资。另备马三十匹，夫力二十五人。并派特使送师直达叶护可汗处，又写二十四封书信，分送屈支等二十四国。每一封书，附大绫一匹、绫绢五百、果味两车。信中拜托他们沿途代为照顾保护奘师，如同接待自己一般。

奘师见王如此厚赐，感激不已，遂上书致谢。国王见书，答道："法师既许为兄弟，则国家所有资财，与师共之，又何必称谢呢？"在奘师出发之日，王与诸大臣百姓等，倾都欢送出城。王抱法师恸哭，僧俗臣民尽皆悲伤，哭泣之声震动城郊。王命妃子及百姓等先回，自己亲与大德乘马送数十里，才依依不舍道别而回。其后，所经诸国王侯，礼遇奘师，均很周到，这是高昌王之书信预为先容之故。

九、凌山冰雪，积年不化

奘师从此往西行，先后到阿耆尼国（今新疆焉耆）、屈支国（今新疆库车）、跋禄迦国，停一宿，又向西北行三百里，更渡一沙漠，便到凌山。这里是葱岭之北隅，其山势险峭，高耸入天，自天地开辟以来冰雪积聚而为"凌"，春夏犹不解冻。其上与云相接，仰望一片白雪皑皑，无法看到边际。其山峰摧崩陷落，横于路侧，或高百尺，或广数丈。由是山径崎岖，攀登其上倍感艰阻。加上风雪纷飞，虽然穿着厚履重裘，仍不免浑身发抖。就是困倦欲眠或煮饭，也无干燥处可资利用，只有空悬锅釜而炊，晚上铺席在冰上就寝。如此经过七天，方始出山，随行的徒侣夫力，饿冻而死的十有三四，牛马死伤的情况，就更严重了。

奘师一行出山以后，就至一池，名热海，因它接近凌山而竟不冻结，故得此名。周围千四五百里，东西长、南北狭，望之淼然（水大叫淼），不待风起，而洪波数丈。师循海西北行走五百余里，至素叶城，遇见突厥叶护可汗（君主）。可汗设宴招待。奘师送上高昌王的书信，可汗知师是赴印度求经的，于是想劝师打消西去之念头。他说："印特伽国（印度）地方，气候很热，观师容貌体质，哪经得起炎热天候的煎熬？况且彼地之人既黑且陋，又无威仪，实不足一观。"法师答说："我不辞千里而来，一为追寻圣迹，二是仰慕佛法，不论遇上任何磨难，都甘心任受。"可汗无奈，乃派军中通解汉语的摩咄达随行，并修一国书，令摩咄达送法师到迦毕试国。又赠红色绫绸法服一袭、绢五十匹，与群臣民送了十余里。

奘师启程，又继续向西前行千余里，经过飒赤建国、赭时国、宁堵利瑟那等国。迈过一片沙漠，满目不见人草，望着人兽遗骨而进。五百里后始抵康国，在康国感化事火外道，使之弃邪归正。师诱导蒙俗，往往如此。师等又向西行，经过屈霜尼加、东安、中安、西安等国，这样又走了将近千里，就到了睹货罗国，在那里折服曾留学印度、被葱岭以西推崇为法匠的——达摩僧迦。此僧原本气焰颇高，自称凡是经论无不悉解。奘师与他对语，知道他不解大乘，只知小乘。师仅以小乘教《婆沙论》与他辩论，就使他折服。因师态度温和，务以德胜，使对方自感惭愧。从此相见欢喜，处处誉赞，坦承不如奘师。师又到有小王舍城之称的缚喝国，在那里瞻礼伽蓝名刹（佛寺名伽蓝）佛牙等胜迹。在纳缚伽蓝内，遇见一位般若羯罗法师，此师聪慧好学，对小乘教义无不通达。二人欢谈之下，非常投契。奘师提出一些俱舍婆沙的问题，他都能酬答如流。奘师就停驻那里一个多月，研读《毗婆沙论》。从奘师的虚心与好学精神，就足可知他成大器的原因了。

十、游历各国，观礼圣迹

奘师自离缚喝国后，开始向南行。东南进入大雪山，走了六百多里。经过睹货罗境，又入梵衍那国。该国东西两千余里，在雪山当中，沿途的艰难危险，更倍于前所经过的凌碛山。凝云飞雪，从不暂霁（晴朗），降雪厉害的地方，则积雪数丈，真可说是"层冰峨峨（高峻貌），飞雪千里"了。若不是为了求无上正法，奘师怎会不爱惜父母遗体，而甘心冒险远游呢？以前王遵登越九折（形容曲折）之坂，尚且自称是汉室忠臣，而法师现在攀涉雪岭求经，更可说是如来真子了。

如是又到梵衍都城，有伽蓝十余所，僧人数千人。梵衍王亲自出巡，礼请法师到宫中接受供养一连数日。那里遇见名僧阿梨耶驮婆、阿梨耶斯那二人。他们一见奘师的法相都深感惊叹，没想到支那远国居然有如此庄严的僧相，于是自愿引导奘师去各处瞻礼参观，殷勤之情，令人感动。其地古迹有释迦百尺立像、佛入涅槃卧像，长一千尺等，并皆庄严微妙。

奘师走了十五天，出了梵衍国，遇上大雪，迷失道路，后来幸好遇到猎人指路，才找到出路。后经迦毕试国、滥波国，到那揭罗国，就在那里礼拜佛之顶骨与古物。骨长一尺二寸，发孔分明，其色黄白，盛在一宝匣中，传说如果想知个人吉凶罪福等相，可以磨香末为泥，以布帛缠裹，放在骨旁，随人所想，以定吉凶。奘师试后，得菩提树像，随从二沙弥（男子初出家受十戒者称之），大沙弥得佛像，小沙弥得莲花像。那守骨的婆罗门欢喜地向法师弹指散花，并说："师所得甚为稀有。"

奘师又听说灯光城西南二十余里，有瞿波龙王所住的洞窟，传说如来以前就在那里降伏此龙，因此留影在窟中。奘师想前往瞻仰礼拜，但因其路途荒凉险阻，近来又多盗贼，两三年以来没人敢去。迦毕试国所派的使者也不愿前往，反力劝法师勿去。但奘师以为如来真身之影亿劫难逢，岂有当面错过之理。于是决定一人独往。途中经过一座寺院问路，想找一个人来引路，竟找不到。后来好不容易找到一小孩愿往，但只肯送到石窟附近。

师至石窟附近，又遇一老者，经其指示因得知去石窟的路，两人就一同出发。但行不到数里，果然遇到五个强盗，拔刀挡路。奘师就脱去帽子，表示他是出家僧人。贼问他："难道你没听过这边有贼吗？"奘师从容答道："贼也是人呀！只要能去瞻礼佛影，虽猛兽满街，尚且不怕，何况是人呢！"贼人深为奘师的诚心所感动，于是当即放下屠刀，发心随师前往礼拜。

一行七人一同来到石窟，窟在石涧东壁，窟门向西开，向内窥视只是一片黑暗，一无所睹。老人告诉奘师一直进去，触到东壁后，再向后退五十步，然后向东而观，佛影即印在其处。法师一人进洞依照老人指示而行，至诚礼拜百余拜，但一无所见，于是自责障重，悲号懊恼。更加至诚恳切礼诵《胜鬘》等经，诸佛偈颂，随赞随礼，又百余拜，传说，法师突见东壁现出如钵大小的圆光，正欢喜之际，忽而又灭，由是更加礼拜。复有如盘大小的圆光，灵光偶现倏又灭去。师因自誓，今天如不见到世尊之影像，决不离此地一步，如是又二百余拜，终见全窟大放光明，如来金碧辉煌的影像皎然在壁，就如拨开云雾，忽睹青天，妙相光耀，神采奕奕。瞻仰之际，令人欢跃无可比拟。佛身及袈裟并是赤黄色，自膝以上，相好光明。左右及背后，菩萨圣僧影像，也一一显现。师令门外六人一同进来礼拜，他们拥火而入，佛影忽然消逝，急令灭火更加礼请，于是光明重现。六人中五人得见，一人障重竟无所睹。在礼赞并供养香花完毕，光明乃灭。出窟以后，那老者欢喜赞叹，得未曾有，并说："若非法师心怀至诚，愿力宏深，绝不能见如是境界。"那五位贼人因此都销毁刀杖，虔受五戒而别。

奘师又与同伴向东南山走了五百余里，就来到犍陀罗国。此是北印度的国家，都城叫布路沙布罗，自古多出圣贤，如无著、世亲二菩萨，如意、胁尊者等，都出生于此地。此地圣迹颇多，在王城东南，有棵菩提树，过去四佛均坐此树下成佛，现在塑有四如来像，将来将有九百九十六佛也当坐在此树下成佛，虽经劫坏，此迹恒久存在。奘师深生怀疑地问道："此世界不知已经几度成、住、坏、空，在坏劫中，火灾起时，须弥山尚且化为灰烬，何能独容此迹永存呢？"有老僧答道："世界坏时，此迹亦随之而坏；世界成时，此迹亦随之再现。"

后来又到了乌铎迦汉荼城，出城北行六百多里，来到乌仗那国，其国梦揭厘城东西五百里处，有一个大塔，传说是佛在过去世作忍辱仙人时，为歌利王割截身体处。城南四百余里是醯罗山，传说这是如来在往昔世中，为求半偈以报药叉之恩，舍身投崖处。这个故事是说释迦如来在往昔身中，入雪山修菩萨行，听到一药叉罗刹，给他念了半偈："诸行无常，是生灭法。"尚余半偈不肯说。释迦听了前半偈，心中欢喜异常，便愿舍身相求。于是罗刹为他再说下半偈："生灭灭已，寂灭为乐。"释迦听毕，果投崖以殉。奘师到此，想到当年释迦仅为半偈竟能舍身为法的精神，更鼓舞他自己为了求法，而不计一切牺牲的意愿。奘师又经矕揭厘城，城东北三十余里，有一石塔高三十尺。传说昔日佛曾在此为人天说法，佛去后，自然涌生此塔。城东北有山谷，他们攀缘绳索经过十余里，至达丽罗川，即是乌仗那的旧部，其川中有一大伽蓝（佛寺），旁边有一座木刻的慈氏菩萨像，金色庄严，高百余尺，是一阿罗汉所造，传说他以神通力把匠人升至兜率天，亲观妙相，往返三次始竟全功。

奘师自乌铎迦汉茶城南渡信渡河，河广三四里，川流很急，传说其中多有毒龙恶兽之窟。奘师一行渡过此河，乃到北印度境的呾叉始罗国。其城北十二里有塔系无忧王所建，据说常放神光，是如来以前行菩萨道为大国王，立志求菩提（正觉）而舍去千头的处所。这一带佛教遗迹很多，有以前摩诃萨埵王子舍身饲饿虎的地方，其地为王子身血所染，现在草木土地仍是一片赤色。由此又东南行千余里，才来到迦湿弥罗国。

迦湿弥罗国，其都城西临大河，伽蓝有上百所，僧人五千多人。有四座大塔，崇高壮丽，也是无忧王所建，各有如来舍利升余。奘师刚要步入其境，该国即派军马来迎，师因遍历诸寺一一礼拜，后至一寺住宿，寺名护瑟迦罗。传说这天半夜，寺内众僧都梦见神人示现告语："有个客僧从大乘国来，欲学经于印度，观礼圣迹。其人乃为法而来，有无量善神随护，现驻本寺。师等宿福深植，你们正该各各精勤备常，令他赞叹，为何反懈怠昏沉贪睡呢？"诸僧听了这段话，皆从梦中惊醒，经行禅诵，一直到天明，并向师说其因缘，对他更加敬礼。

翌日启程继续前行，过了几天，渐进王城。王亲率群臣及都内高僧前来相迎，侍从有千余人。沿途幢盖，烟花满路，热闹非常。奘师抵达王城，迎宾的礼赞非常隆重，王亲自用手将无量数花散地供养，这在印度是最优厚的礼俗，并请师乘坐大象，王在后相随而进至王都。第二日，请师入宫接受供养，并命大德僧数十人陪侍。食讫，王请开讲，并令在座僧众论难。王在一旁观听后，非常欢喜。王又因奘师远来慕学求法，就派令文书二十人，专为师抄写中国所缺经论，另又给五人供师使唤，随侍左右。

彼国有一僧称法师，德行俱高，戒律精严，思理淹贯，多闻总持（持善不失，持恶不令起曰总持；又总一切法，持一切义亦曰总持），才睿神茂，而平素爱贤重士。奘师对他倾心请益问难，昼夜不觉疲困。奘师求知欲强，向道心切，因请讲授诸论。这时僧称法师已年高七十，气力已衰，但见奘师为法门神器，深庆难逢，乃奋志勉励为他开讲。每日上午讲《俱舍论》，下午讲《顺正理论》，晚上讲因明论、声明论、《大毗婆沙论》。由是境内学人，借此殊胜因缘，无不悉集一处听讲。奘师随其所说，领悟无遗。僧称法师欢喜赞叹地说："这位中国僧人，智力宏赡，座中大众，无人能与他相比。以他的智慧德行，足以远继世亲、无著兄弟（印度传唯识学说的两位祖师）。所惜远居中国，未能及早亲近此方圣贤的遗芳。"当时大众中有大乘学僧毗戍陀僧诃（译为净狮子）、辰那饭荼（最胜亲）、苏伽密多罗（如来友）、婆苏密多罗（世友）等，道业坚贞，才解过人，都是久来此处求学的。听到僧称如此褒扬玄奘，心中都不服气，纷纷向奘师诘难。而奘师应答流利，毫无滞碍。他们本是有学养的人，一见奘师如此明利，也就自感惭服了。迦湿弥罗国之地，在佛入灭后第四百年，那时是犍陀罗国迦腻色迦王朝，因胁尊者请内通三藏（经、律、论），外达五明①的贤圣众，连尊者本身在内，正好五百人，就在此地结集三藏，先后共造三十万颂九十六万言。王以赤铜为鍱，刻镂文字，用石函封记，并建塔寺而储在其中，使经典奥义永不坠失。奘师在此停留两年，学诸经论，并到处瞻拜圣迹，然后才离开此地。

十一、随处参学，亲近大德

奘师离开迦湿弥罗国，向西南行，逾山涉水，至半笈嗟国，又东南行至砾迦国，在那里向一位七百岁的耆年婆罗门处学《百论》及《广百论》。其人是龙猛菩萨（即龙树，系印度空宗祖师）的亲炙（亲受师承）弟子，说解简明、深受教益。奘师从此东行至那仆底国，有突舍萨那寺大德毗腻多钵腊婆，其人是北印度王子，舍俗出家，风仪气度出众，精于三藏，曾自造《五蕴论释》《唯识三十论释》，奘师因住彼十四月学《对法论》《显宗论》《理门论》等。师又向东南行五十余里，至答秣苏伐那僧寺，学《说一切有部》。又到那伽罗驮那寺，亲近大德旃达罗伐摩，学《众事分毗婆沙》。又至中印度禄勒那国，亲近阇耶毱多善闲，受《经部毗婆沙》。奘师时年三十岁。

十二、菩提树下，悲感难抑

奘师经羯若鞠阇国至阿逾陀国，这里有寺百余所，僧徒数千人，大小乘兼学。大城中有旧寺院，是世亲于此作大小乘论及为众讲法处。奘师此后又顺恒河而下，遇盗劫船，奘师凭其静定与诚敬，终于降伏群贼，化险为夷。如是继续前行，先后瞻礼的圣迹很多，如：佛当时说法所在的给孤独园（在室罗伐悉底国）；佛陀降生地及游四门见生老病死之处（迦毗罗卫城）；佛陀入涅槃的婆罗双树（拘尸罗国）；佛陀初转法轮（说法），度五比丘的地方（波罗奈斯国）；维摩大士（菩萨称号）现身说法的一丈见方石室（毗舍离国）；最后来到佛陀在其下成就无上正等正觉的菩提树（摩揭陀国）。传说此树枝叶青润，终年不凋，唯至如来涅槃日，其叶顿落，经过一天，又完全复原。奘师来到菩提树下，至诚瞻仰，五体投地，悲哀懊恼，不觉感伤叹息，自忖佛成道时，不知自己漂沦何趣（趣：即六趣，亦即六道——人、天、阿修罗、畜生、饿鬼、地狱）。现在到了像法时期方能到此，念及业障[2]深重若此，就不觉悲泪盈眶。当时众僧见状，也无不悲感呜咽。

十三、文殊劝慰，静待来者

奘师终于到了印度最负盛名的——那烂陀寺。此地是当时印度佛教最高学府，其中师资都是当时一流高僧。这是奘师西行求法、问道学经的目的地。那烂陀寺众知师将至，特别差遣四位大德相迎。奘师随他们走了七由旬（由旬——天竺里数，大者八十里，中者六十里，下者四十里），先到寺庄，这里就是月莲尊者出生的村庄。师到庄进食不久，即见有二百余僧众及千余居士，一直送师到那烂陀寺。奘师到寺后，寺中全体僧众都集中大殿，奘师与他们行相见礼后，知客僧人早在上座首位，特别另置床位，请师就座。众僧也先后就座。然后由维那（寺中管理众僧事务者）击犍椎（犍，佛寺之钟磬），昂声高唱法师住寺。

在那烂陀寺，年高德劭、为众所共尊者，就是戒贤大师。大众不敢直呼其名，但尊称他为正法藏。奘师久慕其德学，如赤子之望慈母，于是随众入谒。因奘师是特来参学的，故以拜师之礼相见。印度拜师之仪式非常隆重，必须膝行肘步，接足顶礼，问讯赞叹。奘师依礼瞻拜毕，贤师令人广设床座，命奘师及众僧并皆入座，随即询问奘师所从来，师答称："特从支那（中国）来，欲依随贤师学《瑜伽论》。"不意贤师听闻其语，竟突然感伤涕泣起来，即从座中唤起弟子佛陀跋陀罗（觉贤）——此人即法藏之侄，年七十多岁，博通经论，善于言谈。贤师说："你可对众宣说，我三年前患脑病的因缘。"觉贤师听后，也不觉涕泣拭泪说出下面一段稀有因缘："和尚（老师）以前曾患有一种风病，每次发作时，手足就像火烧刀刺一般痛苦难堪。这样时发时停，差不多缠绵了二十年。在三年前，痛苦尤其厉害，不觉厌恶此身，竟想绝食自尽。某天晚上梦见三位天人，一为黄金色、二为琉璃色、三为白银色，形貌威仪端丽无比。他们询问吾师：'你想舍弃此身吗？佛经上说身是诸苦所集，并没说要厌离舍弃此身。你因在过去世中曾做国王，常常恼害众生，故招此报。今生应多观察反省宿愆，至诚忏悔，随缘以消旧业。对于苦要能安忍，并要勤加诵读宣讲诸经论，久之自可销灭。若只知厌身，苦终不能尽。'吾师听后，对他们至诚礼拜。其金色人指琉璃色人对吾师说：'你可认得？这位便是观世音菩萨。'又指银色人说：'这是弥勒菩萨。'吾师立即请教弥勒菩萨说：'戒贤常愿将来得生弥勒内院（在六欲天的兜率天），不知得生否？'弥勒菩萨告诉他说：'只要你能广

179

传正法，以后必当得生。'金色人又自言：'我是文殊菩萨，我们此番所以现身，只因见你徒然舍身，不知利益众生，所以来劝你。当依从我语，努力显扬正法《瑜伽论》等，普遍广被未曾闻法众生，你身自可渐渐安稳，不必多虑。三年后，有一位支那僧人，乐通大法，会自远道前来求法，你必须等到他来，届时始可倾囊相授。'贤师听后，即礼拜答道：'敬依尊教！'三人说完后旋即不见，从此吾师所患病苦就不药而愈了。"众僧听了这一段因缘以后，莫不称叹稀有。奘师亲闻这段殊胜因缘，更是悲喜不能自胜，便顶礼答拜说："若如所说，玄奘自当倍加尽力听闻研习，愿尊者慈悲摄受教诲。"戒贤师又问奘师在路途上经过几年，奘师答说三年，与梦正相符合。

那烂陀寺，译成中文为施无厌寺。故老相传此寺之南庵没罗中有一池塘，池中有龙名叫那烂陀，旁建伽蓝，故以为号。又说是如来以前行菩萨道时，为大国王建都此地。因怜愍孤穷的人，常行惠施，百姓感念他的恩德，故号其处为施无厌地。寺址本是庵没罗长者的园地，由五百商人以十亿金钱买来供佛。佛曾在此处说法，商人中多有当下证果的。佛涅槃（译为圆寂，意谓功德圆满而入寂，又译为入灭，意谓惑业烦恼尽灭而解脱）后，此国先王铄迦罗阿迭多因敬慕佛故造此伽蓝。以后六帝相承，各加营造，又用砖垒叠其外，合为一寺，都建一门，庭序别开。其中共分八院，其间宝台星列，琼楼玉宇，如山耸岳峙；其烟霭中，殿飞霞上，云生户牖中。僧室皆有四重重阁，雕梁画栋美不胜收。

印度的伽蓝以千万计，而那烂陀寺之雄伟壮丽，则堪称首屈一指。寺内住锡主客僧徒，常有万人，并学大乘十八部，乃至一般俗典《吠陀》（古印度哲学）等书，因明、声明、医方术数亦俱研习。凡解经论二十部约有一千多人，三十部约有五百人，五十部的连奘师只有十人。唯有戒贤大师一切穷览，德美年耆，为众宗匠。寺内讲座，每日均有百余所，学僧修习，不敢稍弃寸阴。由于德众聚集，寺规自然严肃，建立以来七百余年，没有一人犯讥毁之过的。就是国王也为之钦重不已，施舍百余城邑，充其供养。每邑二百户日进粳米酥乳数百石，由是学人不必托钵求供，而日常四事（衣服、饮食、卧具、汤药）具足，使求法者赖此供养，而一心问学，成就无上道业。

自此奘师即在那烂陀寺安住下来，先后到王舍城、灵鹫山、雁塔等处观礼，并往大迦叶结集三藏经典的石窟参观。然后还归那烂陀寺，礼请戒贤大师开讲《瑜伽论》，而在法席中同听的人有数千人之多。戒贤师开题不久，有一婆罗门忽然走上座前，悲号痛哭，不一会儿又复言笑。贤师问他何故忽哭忽笑，他答道："我是东印度人，曾在观音菩萨前发愿为王。菩萨现身呵责我说：'你不要这样发愿，将来某年月日，那烂陀寺戒贤法师要为支那僧讲《瑜伽论》，你可前往听讲。借此闻法因缘，将得见佛，何必想当王呢？'现在我终于见到支那僧来，师果然又为他讲述此论，与以前所言无不相合，所以悲喜交集。"戒贤法师听后，便令他住寺听经。十五个月讲竟，奘师在寺听讲《瑜伽论》三遍，

《顺正理》一遍,《显扬》《对法》各一遍,因明、声明、《集量》等论各两遍,《中》、《百》二论各三遍。其他如俱舍、婆娑、六足、阿毗昙等诸论,因曾在迦湿弥罗诸国听过,现在仅须复习,提出疑难之处以待决疑而已。

奘师在寺中,除了听论以外,还兼学婆罗门书、印度梵书。梵书的来源,据说是从无始来就有,已不知作者。从每次一劫之初,大梵天王先说,传授给天人,因是梵王所说,故名梵书,内容极丰富,有百万偈。帝释天又略为十万颂,其后北印度犍陀罗国有婆罗门又略为八千颂,这就是现在印度流行的梵书。后南印度婆罗门又略为两千五百颂,印度博学的人无不诵习。其字音、语法复杂难学,奘师用心学习,不久即能洞达其词。如是在那烂陀寺钻研诸部及学梵书,前后共历五年。

此后奘师又辗转行走中印度、南印度、西印度,以至北印度境,随所到处瞻礼圣迹。师在北印度境的至钵伐多国,城侧有大伽蓝,寺中僧人皆学大乘,是过去慎那弗恒罗论师制《瑜伽师地释论》之地,亦是贤爱、德光两论师出家的处所。又此国有二三大德,都是学养俱优、可资亲近的。奘师闻知如此,就在那里停驻二年,学《正量部》《阿毗达摩》《摄正法论》《成实论》等。

奘师两年后又回到摩揭陀国施无厌寺参礼正法藏,听说寺西有出家大德般若跋陀罗,擅长于三藏及声明、因明等。奘师就停驻两月,咨问所惑,必无复疑滞而后止。从此复往杖林山居士胜军论师处。此论师自幼好学,先在贤爱居士处学因明,又从安慧菩萨学声明、大小乘论，再跟从戒贤法师学《瑜伽论》，乃至外典群言"四吠陀典"（吠陀一作韦陀，义译为智，乃印度最早之宗教哲学典籍）、天文地理、医方术数，无不究其根源，穷其枝叶。胜军论师学问贯通内外（内指内典即佛经，外指佛经以外之一切典籍），其德学俱为当时所尊。摩揭陀王非常钦重贤士，闻其德风而慕悦，便遣使邀请，想立他为国师，但论师不愿接受。国王崩后，戒日王又请为国师，并封乌荼国八十八大邑，论师亦辞不受。王虽再三固请，他乃坚辞，并对王说："胜军听说接受别人的食禄，就当为别人担忧他的事。现在救度众生生死萦缠之急尚觉不及，岂有闲暇负荷国师这般繁重的事务呢？"说完长揖（拱手自上而至极下）而出，王不能留。自是每依杖林山，养徒教授，常讲佛学，道俗归宗者，常过数百。奘师就学，前后二年，学《唯识抉择论》《意义理论》《成无畏论》《不住涅槃》《十二因缘论》《庄严经论》及问瑜伽、因明等疑难。

传说某夜奘师梦见那烂陀寺，房院荒秽，并系水牛，已无僧侣。师从幼日王院西门入，看见第四重阁上有一金人，色貌端严，光明满室，内心欢喜，意欲登阁却不能，乃请垂手引接。那金人说："我是文殊菩萨，因你业缘未了未可来也。"乃指寺外说："你看！"师循指望去，只见寺外火焚村邑，都成灰烬。那金人说："你可早日归国。此处十年后戒日王当崩，印度荒乱，恶人相害，你宜知道。"言罢不见。师梦醒后，心中慨叹不已，乃告诉胜军知道。胜军说："三界本无安宅，既有此预兆，仁者当自图之。"

其后，至高宗永徽末年，戒日王果然崩殂，印度闹大饥荒，并如所梦。

十四、破除谬论，作《会通论》

当时戒贤大师请奘师为众开讲《摄大乘论》《唯识抉择论》。在这以前，师子光大德已为四众讲《中论》《百论》。述此二论的宗旨，就专在破斥瑜伽之义。奘师既熟习《中论》《百论》二论，又精通瑜伽的道理。他认为圣人立教，各随一意，只不过是所重的方面互有不同，本不相违背，若不能会通其意，便说它们的道理互相矛盾，这种过失，应在传法的人以讹传讹，不是佛法本身的过错。奘师一方面固然悲愍师子光的器局狭小，但为了法，也不谦让地数次前往诘问，师子光都不能回答。由是他的门徒就渐渐散去，而反来投归奘师。奘师又阐述《中论》《百论》的宗旨，唯在破斥遍计所执性③，而说依他起性及圆成实性。师子光不能善悟此理，所以称一切无所得，并说瑜伽所立圆成实性，也都要遣除，不可执着。奘师为了和会瑜伽（印度之法相宗，所谈者是现象界的诸法有相——属妙有境界）、中论（印度之法性宗，所谈者是本体界的诸法空性——属真空境界）这二宗，极言其不相违背，于是乃作《会通论》三千颂。论作成后，即送呈戒贤大师及大众观览，见者无不称善，并且公开宣布流传。师子光惭赧，就离此前往菩提寺。另外又找一位东印度同学名叫旃陀罗僧诃来与奘师论难，冀图洗雪前耻。但此人虽前来，因忌惮法师的威名，而不敢发言，因此奘师声誉益发隆盛了。

十五、折服外道，雅量宽宏

这时有一个外道自远地前来挑战。他一共写了四十条义理，悬张在寺门外，并大言道："若有人能难破其中任一条，我就斩头以谢。"这外道口气大，自然也有相当的本事。张贴悬示数日，竟无人敢出来应战。奘师闻知此事，即派房内净人（侍者）前去揭破悬贴，掷于地上，用脚践踏，表示摧毁其义理，不足复存。那外道婆罗门大怒，问谁人竟敢如此。既得知是奘师，彼又素闻师名，正感惭耻，更不与论。奘师即召入，与之往复辩论，将婆罗门义理逐条一一批驳，使无复能自张其军。最后那外道哑口无言，只有起立作谢道："我承认输了！请依照前约，任听处置吧！"奘师说："我们释尊的弟子从不害人。现在不杀你，只要你随我为奴，听我教命就好了！"那外道自是欢喜敬从，其他的人听到以后，也都为那外道称庆，并暗暗佩服奘师的宽宏大量。他们二人，一个心肯服输，一个气量宽宏，其襟度都非常人所能及。

不久，奘师想到乌荼国一行，此行专为破斥小乘学说，乃先寻得小乘所制《破大乘义》七百颂。法师寻省有数处疑问，乃问所伏外道曾听闻此义否。那外道说曾听过五遍，奘师便要他讲述。那外道以为我今为奴隶的身份，岂能为尊者讲法呢？师说："这是他宗，自是我所未见，你但说无妨。"那外道为顾念法师声誉起见，就说："既蒙法师不弃，就请在夜中讲述，以免外人误会，谓师从奴学法，有污尊名。"于是夜里，师屏去诸人，令他讲述一遍，乃备得其中要旨。遂寻出其纰缪之处，并申张大乘义理痛加破斥，共著一千六百颂，名为《破恶见论》。并呈戒贤法师及宣示徒众，读者无不嗟赏。大家以为以此穷析义理的态度，何敌不能克呢？奘师就对那外道说："仁者因辩论落败而委身为奴，这耻辱亦已足矣！现在放仁者归，任君所往！"那外道欢喜辞出，径往东印度迦摩缕波国向鸠摩罗王称颂法师德义，王听后甚为悦慕，即派遣使者，前来请驾。

十六、菩萨兴悲，愿归故土

岁月匆匆，奘师在天竺先后经历了十四个年头。此时，因目的达成，就动了东归之念，于是即作归计。那烂陀寺诸大德听到后，都来劝止。他们以为印度是佛陀降生之地，大圣虽已入灭，但遗迹俱在，巡游圣迹，足慰平生，来此不易，何可轻易言去呢？何况中国蔑视佛法，此所以诸佛不生于彼土呀！奘师认为法王（佛）立教，本尚流通，己身既沾法益，岂可竟将彼未悟众生反遗弃了呢？这完全有违其西来的原意。况且中国传统文化，衣冠济济，一切法度已具，君圣臣忠，父慈子孝，贵仁贵义，尊老敬贤，智慧通达，直与神契。自佛法东被，早已信奉大乘，岂可说佛不降彼，遂予轻视呢？诸德既见法师不从，乃同往戒贤师处陈述。戒师问奘师是否心意已定，奘师回答道："弟子并非不爱此土，但玄奘来意，即是为求大法，广利众生。自到此以来，蒙师为说《瑜伽师地论》，释诸疑难，礼拜圣迹，及得闻诸部甚深之旨。私心庆慰不已，可谓不虚此行。愿以所闻归返中国，翻译诸经，使有缘之人俱得闻见，以仰报师恩。人寿有限，所以不能在此迁延岁月了。"戒贤法师听后自是欢喜，就说："若非菩萨宁具此悲心，此正是我所期望于你的。"众人见戒贤大师既如此说，也就不再苦留了。

十七、曲女盛会，威震五印

正当奘师准备回国的时候，东印度鸠摩罗王遣使奉书与戒贤法师，说想见支那国大德。奘师本不欲往，但经鸠摩罗王坚请之下，只好辞别戒师等，随使前往彼国。鸠摩罗王亲率群臣迎拜，延请入宫，每日奏音乐、奉饮食，并有香花等上好的供养，如是经过一个多月。戒日王闻说奘师竟往彼处，心中不免大怒，谓我先前一再恭请不来，现在何以却先赴彼处呢？于是威胁鸠摩罗王即刻遣送师来。鸠王因惧怕戒日王的势力，不敢不从，就暂将奘师送往戒日王处。其时正值夜晚一更许，戒日王慕师已久，不顾深夜，前往迎师。只见河中有数千火炬并一步一鼓，火光映彻，声势浩大，煞是好看。既至，王顶礼师足，散花瞻仰赞礼毕，心头感到无限欢喜，因值夜深，与奘师亲切晤谈一会儿，王即告辞，临行告以明晨即来迎师。

次日，奘师与鸠王同往戒日王宫，王与门师二十余人出迎入坐，盛设各种珍膳（珍异的食物），并奏音乐，散鲜花，以为供养。戒日王对师说："听说法师曾作《破恶见论》，愿能拜读。"奘师即呈递与王。王取观后，非常欣悦地说："弟子闻日光既出，则荧光烛火之明俱皆被夺；天雷之声震动，则铁锤斧凿即便绝响。"王便回首对门师说："师等上座提婆犀那自己称说他的理解力冠于群伦，学问则兼该众哲，并且时常毁谤大乘。可是一听说有远方大德（指奘师）来，就即刻避往吠舍，托名瞻观圣迹，借以逃避，所以我知道你们（指门师）并没多大本事。"戒日王非常赞叹奘师的《破恶见论》，就对奘师说："法师的大作价值非常，弟子与此间诸师，无不深生信服。但恐其他各国小乘外道，仍然笃守固陋，执迷不悟。故希望在曲女城为师作一公开的辩论会。遍请五印度、沙门、婆罗门、外道等，都来集会，借此开示大乘微妙法门，杜绝他们毁谤之心，亦可因此显示出法师盛德之高，摧伏彼等我慢之心。"

戒日王于是日发出通告，邀约诸方大德与会，便与奘师出发赴会，先期到曲女城。这次集会可谓盛况空前。赴会的人员，在五印度中有十八国王到会，精通大小乘的僧人有三千参加，婆罗门及其他外道有二千人与会。那烂陀寺亦有千余僧人到场。这些高贤都是极一时之选，他们无不博通经论，具足辩才，并想前来聆闻法音，所以皆来聚会。而且有的随身带来侍从，或驾象，或乘舆，或悬幢，或挂幡，各自围绕簇拥而来，好像云兴雾涌，充塞数十里间，浩浩荡荡，盛况空前。

戒日王先行整饬装潢会所，营造二座临时宫殿，拟安置佛像及徒众。殿堂广峻，各可容坐千余人。戒日王行宫则建在距会场西边五里之处。是日，将金铸佛像一尊，安装在一头大象上，上悬宝帐。戒日王本人作帝释形，手执白拂随侍佛之右侧；鸠摩罗王作梵王形，手执宝盖随侍佛之左侧；二人都身着天冠华鬘，垂挂璎珞佩玉，又以两头大象装戴宝华，追随佛后，随行随散。并请奘师及门师等各乘大象，依次排列二王之后。另外再以三百头大象，由诸国王、大臣、大德等乘坐。如是前后罗列，前拥后遮，从清晨自行宫出发，一路向会所行去。来到会场门口，戒日王命大众下乘，首先捧佛像入殿，置于宝座上。然后命十八位国王入座，再请诸国高僧、博通经论者千余人入座。次请婆罗门外道有名行者五百人入座。又请诸国大臣二百余人入座。此外道俗都在院门外安置。俟内外坐定，王使人施食供养毕，特别设置宝座，请奘师登座为此会论主。奘师称扬大乘，说明作论之意，并请那烂陀寺沙门明贤法师宣读全论内容，令大众闻知。并另行抄写一份（本），悬示会场门外，普令大众无不俱知。并宣告于众：其中若有一字无理，但凭指摘；若能难倒，或摧破其立论，就请立斩己首以相谢。如是自晨至晚，竟无人能发一言。戒日王欢喜赞叹，于是罢会还宫，诸王及诸僧退席，还归止息之所。第二天，又再聚会，迎像送引如前。这样经过五日，小乘外道见毁其宗派，心中结恨，阴图谋害。戒日王得悉后，立即宣示道："邪道乱真，其来已久，埋隐正教，误惑众生，不有上贤，何以鉴伪？支那法师，显扬大法，汲引愚迷。妖妄之徒，不知惭悔，反起害心，谋为不轨。此而可容，孰不可恕。如有任何人伤触法师者，立斩其首；毁谤辱骂者，截其舌。但为申辩义理，攻难驳正者不在此限。"自是邪妄之徒销声匿迹。如是经十八日，仍无一人发论。

将散会的前夕，奘师更称扬大乘，赞叹佛之无量功德，令无数人当下返邪入正，弃小归大。戒日王益发增其崇重之心，供养奘师金钱一万、银钱三万等，十八国王亦各施珍宝。奘师却一切不受。戒日王又命侍臣庄严一头大象，施一宝幢，请师乘坐；并有贵臣陪侍巡众，同时一面唱言于众，表示大义得立无人可屈，这是印度礼俗凡立论得胜的表示。奘师谦让不行，戒日王说："自古印度习俗如此，事不可违。"于是就将法师袈裟遍倡于众，说："中国法师，立大乘义，破诸异见，经十八日，无人敢加以论难，宜让大众个个悉知。"大众欢喜，竞相为法师立义名，大乘众叫作"摩诃耶那提婆"，译为"大乘天"；小乘众立名"木叉提婆"，译为"解脱天"。大众乃烧香散花，礼敬而去。自是奘师的盛德美名，就愈益高扬了。

十八、殷勤相送，临别依依

其后，奘师又参观无遮大会（印度国俗，无遮是宽容无所遮盖之意，不论圣凡、道俗、贵贱，概可参加，平等行财、法二施的大法会）后，即向戒日王辞行欲归。王听后就说："弟子正要与师共同提倡弘扬佛法，何必这样急着归国呢？"于是又留了法师十几日。鸠摩罗王一听法师要走，也殷勤致意说："如果法师能住弟子处受供养的话，当为师造一百座寺。"奘师知二人意诚，因彼等不了解自己西行求法之目的与重责，又恐遭高昌王强留之事重演，因此必须先加表明，乃说道："中国离此辽远，闻法较晚，虽能沾被佛法，但只得梗概而不能具足完备，故此番西行专为求法而来。本国诸贤思法若渴，心志诚笃，所以此心此志不敢须臾忘怀。何况经上说，障碍他人布法者，世世得无眼报。若果留住玄奘，则令彼处无量仰慕佛法行者，失去闻法的因缘，难道对无眼之报，真不感到惧怕吗？"戒日王知奘师归意坚决，无法留住，乃说："弟子因仰慕法师的盛德，愿能时常瞻仰供奉。既然法师有言在先，为免有损于彼方众生法益，我等也不便相强。但不知法师拟从何道而归，如取道南海，当派使者相送。"奘师一面感王盛意，一面说："玄奘从中国来时，经过高昌国，彼王殷勤致意，约好返程必须过访一见。不能违约，故须由北路返国。"于是戒日王即命人准备资粮，并施给金钱等物。鸠摩罗王也施给众珍宝物，奘师并皆不纳，只受鸠王一条粗毛披肩，以便途中防雨之用。于是奘师告别大众，王及诸众均设钱送行至数十里始归。临别分手之际，大众都呜咽各不能自已。奘师将经像等附在北印度王乌地多军鞍乘上随着带回，戒日王更附送乌地王大象一头、金钱三千、银钱一万，供给法师做旅行费用。别后三日，戒日王又与鸠王等各率轻骑数百，再度衔尾追来送别。殷勤之情，感人至深。并且又派遣达官四人，凡师所经诸国，先以王书关照，令发乘递，一直送达汉境。

奘师一行自钵罗耶伽国出发，一路上屡经波折，其中所历艰辛，并不减于西来之时，最后终于抵达于阗国境。其中如渡信渡大河时，河广五六里，奘师随行携带回国的经像及同伴都乘船而渡，奘师则乘象涉渡。船行至中流的时候，忽然狂风波涛大起，船身摇荡，几乎覆没，损失了五十策经本。后来为抄写失落的经卷，因而耽搁了许多时日。在这回程万里的长途跋涉中，其艰辛困苦，临深履危，实备尝之。然而奘师始终以百折不挠的精神一一予以克服。其坚强毅力，在今千古以下思之，犹令人为之钦服不已。

十九、修表上奏，奉诏返京

奘师在于阗国，写了一道表章，托一个高昌人随着商旅奉送入京师。表中略将此番西行求法，历览周游十七年，中经五万余里等情形，作一概略的报告。说明现已返抵于阗，不日即可回国。经过七八个月后，使者还报说，已蒙皇上亲颁手敕，将派专使前来迎师，并说："闻师不辞艰苦，访道于万里之异域，今得遂愿归来，朕心欢悦无比，可即速来与朕相见。朕已敕令沿途诸国负责接待，人力鞍乘，供应不得有误。并令敦煌官吏前往流沙迎接。又令鄯善王于沮沫迎接。"奘师奉皇帝诏敕后，即告辞于阗王向东进发，于阗王供应一路所需，自不在话下。

在这一段归程中，又经过流沙地。一路上没有水草，又多热毒鬼魅之患，此外别无径路。行人往返，只有望着人畜遗骸，以为标识。旅途之危难，举步维艰之情形，不减来时。这样不知又走了多少路，才到达沙州（甘肃安西），在这里奘师又修一表上奏。这时皇帝在洛阳宫，见到此表知道奘师已渐近，乃命西京留守左仆射（宰相）梁国公房玄龄派遣官员迎接。奘师兼程倍道而进，很快就到漕上，而接待官员们不知道迎接法师的仪式，一时还来不及安排。然而闻讯奔集前来观礼的人，却拥途塞道，奘师欲进不得，因此就暂宿于漕上了。

二十、大法东传，天示吉兆

唐贞观十九年春正月，京城留守梁国公房玄龄等，预备迎接奘师及其经像，就率同右武侯大将军，雍州司马长安县令前往奉迎，自漕上一直迎接驻锡于朱雀街的都亭驿内。当时奘师随从如云，官吏事先特别颁给诸封宝帐与花幡等，以庄严道场，并准备将奘师带回的佛经像奉迎入弘福寺。是日，沿途百姓恭逢盛况，观者如堵，都欢喜踊跃。第二天，大家又集会于朱雀街之南。奘师陈列自西域所带回的天竺宝物及经典，譬如：如来舍利子（佛身火化后，所结成珠状之物，光莹坚固，椎击不破，盖依戒定慧重修而得者）一百五十粒；摩揭陀国前正觉山龙窟留影金佛像一尊，带光座高三尺三寸；摩揭陀国鹫峰山说法华等经像金佛一尊，带光座高三尺五寸等；又有奘师自西域所得大乘经二百二十四部；大乘论一百九十二部；上座部经律论、大众部经律论及三弥底部经律论各一十五部；弥沙塞部经律论二十二部；法密部经律论四十二部；说一切有部经律论六十七部；及其他经律论，总共五百二十策六百五十七部，分别以二十七匹马负载而来。而先前诸寺受官员所颁宝帐、幢幡供养之具，都集中在朱雀桥，准备一起来迎接这些经像到弘福寺内。于是人人竞相庄严以资供养，僧尼整服随后，悠扬典雅的梵音居前为导，香炉缭绕排列于后。一路上经像驮载马上，并有宝帐、幢幡围绕，珠珮流音金华（花）散彩。护送的大众，莫不歌咏高唱赞颂而前。从朱雀桥，一直到弘福寺门数十里之间，都人士子、内外官僚都列道两旁瞻仰而立；百姓填街塞巷，各在当处；烧香散华（花）而烟云袅袅，赞颂价响，处处连合。传说，那日众人同见天空有五色绮丽绚烂的云彩出现，宛转于经像之上，纷纷郁郁周围缭绕数里，若迎若送到寺前，真是不可思议。

二十一、谒帝洛阳，弘福译经

奘师于壬辰日，进谒文武圣皇帝于洛阳宫。二月某日，见驾于仪鸾殿，太宗迎接慰劳非常殷勤。在寒暄赐座后，太宗就说："法师去时，何不事先相报？"奘师婉转陈词道："当时曾再三表奏，但一直不蒙允准。由于慕道心切，乃作私行之计。专擅之罪，深感惭惧。"太宗本不过随口问问而已，于是就安慰奘师道："法师出家，自与俗人不同。况且能舍命求去，普惠苍生，朕实深为嘉许。"于是帝与师二人相谈甚欢，帝垂询印度风土人情甚详，奘师亲游其地，耳闻目览，记忆无遗，随问酬对，皆有条理。太宗大悦，就对左右侍臣说："从前苻坚称赞释道安为神器，举国上下尊为国师。现在朕观奘师言辞议论典雅，风节气度贞峻，实无愧古人！"这时赵国公长孙无忌答道："陛下所言甚是。臣素读史传，知道安法师，确系一难得的高僧。但彼时佛法东传未久，虽钻研佛法不乏其人，但因经典不全，义理未周。奘师以法门龙象，亲履佛法圣地，并得参访明师，遍览诸原典，先后历二十年，其深入佛法之精微高明处，孰能与之比拟！"大宗为之额首称许。帝因见奘师学识、才德俱甚卓绝，堪任重寄，于是就劝师还俗以辅理国政。奘师婉言谢绝，自言从小就服膺佛道，如果舍法从俗，就好像舍乘流之舟，弃水而就陆，必无功效可言，只愿毕身行道，借此以报国家重恩。帝亦只好作罢。

法师不久又上奏言："玄奘从西域请回梵本六百余部，一言未译。听说嵩岳之南、少室山之北有少林寺，远离尘俗，泉石清幽，乃是后魏孝文皇帝所造，即菩提流支三藏法师译经处。玄奘希望能在彼处，为国翻译，伏听敕旨。"帝听后答道："自法师赴西域后，朕奉穆太后懿旨，在西京建造弘福寺，寺中禅院，环境幽雅，最适宜于译经工作，朕亦便就近请益也。一应所需，朕自当竭力赞助。"于是敕命房玄龄准备妥当，便宜行事。

二十二、法门精英，共襄译事

三月一日，奘师自洛阳回到长安，就住在弘福寺，着手准备翻译工作。首先具疏上奏，请求委派从事翻译的助手，如证义、缀文、笔受、书手（书写）等人员。这时帝已出征（唐贞观十九年，太宗御驾亲征高丽），由留守司空梁国公房玄龄派有司具状发使往定州（今河北省内）启奏圣上。帝即下旨准其所颁，供给务使周备。

夏六月，证义诸大德都是通达熟习大小乘经论者，为时辈所推崇的有十二人，如弘福寺沙门灵润及文备、罗汉寺沙门慧贵、实际寺沙门明琰、宝昌寺沙门法祥、静法寺沙门普贤、法海寺沙门神昉等。又有缀文大德九人，如京师普光寺沙门栖玄、弘福寺沙门明璿、会昌寺沙门辩机、终南山丰德寺沙门道宣等。又有证梵文大德一人，即大兴善寺沙门玄模。其余笔受、书手亦各不等，可谓集全国精英于一堂，共襄盛举。

译经的程序如下：由"译主"宣读梵文；次由"证义"评量梵文；次由"证梵文"听"译主"高读梵文，以验差误；次由"笔受"翻梵文成中文；次由"缀文"连缀文字，使成字句；最后交"书写"抄录——其翻经之情形大略如是，其谨严亦从可知矣！

奘师自太宗贞观十九年开始，到高宗龙朔三年为止，凡十九年间，一直从事翻译。先后共译七十三部，一千三百三十卷④，翻译经典之富，内容之广，以及译局规模之大，译法之完备，堪称空前之壮举，不仅开国人译经风气之先例，并奠定我国译经体例的基石。

二十三、九州众生，饱餐妙法

奘师在翻译期间，不敢稍弃寸阴。每日立下进度，如白日因事不能施行译事，必利用夜间加以弥补。每日译事至一更方停笔，然后更礼佛经行。至三更，暂眠一会儿，五更即便起身。首先，读诵梵本，并用朱笔点出次第，作为明日翻译的准备。日日如此，不曾稍疏，奘师对译事之审慎态度类皆如此。

在奘师译出《瑜伽师地论》后，帝驾幸玉华宫，在观览《瑜伽论》后，见其内容奥妙、词义宏远，实闻所未闻，不觉赞叹不已，就对左右侍臣说："朕观佛经，好像仰瞻青天，俯视大海，莫测其高深。朕因军国之事萦心，不及研寻佛教之理，如以儒道九流与之相比，就好像小池与渤海之相悬了。世俗人说三教齐一，实是妄谈。"于是命令所司官吏，手写新译经论为九部，分发九州，以便辗转流通，使普天之下，莫不有缘得闻其义。这时司徒赵国公长孙无忌、中书令褚遂良等同奏道："臣等听说佛教玄奥，天人莫测，其思想深微广博，不易入门。唯赖陛下圣德昭明，使法泽普被此方，拥护五乘（人乘、天乘、声闻乘、缘觉乘、菩萨乘），建立三宝（佛、法、僧），故得法师以千载难逢之才，涉险万里，为法忘躯，以求经论。归国广译，精文奥义始得普溉中国，这都是陛下圣德所感。臣等预闻此事，欣见苦海众生，有舟航可以寄托。又蒙皇上慈悲，使经教得以广远分布九州，天下众生，都能饱餐妙法。臣等久劫难逢此盛，不胜欣幸之至。"太宗说道：

"这是法师大慈悲愿力与卿等宿福所修，非朕一人之力所能致的。"

二十四、御笔亲书，作《圣教序》

太宗皇帝原已答应为新译经论作序，但因国事繁剧，未及着笔。此时，经奘师重新启请，方执笔为文。太宗文思甚敏，顷刻立就。命名《大唐三藏圣教序》，共七百八十一字，由御笔亲书，敕令冠于众经之首。《圣教序》大旨，除极力推崇佛法外，并称誉奘师为"法门之领袖"，其德则"松风水月未足比其清华，仙露明珠讵能方其朗润"，其智则"智通无累，神测未形，超六尘而迥出，只千古而无对"。太宗对奘师的赞扬，可说达于极点了。

《圣教序》文，后来弘福寺僧怀仁，集晋代大书家王羲之的字，把它刻在石碑上，是为《王羲之圣教序》。当时负盛誉的书家褚遂良又以楷书写《圣教序》，刻在石碑上，是为《褚遂良圣教序》。这两种碑帖，一直流传至今，成为我国著名的法帖。

二十五、安奉经本，营造浮屠

高宗永徽三年，奘师建议大慈恩寺（此时译事已由弘福寺迁到慈恩寺，是高宗身为太子时为纪念母后而建，故名慈恩寺）端门之阳，建石造的浮屠（佛塔），用以安置所带回的经像。既可防经本散失，兼可预防火难。浮屠高三十丈，拟借此以显出大国崇基，为释迦的古迹。奘师将营建的图案附表奏闻。此时太宗已崩，在位者是高宗皇帝，帝敕使中书舍人李义府通报法师说："师所计划建造石塔工程浩大，恐卒难完成；不如改用砖造，亦不愿法师为此大受辛苦。现已敕令大内东宫掖庭等七宫亡人衣物典当，助师成办。"于是乃用砖造，仍改就西院，其塔基面各一百四十尺，仿效西域格式，不依照此方旧式。塔有五级，凡高一百八十尺，层层中心皆有舍利，或一千或二千，共一万余粒。塔最上层用石造室，南面有二碑，刻《二圣三藏圣教序》，出自尚书右仆射河南公褚遂良之手笔。

二十六、建碑传芳，显扬佛法

显庆元年春正月，帝为皇太子忠设五千僧斋，并敕遣朝臣行香。当时有黄门侍郎薛元超、中书侍郎李义府，于参礼法师时问道："翻译经典，固是法门美事，未审更有何事，可以光扬佛法？"又问："不知古来翻译仪式如何？"法师答道："法藏深奥，通达实难。然则，在佛门内，欲使佛法薪火相传，则有赖于释种（出家人）；对佛门外，护持法门，则属于帝王。因此必须附托胜缘，方能广益。汉魏两朝，时代遥远，未可详论。自苻秦、姚秦以来，翻译经论，除僧人主译外，君臣赞助者众。苻坚时，昙摩难提译经，黄门侍郎赵歧执笔；姚兴时，鸠摩罗什译经，姚王及安城侯姚嵩执笔；后魏菩提流支译经，侍中崔光执笔及制经序；齐、梁、周、隋皆如是。贞观初，波颇罗那译经，诏敕左仆射房玄龄、赵郡王李孝恭、太子詹事杜正伦、太府卿萧璟等监阅详辑，唯今独无此。又慈恩寺圣上为文德圣皇后营建，壮丽轮奂，自古及今，无与伦比，惜未得建碑传芳示后。显扬之极，莫过于此，若公等能为上达此情，则可成其美矣。"

二公许诺而去，翌日上朝，遂为法师陈奏。皇上皆一一允可，即颁诏敕曰："大慈恩寺僧玄奘所翻经论，文义精审，宜令太子太傅尚书左仆射燕国公于志宁、中书令兼检校吏部尚书来济、礼部尚书许敬宗、中书侍郎杜正伦等时为看阅。文中有不稳便处，即随事润色。"并敕遣内给事王君德来报法师云："师须文人助翻经者，业已处分，不知称师意否？"法师既奉纶旨，不胜悲喜流涕。翌日法师自率徒众等诣朝堂，奉表陈谢。

二十七、译经现瑞，李树花开

奘师翻译《大般若经》时，瑞应颇多。《大般若经》，梵文原本有二十万颂，文富义广，学者多请加以删略。奘师将顺众意，方作此念，夜梦中即有极怖畏事以相警诫。于是乃宣布于众，还依广翻，无得从简。传说，是夜，乃见诸佛菩萨眉间放光，照触己身，心意怡适。奘师又自见手执华灯供养诸佛，或升高座为众说法，多人围绕，赞叹恭敬；或梦见有人奉己美果。觉而喜庆，不敢更删，一如梵文。翻译之时，文有疑错，即参阅多本以校订之。每经殷勤省复，方乃著文。审慎之心，自古无比。

当时，玉华寺主慧德及翻经僧嘉尚，传说其夜同梦见玉华寺内，广博严净，绮饰庄严，幢帐、华幡、伎乐盈满寺中。又见无量僧众手执华盖，前来供养《大般若经》。寺内衢巷墙壁，皆庄严以绮饰，地铺名华，众共履践。至翻经院，其院倍加胜妙，如经所载，诸宝庄严土，又见奘师在中堂敷演大法。既睹此现象，俱皆欢喜惊觉，共参奘师说所梦事。法师谓今正翻《严净佛土品》，诸菩萨等，必有供养。

传说此时殿侧有双李树正值花季已过，竟忽然开花，花发粲然，且每朵都是六片，颜色红白滋荣，绚烂可爱，真可谓稀有之瑞兆。时人均认为六片，是代表六度（布施、持戒、忍辱、精进、禅定、般若）的表征。

二十八、镇国宝典，大品般若

龙朔三年，完成六百卷《大般若经》。奘师合掌欢喜，告徒众说："此经于此地有缘。今得完成，并是诸佛冥加，龙天拥护。

这是镇国之伟典，人天之瑰宝。"时玉华寺都维那寂照庆功毕，设斋供养。是日请经，从肃成殿往嘉寿殿斋所讲读。僧众庆贺功成，设斋供养。传说，当迎经时，《大般若经》放出异光，照烛远近，并有异常香气散溢数里。

二十九、浮屠崩塌，奘师示寂

奘师在翻《大般若经》时，每虑人命无常，就常对诸僧说："玄奘今年六十有五，不日无常即到。"自翻成《大般若经》后，自觉身力渐衰，知无常已近，就对门人说："译事既毕，玄奘责任已了，生命亦将尽。若一旦无常来临，办理后事，宜从俭省。只需一条竹席，裹送山涧僻处安置，勿近宫寺。此不净之身，该当远屏为是。"门徒等骤闻师语，无不哽咽。既而又各收泪，启禀其师说："和尚气力尚可，颜貌不殊往日，因何忽出此言？"奘师说："吾之体力精神，吾自知之，你们如何能知？"

某日，有弟子高昌僧玄觉，向奘师陈述夜梦境界："弟子梦见有一浮屠端严高大，忽然崩倒。"奘师说道："这是吾将灭谢的征兆！"某夜，奘师夜梦见有白莲花，大如圆盘，颜色鲜洁可爱。又某夜梦见百千人，道貌庄严高大，将妙华珍宝庄严奘师卧房及译经院内外。院后山岭林木，悉竖幢幡，五彩缤纷，并有音乐伴奏。不久奘师示有微疾，某日夜半，见有二人，各长一丈许，共捧一白莲花，如小车轮，花有三重，叶长尺余，光净可爱，携至师前，对师说道："师从无始劫已来，所有烦恼有情（凡一切有生命者称之有情，即泛指有情众生而言）诸恶业，藉此小病苦痛，并皆消除。"奘师顾视，合掌良久，遂举右手支颐，次以左手伸左膝上，舒身重叠二足右胁而卧，直到临终竟不转身，亦不饮食。弟子问道："和尚决定得生弥勒内院否？"奘师报称："得生。"言罢，气息渐微，从足渐冷，最后顶暖，颜色赤白，怡悦胜过平日。

三十、白虹四道，自北亘南

传说慈恩寺僧明慧业行精苦，于奘师入灭之夜，夜半时旋绕佛堂行道，见北方夜空有白虹四道，从北亘南，皎洁分明，心中疑怪。继念如来灭度，有白虹十二道，从西方直贯太微。今现此相，将必有得道高僧入灭无疑，继而果然。

奘师形长七尺余，身赤白色，眉目疏朗，端严若神，俊秀如画，音词清远，言谈雅亮，听者无倦。或处徒众，或对嘉宾，一坐半朝，身不倾动。行步雍容，直前而视，辄不顾眄（目光正视不苟）。滔滔焉若大江之流行，灼灼焉类芙蕖之在水。加以戒范端明，始终如一。性爱朴简，不好交游。一入道场，非朝命不出。

奘师亡后，西明寺道宣律师有感神之德。传说某日，见有神现，因问古来传法之僧德位高下，并问及奘师。神答说："自古诸师解行，互有短长，而不一准。且如奘师一人，九生以来，备修福慧，生生之中，多闻博洽，聪慧辩才，自古及今，罕有其匹。其所翻诸经，文质相兼，无违梵本，实乃法门之幸。"

三十一、暗室炬灭，国失瑰宝

奘师示疾时，帝敕中御府遣医生张德志等带药急赴。及至，奘师已终，医药不及。房州刺史报奏法师已亡，帝闻报，哀恸伤感，为之罢朝，叹道："朕失国宝矣！"当时文武百僚莫不悲哽流涕。帝言已呜咽，悲痛不能自胜。翌日，又对群臣说道："朕失奘师，不仅释众之梁木摧折，即四生（卵生、胎生、湿生、化生，四生表一切众生）亦无导师矣。是何异苦海中失舟楫，暗室中熄灯炬。"言毕嗟恸不已。帝又迭下恩诏，关照奘师丧事所需，并交代译事善后事宜。出殡那日，门人遵照遗命，以粗竹席为舆，奉神枢还京，安置慈恩寺翻经堂内，弟子数百人哀号动地。京城道俗，奔赴哭泣，日数百千人。四月十日，将葬东都内，京城僧尼及诸士庶，共参殡送之行列。素盖、幡幢、帐舆等布之街衢，连云接汉。悲箫凄怆，响彻云霄。而京都及诸州五百里内，送者百余万人。虽丧事华整，而法师神枢仍以粗竹为舆。东市绢行用缯彩三千匹，结作涅槃舆，兼以华佩庄严，极其殊妙，请安法师神枢。门徒等恐亏师素志，因此不纳。乃以法师三衣及国家所施百金之祔，置之前行。粗竹车舆次其后。观者莫不流泪哽塞。是时，天地变色，鸟兽哀鸣。物感既然，人悲可悉。

玄奘大师遗骨，在唐高宗总章二年四月八日徙葬西安。并建塔一座，供奉遗骨。后来，唐末黄巢之乱，塔坏遗骨不知遗落何处。宋太宗年间，终南山可政比丘，在紫阁寺发现奘师顶骨。宋仁宗时，被迁至南京。抗战期间，南京陷落，1942年，日军在南京中华门外、雨花台附近炮台下五尺许，掘出玄奘大师顶骨。顶骨置于一石匣中，匣中盛五色骨珠十七粒。其后将它分作三份：一份在南京玄武湖五洲，建塔供养；一份送到北京，建塔供养；一份由日本人带回，供养于东京慈恩寺。1951年世界佛教友谊会在日本东京召开，我国出席大会代表与日本几经交涉，终于1955年将玄奘大师部分灵骨接回，先供奉于善导寺中，后又在日月潭兴建玄奘寺，以供奉灵骨。彼处山光水色，可谓地灵人杰，中外人士，每年来此观光参礼者络绎不绝。

【附注】

① （一）声明：语言文字学。（二）工巧明：阴阳历数及百工技艺。（三）医方明：医学、药学。（四）因明：逻辑学。（五）内明：佛学、内典。以上五种为以前印度内外学者都须明了的学问。

② 由前生所做种种恶业，致生今生种种障碍，故曰业障。

③ （一）遍计执：以意识心，周遍计度而起固执之见，如：

夜间执麻为蛇。（二）依他起性："依"者依仗，"他"者诸法，不知诸法仗因托缘而起，因执为自性，如：绳无自性，因麻而生。（三）圆成实性：圆满成就真实之性，如：麻非绳之自性，麻性亦空（诸法均无自性，因都由因缘所生故）。

　　④　奘师所译大小乘经论甚夥，其中大乘经有《解深密经》《大般若经》等。论有《瑜伽师地论》《显扬圣教论》《辨中边论》《摄大乘论》《成唯识论》《唯识二十论》《三十论》《因明正理论》等。小乘有《大毗婆娑论》《俱舍论》等。从上可知，奘师所译主要以法相宗之典籍居多。

第十九章　戒香熏修的南山律宗开山祖师
——释道宣

一、终南山谷，白泉坌涌

释道宣，俗姓钱，江苏丹徒人。其先祖出自广陵太守钱让之后。其父申，曾为陈朝吏部尚书。历代父祖皆规行矩步，积仁行义，可谓"盛德百代，君子万年"。传说其母受孕时，梦见明月贯其怀中，复梦有梵僧告曰："汝所妊者，即是梁朝僧祐律师。将来宜任其出家，为释门立下律范。"师在胎凡十二月，迟至佛诞日四月八日始降生。师生九岁，能赋诗；十五岁，厌俗出家，诵习诸经，依智䫻律师受业；十六岁，师正式落发；弱冠（二十岁）善持戒律，专精克念，感舍利现于宝函之中。

隋大业中，师从智首律师受具足戒，后又依智首习律。师才听律一遍，就拟改修禅门。其师大加呵斥道："修习法门，须专其心，始克有成。今功愿未满，岂可舍置乎！"即令重复二十遍。

师乃坐山林间，以戒为本，修行定慧之法，颇有所证悟。其后，隐迹于终南山仿掌之谷。传说因所居之处乏水，有神人以手指某处，掘地尺余，即见泉水垄涌而出，当时号为"白泉寺"。传说师居止之处，附近猛兽成群，然每见师则驯服归依，如依师保。其地又有各种名花芬芳，奇草蔓延，总是一片地灵人杰气象。

二、戒香①熏修，林下之交

隋末师迁至崇义精舍，后又移居至丰德寺。传说某夜，师一人独坐，有护法神告曰："附近清官村，原是净业寺的故地，是块宝地。若迁彼处，道业可成。"师闻后占卜，果然大吉。师因闭关，焚功德香，行般舟三昧定②。法师持戒精勤，戒德熏于四方，传说法师感群龙化身男女之形来相礼谒。护场的小沙弥见状，顾盼斜视。龙辈赫然发怒，将搏撄沙弥而去，旋又追悔，乃将怒火之毒吐弃井中，只指陈沙弥之罪，然后离去。宣师乃令封闭彼井。有好事者，或暗地凿开彼井，往往看见有黑烟上腾。此后，井上或生异花，香气馥郁；或生奇果，味甘色洁。

有处士孙思邈，隐于终南山，与宣师相接，结为林下之交。每一往来，辄议论终夕。传说某年，天旱不雨，有西域僧于昆明池设坛祈雨。帝诏有司（官吏）备妥香花水果等一应供具。如是祈天凡七日，池水一日涨七尺高。有一老人行色仓促，连夜来访宣师求救，说道："弟子即昆明池龙也，此时无雨原是天意，弟子固身不由己。此胡僧本为贪重利，欺天子言祈雨，恃其法力高强，欲加害于我。弟子之命，危在旦夕。素闻和尚持戒精严，德行法力俱高，乞慈悲加护，以度此厄。"宣师曰："吾无能相救，你可急求救于孙先生。彼为吾友，必当相助。"老人即至思邈所居石室，说明冤情，再三哀请云："宣律师指示我来相乞求，故敢相投，万请慈悲相救。"思邈说："我素知昆明池龙宫有仙方三十帖，若能相示，我必救你！"老人曰："此方上界，不许轻传示于人，今既事急，又何得吝惜呢？"不一会儿，老人即至，捧仙方交付思邈。思邈说："好，你可速返龙宫，从此胡僧不敢与你为难了！"传说自是池水大涨，数日即满溢岸上，旱象全消。胡僧法术已尽，无能施其计了。

三、宾头尊者，赞师戒德

西明寺初建成，帝诏宣充任上座（寺僧职位名，位仅次于住持，一说僧人居最高位者之称）。此时，三藏玄奘大师亦莅止该寺。帝诏师参与玄奘译事，掌管缀文、笔受、润文工作，被推为上首。师于译事之暇，又自撰《法门文记》《广宏明集》《续高僧传》《三宝录》《羯磨戒疏》《四分律行事钞》《义钞》等书。师以持戒，自奉菲薄，三衣[③]皆以纻麻所制；每餐唯食菽（豆之总名）类。行则杖策，坐不倚床。蚤虱等虫任它在衣床上，不加驱赶。唯务修德，为之忏罪，早脱业报。久之，彼类渐渐迁离，以至灭迹。传说不久，有一长眉僧人，庞首皓发，与宣师论道。有知者知彼为宾头卢尊者（十六罗汉中之第一，此尊者现白头长眉之相，永住于世）。尊者尝对师赞叹曰："自佛入灭后，像法时期住世（正、像、末三时之一，像者似也。佛灭后五百年为正法时期，正法后一千年为像法时期），其德足以发扬律教光辉的，唯师一人而已。"传说唐高宗乾封二年春，因师戒德高洁，冥感天人来请教律相，并言及钞文所述轻重戒律及仪规中舛误处。此中多译述之过，非师之咎，师均一一更正，故今所传戒律书籍，多是重修之本。

四、毗沙门天，恭奉佛牙

贞观中，师隐于云室山中，传说有人睹见天童供给侍立于师左右。某夜，师于西明寺行道中，一不留神，足被绊倒，跌向前阶。刹那间，忽觉有物扶持，以致毫无损伤。师回顾视之，竟是一少年。宣师急问："何人？中夜在此。"少年答道："我非常人，乃毗沙门天王之哪吒也（四天王中毗沙门天之王，是护持佛法的天神），因护法之故，拥护和尚已久。"宣师云："贫道修行，不必烦太子。"太子说道："弟子有佛牙，宝爱珍藏视如掌珠，为此佛牙虽头目脑髓亦不足惜，然敢不奉献大师，借表微诚。"遂将佛牙奉送宣师，师善藏而供养之。某日，太子又来礼谒，对师说道："律师将来当生兜率天宫之兜率内院（兜率，此翻知足，谓于五欲境知止足故。此天依空而居，此天一昼夜，为人间四百年。兜率内院，为菩萨最后身之住处，今为弥勒菩萨之净土）。"并持有物一包，曰："此是棘林香。"尔后，不过十旬（百日），师果无疾安坐而化。时为高宗乾封二年十月三日，春秋七十二，僧腊五十二。

门人葬之于坛谷石室，其后建塔三所，以为纪念。高宗特颁诏，下令大加崇饰。由名匠韩伯通塑绘大师真像，令瞻礼者可仰望贤者之道风也。

宣师自受戒，以迄圆寂，其间受法传教的弟子约有千百人。其亲度弟子为大慈律师，授法弟子为文纲等。彼天人所赠佛牙，密令文纲掌护，供奉于崇圣寺东塔。其后丞相韦处厚又建塔于西廊，将之移置于彼。

五、南山开宗，四众共依

密教大师善无畏初至中国，帝召请见面，问道："大师不远千里而来，得无劳乎？将欲止息何所？"大师说道："在印度时，素闻大唐西明寺道宣律师持戒谨严，最为第一。愿往依止，藉受教益。"帝允之。可见大师声誉早已远播于天竺矣！代宗时敕令道宣律师堂为行国家大典，祷祝之所。懿宗咸通十年，敕谥曰澄照，塔曰：净光。师生前久居终南山，故号"南山律宗"。

律居三藏之一，为佛门四众弟子所共修者，三无漏学——戒、定、慧，以戒为之根本。所谓"因戒生定，因定发慧"。经云："戒为无上菩提本。"又云："戒为一切诸善功德住处。"戒学在佛法中之地位及其重要性，固可以觇知矣！

传说佛临灭度时，曾咐嘱弟子阿难："佛在世，依佛为师；佛灭度后，以戒为师。"又云："一切众生皆有佛性，要因持戒，然后乃见，因见佛性，得成正觉。"由是观之，有佛之世，固可依佛而住；无佛之世，唯当依戒俾使佛法常住于世。戒之有无，关乎佛法之兴衰。有戒，则法兴；无戒，则法灭。

中国佛法自来盛行"四分律"〔佛灭后百年优婆毱多有弟子五人，于戒律上各抱异见，因分"四分律""五分律""十诵律""解脱律"等五派。"四分律"中分（一）比丘法；（二）比丘尼法；（三）受戒法；（四）灭诤法——四部故名〕。隋唐之际，大乘佛法日盛，小乘戒律已不足复存。唐初道宣律师一生宏律，观众生之机，乃以大乘教义圆融小乘之四分律，于是自成一家，是为南山宗之开山祖师。

【附注】

① 戒德熏于四方，譬之以香。经云："戒香熏修。"《戒香经》曰："世间所有诸华香，乃至沉檀龙麝香，如是等香非遍闻，唯闻戒香遍一切。"

② 又名佛立三昧，修此三昧而得成就者，能见十方诸佛，立于其前。修此三昧者，常行不坐，从早至晚，彻夜达旦，或行或立，九十日为一期，专念阿弥陀佛名号。

③ 僧人之衣共分三种：（一）安陀会——中着衣，五条制成，为平常起居所着。（二）郁多罗僧——上衣，七条制成，是作法事或苙众时所着。（三）僧伽黎——众聚时衣，由九至廿五条制成，乃行大法会，或见君王重臣时所穿。

第二十章　密教东传的功臣——"开元三大士"善无畏、金刚智、不空

一、密宗法器，堪任大法

释不空，本北天竺婆罗门族，幼年即失其父，随叔父来到中国长安。唐玄宗开元七年，师时年十五岁，遇见金刚智大师，于是执弟子礼，师事甚恭，从学声明论（语文学）。不到十个月，即能通彻。智师惊异不已，乃使不空受菩萨戒（发大心，修大乘法行者所受的戒律），并引入金刚界大曼荼罗①。二十岁而受具足戒，善于解说小乘一切有部经典。熟习诸国语言与书籍。凡所学习，师均超过常人。譬如本应一年学毕的，师六月能习毕；读诵文殊普贤行愿，本须一年才能读毕的，师二日即成。其敏利之才，率皆如此。

师本欲学新瑜伽五部三密法，但已时过三年，智师都未尝相授。传说师拟返天竺求之，甫启程未远，金刚智大师即梦见长安

诸佛寺菩萨像，尽皆东行。至此智师始悟不空乃真法器（堪任佛法的根器），因此即召师复返，将正纯密教所有玄旨，毫不吝惜，尽皆传授给他。

二、入竺求法，渡诸海难

开元二十九年，金刚智圆寂。临灭遗命不空，令往印度及狮子国（今斯里兰卡），广请梵文本的密教经典。于是不空上奏，经承玄宗皇帝谕允，并赐唐国玺，与其僧弟子含光等三十七人，从广州出发，向印度而去。传说船离南海至诃陵（今阇婆）近海时，突遇大黑风，船身摇荡，数度濒于倾覆。同船众商人惶怖无比，乃各以其本国祛灾秘法禳除之，但皆无效。大众技穷，乃相率膜拜不空师，哀求救护，其弟子亦恸哭求助。师曰："勿怖！"即以秘法咒一遍，顿时风平海澄。不久，又遇大鲸鱼出水，喷浪若山，波涛汹涌，船舶随之上下颠荡震撼。其险状，更甚于大黑风之袭击。大众有鉴于上次不空作法之灵验，乃相率乞求救度，悉愿委命。传说师咒法如前以化解之。于是赖此一一渡过诸多海难。

三、虔敬求法，学无常师

师航海一年始达狮子国，国王派遣使者相迎。将入王城，步骑仪卫罗列街衢两旁，国王顶礼相迎，恭敬迎往宫中居七日，每日以黄金斛（此指容器）盛满香水，王亲自为空师洗浴。太子、后妃以及诸僚属见王如此，无不对师恭敬礼拜如王一般。随又请住于佛牙寺。空师至狮子国，虔敬求法，所至之地，概从学无常师之训。凡有一艺之长者，无不前往瞻拜请教。于此，空师遇见龙智，师奉上中国之金宝锦绣，借以披沥其求法之诚。龙智开示说："吾所宝者，心也，非此宝也。"乃将纯正密教之蕴奥，悉皆口授师，且为师开十八会金刚顶瑜伽法门，毗卢遮那大悲胎藏（毗卢舍那，释迦法身名号，释为遍一切处，即光明遍照一切。胎藏界，众生本有之性德，摄持含藏一切如来的功德，如母胎摄藏婴儿，故名），建立坛法（印度修法时，必须筑坛，坛中安置佛像。坛上佛、菩萨、诸天等，互相圆融，相即相入，表一即一切，一切即一的圆满真理）。师并广求密藏及诸经论五百余部，以便携带回国。

某日，王与大众在宫中共赏调象游戏，其中数头大象忽不听指挥，发狂乱奔，所向披靡，无人能予制服，观众尽皆争先恐后，登高逃避。传说空师于此时，口念咒手结印（密宗修法为手结印、口念咒、意观想，所谓"三密相应"是也）、住于慈悲三昧（正定），当街迎象而立。只见那数头狂象奔到足前时，则或跌或卧，即刻静止安定，不复发狂。大众亲睹其情，为之目瞪口呆，咸惊异不止。不久，这件事便传遍全国。

四、载经回国，朝野归仰

其后，空师游历五印度时，亦屡有瑞应的事。天宝五年还京，带狮子国王表文及金宝、璎珞、般若梵本、白氈等并有梵文本经典一千二百卷以归。玄宗敕令暂住鸿胪寺，并诏师入宫，设立法坛，亲自受师灌顶（密教有灌顶法，"灌"者大悲护念义，"顶"者佛果最上义。谓诸佛以大悲水灌顶，能使功德圆满）。后师又移居净影寺中，其饮食、衣服、卧具、汤药等四事，皆由皇上敕令供给。于是宰相近臣，接踵而来皈依。师又开灌顶坛，以度四众，于是士庶云集，络绎不绝于途。其他不远千里前来问道的，亦不计其数。

是年夏季久旱，诏令祈雨。制书约定："时间不得过久，雨亦不得太暴。"空师闻令，立设雨坛。祈雨未至三日，甘霖普降，如制书所约。帝大为赏悦，自持宝箱，赐紫袈裟一副，并亲为师披上。同时，又赐绢二百匹。传说此后，凡敕令祈雨，或止雨，无不随念而有效验。帝乃益加归仰，赐号曰"智藏"。后又诏师，行教化于河西，士庶人皈依的很多。

五、所译诸经，诏令入藏

玄宗天宝十五载，安史肇乱，玄宗避乱赴蜀，空师陷于贼中。师曾密奉表上奏，并预言收复京师反正的时日，后来果如所料。

宝应元年，肃宗去世，代宗即位，恩宠弥厚。师译《密严》《仁王》二经毕，帝为之序。颁行之日，传说天上出现五彩庆云，象征祥瑞之兆，举朝大臣上表庆贺。永泰元年，代宗加号为"大广智三藏"。

大历六年代宗诞辰之日，空师奏上，自天宝以迄大历六年所翻的经典，凡七十七部一百二十卷并附有目录及笔受等僧俗名字。帝乃下敕书，宣示于中外，并将它列入一切经录中。

是年，京师春夏不雨，帝诏请师祈雨。敕书云："如三日内雨，是和尚法力。三日以外，则非法力。"传说空师受敕立坛，仅至第二日，大雨充沛。帝心大悦，信奉愈虔，赐紫罗衣、杂彩百匹，并设千僧斋以报功。

六、白月圆满，宝台摧崩

大历九年，自春至夏，宣扬妙法，诫勖门人，特为恳切，以普贤行愿，勤令诵持，再三赞叹不已。尤属意观菩提心本尊（密教本尊为大日如来，即毗卢遮那，译为光明遍照）大印，直诠

"阿"字，了法不生，证大觉身，若指诸掌，如是不断叮嘱。弟子赵迁等，知师将灭，乃稽首再三乞师慈悲久住，不然，众生何所依乎？不空大师只微笑而已，须臾示疾（佛法不离因缘，其来也有因，缘尽则化去，无可沾恋。示疾者，示现有疾），上奏表向皇帝告辞。帝派使者劳问，御赐医药，并封为肃国公，食邑三千户。师固辞不受，说道："白月圆满，吾当逝矣！奈何更窃名位。"乃以先师所传五股金刚铃杵，并银盘子、菩提子、水精数珠留别，交付中使至诚进呈皇帝。六月十五日，以香水澡沐，然后东首倚卧，北面瞻望阙庭，以大印身（手结大印而置身于定中）入定而寂。享年七十，僧腊五十。弟子慧朗次绍灌顶之位，其余知法者数人。帝闻之，辍朝三日，赐绢布杂物、钱四十万、造塔钱二百余万，敕功德使李元琮知护丧事。七月六日荼毗（火化），舍利数百颗。

传说不空大师未终前，诸僧梦千仞（一仞八尺）宝台摧崩，文殊新阁倾颓，金刚杵飞上天。又，兴善寺后池塘无故而涸，庭院中花忽而枯萎。

七、行化利物，化度群生

不空大师一生行化利物，屡示灵异。传说某次玄宗召术士与空师斗法。师挥玉如意（器物名，用以搔痒，凡手所不至，搔之可以如意，故名）击碎于前，顷而如意又完好无恙地执于手中。术士在平常亦颇擅此，如变戏法一般，得心应手。但在空师前，则屡试不效。

传说北邙山有巨蛇，采樵的人往往见之。彼蛇昂首吐信，其身蜿蜒若丘陵然，夜间常餐露饮气。某日，见师乃作人语说："弟子身受蛇身，知系恶报所致。乞和尚相援，度脱此畜生之身。我嗔心时动，每欲翻江河之水灌洛阳城以快所怀，几不克自持了！"空师悲悯其有改过之诚，即为之受三归（归依佛、法、僧）五戒，并说："你以嗔心太重，始受今生蟒蛇身报。今若仍不知悔过去嗔，将生生世世永不得脱离。倘不听吾言忠告，则贫僧亦无能为力。若能听言信受，则此身必当即时舍离了！"蟒蛇闻语，若有所悟，当即作礼而去。不久，樵夫见大蛇果死于溪涧之中，臭闻数里。

天宝中，西蕃大举出兵围困西凉府，边疆震动。帝诏空师入宫，请示救援之法。师立建道场，秉着香炉，诵《仁王》密语二七（十四）遍。传说帝即见天神天兵约五百员落于殿宇，惊问师彼等系何人，空师说："此乃毗沙门太子（属四王天中北方天，为佛教护法之天神）领兵来救安西，请急设食供养发遣而去。"四月二十日，果然自西凉有奏云："二月十一日，城东西三十里许，云雾间，见神兵伟俊高大，鼓角喧鸣，山崩地震。蕃部虽凶猛，见之无不惊慌溃散，弓弩亦都为之断绝，不能使用。城北门楼亦有光明天王怒目而视，蕃帅大奔。"帝览奏，龙颜大悦，即便礼谢空师。因通令天下诸道于城楼上，置天王像，此其始也。

八、密宗祖师，劝善修德

密宗祖师示神异的，较他宗为多，兹各举金刚智、善无畏大师二三事如后。

玄宗帝之第二十五公主，甚为帝所钟爱，但不幸忽罹重病，气若游丝，昏死十九日。帝料其不救，乃手敕请金刚智大师临终授以戒法。智师来到宫中，以七岁女子二人，用红色缯丝缠其面目，令卧地上，并使牛仙童写敕令一纸，于宫外用火焚烧。智师以密语咒之，彼二女子在冥然中记诵于心，不遗一字。传说师即入定，以不思议法力，令彼二女持敕令至阎罗殿，求见阎王，指定暂借公主回阳。阎王乃令公主亡保姆刘氏护送公主魂，随二女回阳。只见躺在床上早已奄奄一息的公主，突然开目起坐，言语谈笑如常。帝闻报，即命驾驰骑而至。公主奏道："女儿冥数已定，不能转移。今阎王遣回，全赖大师法力，令略觐圣颜而已。为时仅有半日，便当长逝。"半日时至，公主即逝，帝嗟叹不已。从此，对智师益加归仰。

当时武贵妃受帝宠爱，过于六宫粉黛，终日游乐耽于宝玩。智师劝贵妃多修功德，急造金刚寿命菩萨像。同时，又劝河东郡王，急修功德，于毗卢遮那塔中绘像。师谓门人曰："此二人，寿

222

命已不久了！今令彼等多修功德，以培来生之福。"果然，经数月，彼二人便先后去世了。

传说善无畏大师某次寄身商船，游历诸国，一路密修禅诵，口放白光，无风三日。舟行万里，商船遇盗，师默诵咒语，感准提菩萨（准提，译曰清净，赞叹心性清净之称。禅宗以为观音部之一尊，日本东密以为六观音之一。其形象现三目十八臂）现全身像，群盗果为他寇所歼灭。寇乃发露忏罪，愿受皈依，师乃为授皈依遣去。

传说，某日，师于途中遭寇，寇举刃砍师，凡三次而师肢体无毫发伤。挥剑时，唯闻铜声响而已，群盗惊逸。

兹将开元（唐玄宗年号）三大士——善无畏、金刚智、不空生平略予介绍于后。

善无畏，中天竺国王之子，生有神姿，十三岁嗣位，后让位于兄而出家。旋证法华三昧。曾舟行遇盗，乃默念真言，感准提菩萨出救，群盗畏伏。因是知持咒效力，益加虔持。后得法于龙智大师，声名远扬。传说唐玄宗梦异僧指示，亲自画像图形于殿壁。后师至长安，与梦中所见相合，极为钦敬，礼为国师。乃敕请译密宗经典，有《大日经》《求闻持法》等经。开元二十三年寂于长安，世寿九十九岁。

金刚智，南印度人。智生数岁，日诵万言，目览心传，终身无忘。年十六开悟佛理，乃削发出家。后随师学于中印度那烂陀寺（印度第一大寺，为当时第一大学府，玄奘大师求法处）十余年，全通三藏。后就龙智大师受学密教，传说师曾于作法中感观自在菩萨现身，印其所证。又蒙指示，法缘在东，遂于开元七年抵中国。当时，大智、大慧二禅师及一行禅师、不空三藏皆其弟子。师在东土，大阐密法，各处设坛度众，又奉敕译密教经典数十种。开元二十年寂于洛阳，世寿七十一。

不空，本北天竺人，幼丧父，随叔父来中国，师事金刚智，受传法灌顶。开元间，奉师命往五印广求密藏。天宝五载，携回大批梵本，在京译出密部凡七十七部，一百二十余卷。密教之盛，于斯为最。大历九年示寂，世寿七十。

中国之密教，在开元三大士以前乃杂部密教，正统纯密教实经由善无畏、金刚智两位大师传入，奠定基础。至于继承前业，更加发扬光大，使之普及全国的，则推不空大师。师以身居玄宗、肃宗、代宗三代帝王之师，宫廷百官以至民间百姓，无不礼敬归仰。此时乃密宗在中国之黄金时代。

【附注】

① 据说如来的智慧，能破诸惑障，而证实相之理，坚固锐利，有如金刚，故称"金刚界"。法界本体，恢廓广阔，诸佛菩萨法身，如百千灯，光明互映，一多无碍。此无量无边的法性身，互相联系排列，即名"大曼荼罗"。

② 一切佛法，分为显、密二教。世尊所说一切大小乘经，

通称显教；大日如来所说之金刚、胎藏两部法门，是为法身内证境界，深密秘奥，故曰密教。又为对未经灌顶人，不许显示其法，故曰密教。

第二十一章　阐扬重重无尽华藏世界的高僧
——清凉大师（澄观）

一、通达佛典，究览百家

释澄观，姓夏侯，越州（今浙江省绍兴市）人。身长九尺四寸，双手过膝，齿有四十，声韵有如洪钟。目光夜发，每日能记上万言之多，识者一见即知其为非常人。师生于唐玄宗开元二十六年，传说诞生之日，光明满室。孩提时，即喜聚沙成塔为戏。九岁，礼宝林寺体真和尚为师，不一年便通三藏。天宝七载，十一岁，师剃发出家，甫着袈裟，便登座讲演《般若》等经。唐肃宗至德二年受具足戒，又依常照禅师授菩萨戒。师为人俊朗高逸，豁达大度，学无不窥，法无不习。自出家后，遂遍历名山，寻访名师。凡天下有名之道场，无不有其足迹。曾往润州（今江苏省镇江市）依栖霞寺醴律师学相部律；至本州依昙一律师学南山律。大历年间，至瓦棺寺习《大乘起信论》《涅槃经》。又入天竺诜法师之门听取《华严大经》玄旨。七年又往剡溪（在今浙江），从慧量法师研寻《中论》《百论》《十二门论》。十年就苏州，从湛然法师参究《天台止观》《法华》《维摩》等经疏。又谒牛头山慧忠禅师、径山钦禅师咨问南宗（顿门）禅法；复见慧云禅师问道，了彻北宗玄理。至此，师先后参究律宗、华严、天台、三论、禅宗各大宗派，并研究《起信论》《维摩经》《华严经》《涅槃经》等大经论。师遂自寻思道："身证真如之圣人，栖心于佛境。尚且于后得智①中，起世俗念，学世间技艺；况吾初学之人，更曷能或忘是心耶？"于是，遂回过头来学习六经、诸子百家、训诂、章句，并及印度的各种学问，举凡语言学、工艺学、医药学、逻辑学、宗教学以至禁咒、仪轨，无不一一详究，不久即能融贯通达。师多能之性，可谓好学而成。其上上之智，得自天然。

二、坐镇五台，宣扬华严

大历（代宗）十一年，师发愿誓游五台山，瞻仰文殊菩萨圣迹，一一巡礼，祥瑞颇多。又往四川峨眉山，登险峻陟高岭，备观普贤菩萨圣迹。然后，再回到五台山居止大华严寺。因慨叹华严旧疏文繁义富而辞句简约，不易领解，乃作《唐译华严经疏》二十卷。后又奉德宗诏，与般若三藏译出《四十华严》，且作疏十卷。作疏时，堂前池生五枝合欢莲花，一花皆有三节，见者咸为之叹服，并作《八十华严疏演义钞》（简称《华严疏钞》）等著作二十余部四百余卷。其疏钞乃以钞解疏，辨理入毫芒，解义尽精微。其后，宗密大师览《华严疏钞》，欣然说道："吾于禅则遇南宗，教则逢华严②，何其幸也！"于是，一再宣讲，赞叹不绝！其徒众中有泰恭者，深受感动，至断臂以酬澄观大师之恩。从此可知，其钞文之高妙殊胜了。

师坐镇五台山，宣扬华严，并曾入宫说法开悟帝心。某次，宪宗请问华严玄旨，至何谓法界？师答道："法界者，一切众生身心之本体也。从本已来，灵明廓彻，广大虚寂，唯一真境而已！无有形貌而森罗大千，无有边际而含容万有。昭昭于心目之间，而相不可睹；晃晃于色尘之内，而理不可分。非彻法之慧目，离念之明智，不能见自心如此之灵通也。故世尊初成正觉，叹曰：奇哉！我今普见一切众生，具有如来智慧德相，但以妄想执着而不能证得。于是称法界性，说《华严经》，全以真空离情，事理融摄，周遍凝结，是之谓法界大旨。"宪宗称善。

初，德宗诞辰，请师讲经于内殿，师以妙法清凉帝心，遂赐号"清凉法师"。及宪宗问法界之旨，豁然有得，加号"大统清凉国师"。师身历九朝，而为七帝师，先后历代宗、德宗、顺宗、宪宗、穆宗、敬宗、文宗。所受赐封有"教授和尚""镇国大师""天下大僧录""僧统""清凉国师"等，可谓备极荣宠了。

文宗开成三年，三月六日，召众弟子，说遗嘱曰："真界玄微，非言说所能显，要以深心体解，朗然现前。对境无心，逢缘不动，则不辜负我矣！"言讫，趺坐而逝。世寿一百又二。承学之徒一千人，唯海岸、寂光、僧睿、宗密，得其心髓。

师平生以十事自誓：一、平日甘三衣一钵、菲薄自奉。二、名利弃之如遗。三、目不视女人。四、身不履俗家。五、长年诵持《法华经》。六、长读大乘经典，普施含灵。七、长讲《华严大经》（师一生凡讲五十余遍）。八、一生昼夜长坐不卧。九、不邀名以惑众。十、不退大慈悲普救法界。综观师之一生，可谓恒依此十愿而修行了。

三、华严五祖，自成一宗

澄观大师为华严宗第四祖，初祖为杜顺和尚（法顺），二祖为智俨和尚（至相尊者），三祖是贤首大师（法藏），四祖即清凉大师（澄观），五祖是圭峰大师（宗密）。华严教义至是已臻完备。兹将历代祖师生平及其思想略述于后，借知华严思想之得以发扬光大，唯此五祖是赖。故华严宗与天台宗，为我国所独创，乃最具中国思想特色之佛教宗派。

初祖杜顺和尚（557—640年），本名法顺，雍州（在陕西境内）人。孩提时，常于宅后冢（坟墓）上聚群儿说法。十八岁出家，依因圣寺僧道珍禅师受学，修习禅定。传说其所至之处，每多神异。尝将道履一双，置于通衢，三日不失，有人问其故？师说："我从无量劫来，未曾盗人一钱，自无遭盗之缘。"群盗听后，皆惕然悔过。唐太宗有疾，诏问除病之法，师说："但须大赦天下，释放无辜，圣躬自安。"太宗从之，病遂霍然而愈。宫廷内外礼事如佛，帝因赐号为"帝心"。师依《华严经》义，作《法界观》文。传说文成后，投烈火中，祷曰："如合佛心，则一字不毁。"既而果然。师一生操持高洁严谨，学无常师，于华严之理，尤多契悟，后栖止于终南山。贞观年间，于义善寺，对大众善信男女告别，复入宫辞谢太宗。然后，升太阶殿，坐于御座上，奄然而逝。时年八十四。弟子中唯智俨得华严妙谛。杜顺和尚之传承不得而知，相传为文殊菩萨化身，依《华严经》立"四法界"（出《华严法界观》），统为"一真法界"：

"法"者，轨则也。"界"者，可分为性、分二义：一、就事说，是分义，以事有分别故；二、就理说，是性义，以性无变易故。

（一）"事法界"：世界万法差别之相，各各不同，不能相混淆。

（二）"理法界"：真如平等的理体，为万法所依。万法虽不同，体性则为一。

（三）"理事无碍法界"：真如的理性，能生万法，万法一一以真如为性，即事即理，即理即事；波即是水，水即是波（波，表变动不居的事相；水，表如如不动的理性）。

（四）"事事无碍法界"：一切事法，性本融通，一多相即，大小互容，重重无尽。

二祖智俨大师（602—668 年），初剃染时，祷于《大藏经》前，抽得《华严经》首卷，终日诵阅。师英敏特达，书过目成诵。其后，投依杜顺和尚门下，侍听未久，尽得玄旨。杜顺以所集《华严法界观》传付之，令其讲授。后遇一异僧对师说："若欲解得华严一乘之宗者，十地品六相之义，宜深加思索。"师因即穷研不已，一日，豁然贯通，依《六十华严》作《华严经搜玄记》，说明"六相"，开演"十玄"，建立"五教"，为日后"贤首宗"（即华严宗，因贤首大师而得名）立下根基。并曾在云华寺登座敷讲《华严经》，大振宗风，名遍寰宇，缁素道俗，咸皆归礼。后得贤首大师，得传玄旨，传说于某夜梦见般若塔倾塌，知世缘尽，乃告门人曰："我将暂往西方。"不到一月说法而逝。时为唐高宗总章元年。

所谓"六相"[③]为：

体：

（一）"总相"：谓一尘含藏万法。如，综合瓦砖木石等，而成一屋，名总相。

（二）"别相"：谓万法有色、心、理、事等差别。如，一屋中的瓦砖木石等，体性各别，名别相。

相：

（三）"同相"：谓万法虽别，然能融即成为一体。如，瓦砖木石等，能互相和合，成为一屋，名同相。

（四）"异相"：谓诸法虽能融即为一，但亦不失诸法差别的本质。如，瓦砖木石，其形类功用，皆各不同，名为异相。

用：

（五）"成相"：谓诸法虽差别，因融即故，互相成为一体。如，瓦砖木石，有互相成就之性，才能建立为体，名成相。

（六）"坏相"：谓诸法虽可融即成为一体，然若各住各位，则仍现诸法之相，而不成一屋。如，瓦砖木石，各住本位而不合作，则房屋相坏，名坏相。

本宗将释尊教法，判为"五教"（出《华严经疏》）：

（一）"小乘教"：教钝根小机之法，但说生空（谓众生五蕴——色、受、想、行、识假合），而未说法空。

（二）"大乘始教"：是初小乘、初入大乘的教法，虽说大乘，而未及究竟微妙的理性，故名。

（三）"大乘终教"：是对大乘纯熟的根机，所说尽理之教。

（四）"大乘顿教"：是说大乘顿悟直超的教门。

（五）"大乘圆教"：是究极圆满最上的教法，明性海圆融，缘起无尽，极诸法的体性者。

三祖贤首大师（643—712 年），即法藏比丘。俗姓康，传说其母梦吞日光而孕。及长，风度奇正，智慧绝伦。十七岁求法，入太白山，过云水生涯，居恒诵持《华严经》。时智俨和尚讲《华严经》于云华寺，因往受业，深入华严义海。唐高宗总章元年，智俨圆寂，遗言曰："法藏用意《华严》，可绍隆大法，应使出家。"

其后，削发于太原寺。武后诏师开示华严宗旨，传说其方叙及经题，便口出百光，须臾成盖。后于经中义理，茫昧未明。师因取例长生殿前金狮子，说明无尽缘起——"十玄门""海印三昧门""六相和合义门"的奥旨，后豁然开解。师又曾为学者，广设善巧。取铜鉴十面八方安排，上下各一，相去一丈余，面面相对，中间安置一尊佛像，并燃一火炬烛照之。于是交光互影，重重无尽，学者因是晓然于"刹海涉入无尽"之义。法藏大师之善巧化诱，类皆如此。师一生开讲《华严经》三十余遍。每讲则听者肩摩相接。师并数度参与译场，先后翻有《八十华严经》《密严经》《楞伽经》等。初译之日，梦甘露以呈祥。开讲之辰，传说其感地动以示异。此见于《武后圣历年中诏书》。

和尚虽身为五帝门师，王公大臣并皆礼敬。然犹扫粪其衣，禅悦其食，一生唯以持戒忍辱自守，弘法利生为务，其德固可知矣！师依一生参悟修持境界，推阐华严奥旨，作成《金狮子》《华严探玄记》《华严一乘教义章》等三十余部百余卷。玄宗先天元年，预知时至。十一月十四日，师于西京大荐福寺吉祥而逝。世寿七十，僧腊四十三。敕谥"贤首大师"。又因师在吴越清凉山五处建寺，均榜曰"华严"，人遂尊称为"华严和尚"。"贤首大师"是华严思想之集大成者，其"三时""五教""六相""十玄门"，无不是承传前两位大师之学说，而益加精密圆融。兹将"海印三昧""十玄门"思想条列于后：

"海印三昧"：佛所得之三昧名。如于大海中印象一切之事物，湛然于佛之智海中，切现一切之法。

"十玄门"：

（一）同时具足相应门——"如海水一滴，具百川之味"。一切诸法，在同一时间内。圆满具足，互相缘起。十方世界，总为一大缘起。动一尘，则全体无不受其影响，故名。此一门为事事无碍法界之总相，其余九门，皆此门之别义。

（二）广狭自在无碍门——"如一尺之镜，含千里影"。一尺之镜，为狭；千里之影，为广。广狭二者，自在无碍。

（三）一多相容不同门——"如一室千烛，光光互摄"。一法即含一切法，一切法亦摄此一法。所谓"一即一切，一切即一"是也。此就"用"言。

（四）诸法相即自在门——"如金与金色不相舍离"。即前"一即一切，一切即一"之意。此就"体"言。

（五）隐密显了俱成门——"如铸金马狮，互为隐显"。当一法即一切法，则一切法显，而一法隐。当一切法即一法时，则一法显，而一切法隐。此显隐二相，俱时成就。

（六）微细相容安立门——"如瓶盛芥子（极小之物），炳然（明朗）齐现"。谓虽微细，亦得含容一切法。所谓一毛孔中，无量佛刹，庄严清净，旷然安立是也。

（七）因陀罗网境界门——"如宝珠之网，递互交光"。传说忉利天宫殿里，有一种用宝珠结成的网。其珠网每珠各现一切珠影，这是一重的各各影现。一珠中的一切珠影，又各现珠影的形象，是二重的各各影现。如是重重映现，而无尽无穷。法界每一微尘，现无边刹；刹海中复有微尘，每尘复现刹海，如是重重无尽，亦如帝网珠光，故名因陀罗网境界门。

（八）托事显法生解门——"如擎拳竖臂，触处皆道"。谓假托一事一理，即足以表显无尽的法门。

（九）十世隔法异成门——"如一夕之梦，翱翔百年"。"十世"者，过去、现在、未来，是三世；而此三世中，每一世又皆有过、现、未三世，则成九世。九世相即相入，总为一世，共为十世。十世隔历之法，虽别异而俱时成就，这是念（一念）劫（一劫）圆融之意。如一梦现百年事，百年事现于一梦，故名。

（十）主伴圆明具德门——"如净空明月，近远炳现"。十方三世诸法，总成一大因缘。则一法生时，诸法随生。一法为主，诸法为伴，随举一法皆然。一法圆满一切功德，如圆月明朗为主，众星围绕为伴，故名主伴圆明具德门。

如上十玄门（出《华严经随疏演义钞》），皆具足于一尘中。如是十方世界，诸余微尘，亦各具足十玄妙门，互摄无碍，相通相入，重重无尽，举一全收，圆满相应，是名十玄缘起无碍法门，亦名无尽缘起法门。

次将"三时"思想，略述于后，藉见佛陀教化之层次。"三时"者：第一，"日出先照时"；第二，"日升转照时"；第三，"日没还照时"。第二转照时，又可分为初转、中转、后转。第一"日出先照时"乃佛初成正觉，将其所悟最高至极之真理和盘托出，故称"无上根本法轮"。所说直畅佛陀本怀，故说《华严经》。第二"日升转照时"，华严会上，小机根性，如聋若哑，所以佛陀慈悲怜愍，特别重新说起。先开小乘说《四阿含经》。譬如：日轮升天，转照幽谷，此为"初转"。次为引小乘趋向大乘，故说《方等》诸经。譬如：日轮次照平地，此为"中转"。又次，为引大乘中上根之人，故说《般若》诸经。譬如：日正当中，此为"后转"。以上第二时，为"依本起末法门"。第三"日没还照时"，此为"摄末归本法轮"，乃最后一期究竟成佛法门，故说《法华经》《涅槃经》，如日没之返照也。以上为华严"三时"判教，所述者为佛陀一时教，教化的层次，足可与前"五时"两相配合。其判教者，乃就心量之大小，说理之浅深为断。与天台宗所谓"五时""八教"相比照，则更见其妙用矣。兹将"五时""三时""五教"三者，共列一表，则条理自昭晰矣：

三时　　五时　　五教

一、日出先照时（无上根本法轮）——华严

二、日升转照时（依本起末法轮）
　　初转——阿含——小
　　中转——方等——终始
　　后转——般若——顿

三、日没还照时（摄末归本法轮）——法华、涅槃——圆

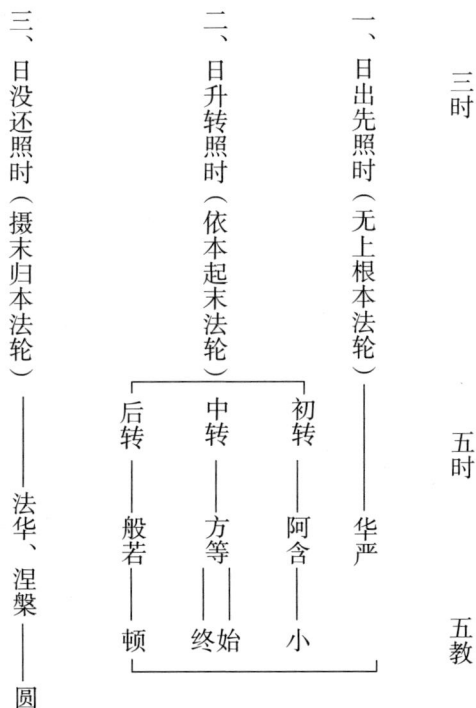

　　五祖圭峰大师（780—841年），法号宗密，尝居圭峰，因以为号。俗姓何，果州西充人。家本豪盛，少通儒书。因参遂州大云寺道圆禅师法席，深契于心，遂弃儒而出家求佛法，时年仅二十七岁。一日，诵《圆觉经》，大为感悟。道圆禅师谓曰："此诸佛授汝，汝当弘扬圆顿之教，毋得辜负佛恩。"继览《华严疏钞》，欣然曰："吾逢《圆觉》，心地豁然开通；今遇此疏何其幸哉！"

其后，礼清凉国师为师，国师曰："毗卢华严，能从我游者，舍汝其谁！"由是亲炙左右者两年。

元和年间，师尝于终南山闭关阅《藏经》三年，文宗赐号"大德"。师曾开示于人曰："一切众生，莫不具有觉性，灵明空寂，与佛无殊。但以无始劫来，未曾了悟，妄执生为我相，故生爱憎等情，生老病死，长劫轮回。然身中觉性，未曾生死。如梦被驱役，身实未动。若悟此性，即是法身，本自无生，何有依托？然理虽顿悟，事须渐修。勿认妄念为心，临终自不受业系，虽有中阴，天上人间，随意寄托。若泯爱恶，则不受分段之身。倘更灭微细心行，则朗心大觉，随机现化，名之为佛。"

初，师在蜀时，得读《圆觉经》，即深达其中义趣，于是誓传是经。后在汉上，又读《华严经》等。由是著有《圆觉》《华严》《涅槃》《金刚》《起信》等经论之疏钞。又集诸宗禅言，集为《禅藏》，并为作序，又有《四分律疏》五卷。皆本一心而贯诸法，显真体而融事理。会昌（武帝）元年正月六日，坐灭于兴福塔院。俨若平日，容貌益悦。荼毗后，得舍利数十粒，明白而润大。俗龄六十二，僧腊三十四。

【附注】

① 二智之一：（一）根本智：为佛菩萨亲证真如本性，契于诸法实相之智。故此智又名"真智""实智""无分别智"。（二）

后得智：诸佛菩萨说法，成就度化众生，分别事相之智，为转识成智所证者，故又名分别智。因此智不离世俗，须权巧运用，故又名"权智""俗智"。

②　旧译《华严》，为晋佛陀跋陀罗译，计六十卷，故称《六十华严》。新译《华严》，为唐实叉难陀所译，计八十卷，故称《八十华严》。尚有后译《华严》，为唐般若所译，计四十卷，称《四十华严》。此三种《华严经》，均非足本，仅及原本一半。后译，只系原经中"入法界品"一品而已。其中，以《八十华严》（新译）较为完备。故研读者，通常以《八十华严》为主，兼采其他二译。

③　（出《华严一乘教义分齐章》）此六相中，总相、同相、成相，主合，属圆融门（不分次第）；别相、异相、坏相，属行布门（分次第）。实则，此六相，就凡夫位事相上言之，此六相各各隔碍，不相融通。若就圣眼所见，诸法体性言之，则一一事相中，皆见此六相圆融。以六相圆融之故，一切诸法即一真法界，无尽缘起也。

第二十二章　善于导化众生出离苦海的高僧
——善导大师

·

一、护持戒品，纤毫不犯

善导大师，不详其姓氏里居。唐贞观年间，见西河绰禅师净土九品道场，心中欣喜道："此真入佛之津要，修行其余法门，迂僻难成。唯此法门，速超生死。"于是勤笃精苦，昼夜礼诵。不久，至长安激发四众（出家男女二众，在家男女二众）同修净土。师每入室，则长跪唱佛，非至气力竭绝不休止。师每出外则演说净土法门，胁不至席者（长坐不卧）三十余年。平居护持戒品，纤毫不犯，凡饮食时，好食悉以供众，粗食用以自奉，所有施主所供布匹，都用以书写《阿弥陀经》，前后十万余卷，画净土变相图三百幅。此外，修理营造塔寺，施买香油供佛前之灯以续明。类此功德事，不遗余力，因此道俗从其教化者甚众，其徒有诵《阿弥陀经》十万至五十万遍者，有日课佛名自一万至十万者不等。据说其中得念佛三昧（三昧，正定也。一心称念佛名，至心入禅定，称念佛三昧），往生净土的，不计其数。有人问道："念佛真能往生净土吗？"大师曰："只要你深信且愿去念，必定如你所愿。"传说，师自念佛一声，即有一光明从其口出；十声，即有十光明从其口出；百声，即有百光明从其口出。大师劝世偈，非常有名，其偈云：

> 渐渐鸡皮鹤发，看看行步龙钟。
> 假饶金玉满堂，岂免衰残痛苦。
> 任汝千般快乐，无常终是到来。
> 唯有径路修行，但念阿弥陀佛。

二、境细心粗，唯当念佛

有人问大师："何故不令人观想，而但劝人专称念名号？"师答曰："众生障重，境细心粗，识心纷乱，精神飞越，观想难成。是以大圣悲怜，但使直劝专心称念名字。何故？正因为称名最易，相续不断即得往生。若能念念相续不断，以一生为期，绝无不往生之理。所谓'十即十生（十人念佛十人往生），百即百生'，何以故？因无外界杂缘干扰，得正念一心不乱故，与佛本愿相应故，顺佛语故，不违经教故。否则，若舍简易专念法门，杂修其他法门，百中希得一二成就，千中希得三四成就，何以故？因外界杂缘乱动，全失正念之故，与佛本愿不相应故，与经教相违故，不顺佛语故，系念不相续故。近来所见诸方道（出家）俗（在家），解行各有不同，或专修，或杂修。但使专心一意持念不断，十即十生；而杂修不能至心的，千中无一往生。唯愿一切人等，善自思惟，行住坐卧，必须厉心克己，昼夜莫废，以一生为期，将来必可成办。前念命终，后念即生。从此长时永劫，受无为法乐，乃至成佛，岂不快哉！"大师言毕，又作《临终正念文》曰：

凡人临终欲生净土者，须是不得怕死。常念此身多苦，只是不净恶缘，种种交缠而已。若得舍此秽身，超生净土，受无量法乐（修习佛法而起之乐，此乐从自性生，常住不变。不同凡夫欲乐——从妄想生，无常变苦），解脱生死苦趣，乃是真正称意事。譬如：脱下敝破的衣服，换上珍美的衣服。所以当放下身心一切莫生恋着。才遇有病，便念无常，一心待死。切须叮嘱家人，及问候人，凡来我前者，为我念佛，不得说眼前闲杂之话，家中长短之事，亦不须软语安慰，祝愿安乐，此皆如虚花，无有实益。

若病重时，此命将终，亲属不得垂泪哭泣，及发嗟叹懊恨声。因为如此会惑乱彼将亡者之心神，令其失掉正念。但教彼记取"阿弥陀佛"一句圣号，直至气尽。倘得明解净土之人频来策励，更为大幸。用此法者，决定往生，无稍疑虑也。生死事大，须自家着力始得。一念差错，历劫受苦，谁人可以相代乎？思之思之！勉之勉之！

善导大师一日忽宣告大众曰："此身可厌，吾将西归。"乃登寺顶，向西遥祝曰："愿佛接我，菩萨助我，令我不失正念，得生安养。"言已而逝。唐高宗嘉其神异，赐寺匾额曰——"光明"。

第二十三章　精勤念佛、屡感五台胜境的高僧——法照大师

一、五台胜境，文殊授记

释法照，不知何许人。唐代宗大历二年，栖止于湖南衡州云峰寺，每日精勤修持，无片时或敢懈怠。传说某日，照师在僧堂中用斋，突见粥钵中有五彩祥云，云中见有高山佛寺，俨然在目。其寺之东北五十里有山，山下有溪涧，溪涧北有石门，相去约五里。寺门有金色匾额，题为"大圣竹林寺"。照师虽目击分明，而心中不免半信半疑。不过几日，又在用斋时，于钵内五彩云中现出五台诸佛寺，其地尽是黄金色，绝无人间山林之秽恶。放眼望去，楼台池榭，纯是金、银、琉璃、玻璃、砗磲、赤珠、玛瑙诸宝庄严所成，文殊菩萨及一万圣众处在其中。同时，又现诸佛净土庄严国土。食毕后，一切境界方始灭去。心中仍然疑信参半，乃请教曾游历五台山的诸僧人。据说僧人所答，与照师

所见一一符合。

　　照师因事迁延未能启行，某日傍晚，于道场外遇见一位老者，他告诉照师说："师曾发愿誓往金色庄严的净土世界，觐见大圣，今时机已至，何为迁延不进？"照师答道："机缘未熟，道路遥远，何可便往？"老者极力鼓励师道："但亟往，切勿再事迟疑。只要勇往直前，不论道途如何险阻，也将无可留难的。"传说老者说完就不见了。照师听后，惊骇感泣，于是重发诚愿，任是刀山剑树，终无退悔。乃与同志数人相邀上山，果然一路无有阻碍，顺利抵达五台县。

　　遥见佛光寺南，射出四道白光，指示路途，于是信心倍增。翌日，即到达佛光寺。一切情景全如钵中所见，毫无差异。传说，其夜四更，又见一道异光从北山射来，众僧人骇异无比，未知是吉是凶。有一僧人说道："这是大圣不思议光，非有缘人不得见。"照师等闻言，就寻光而行，至寺东北五十里，果然有山，山下有溪涧，溪涧北有一石门。在那里，见到二位身着青色衣的童子，一位自称善财（《华严经》记载善财童子历参五十三位善知识，而得证入法界。因善财生时，有种种珍宝自然涌出，故名。是福城长者五百童子之一），一位自称难陀（意译善欢喜，亦名牧牛。原是牧童，因问佛放牛十一事，佛当下无不知晓，并一一为之解疑释难。因知佛陀早具一切智，乃出家，其后获证罗汉果）。众人相见欢喜，问讯（佛门规矩，合掌示敬叫问讯）礼拜。二童子引照师等入山门。径向北行五里，见一金门楼，渐走近门时一看，乃是一座佛寺。寺前有一大金色匾额题为——"大圣竹林寺"，一一俱如钵中所见无异。方圆约二十里平方，共有一百二十院，皆是宝塔庄严。其地纯是黄金铺就，河渠花树充满其中。照师入佛寺中，至讲堂内，见文殊菩萨在西边，普贤菩萨在东边①，各据狮子宝座（佛为人中之狮子，故佛之所坐名狮子座。狮子一吼，百兽震恐。狮子吼，形容佛说法；百兽，形容群魔。此狮子之取意也）以演妙法，说法之微妙音，历历分明，声声入耳。文殊菩萨左右又有菩萨万余，普贤亦有无数菩萨相围绕。

法照大师睹此境界欢喜赞叹，得未曾有，遂至二菩萨前，恭敬顶礼而问道："末代（即末法）凡夫，去圣时遥，而善知识（指明师）缺乏，众生业障尤其深重，佛性无由显现，佛法又浩瀚无边。不知修行何等法门，最为切要，唯愿大圣释我疑惑。"

文殊菩萨闻言，即发殷重慈悲心道："汝今念佛，今正是其时。诸修行法门，无有过于念佛者。供养三宝，福慧双修，此二法门，最为精要。所以者何？我于过去劫中，因观想佛故，因念佛故，因供养故，今得一切种智。是故一切诸法，般若（妙智慧）波罗蜜（度彼岸）甚深禅定②乃至诸佛，皆从念佛而生，故知念佛法门乃诸法之王。你当常念此无上法王，令无休息。"

法照大师又问当如何念？文殊菩萨说："此娑婆世界西方，有阿弥陀佛，彼佛愿力不可思议，汝当念之不已，无令间断。命终之后，决定往生，永不退转。"

传说说完此语，当时文殊、普贤二菩萨各舒展金手（佛手为金色，故云）摩着照师头顶，为之授记（佛对发大心的众生预先记名，以为将来作佛的印证）曰："此人因念佛，故不久当证无上正等菩提（即无上正等正觉，唯佛乃能证之境界）。若善男女（信佛虔诚之男女）等愿速成佛的，无有过于念佛了，如是则能速证无上菩提。"

法照听后，欢喜踊跃，疑惑悉除。又更恭敬顶礼，礼毕合掌。文殊菩萨说道："汝可前往参拜诸菩萨内院，次第巡礼瞻拜。"于是照师依言，次第瞻仰巡礼，其中所历一切境界尽皆不可思议。遂至七宝果园，其果刚熟，其大如碗，即便取食，食毕竟感身心舒泰无比，自觉意解心开。乃至大圣前恭敬作礼辞退，然后又由二位青衣童子送至门外，礼拜而别。当照师下拜方再举头瞻望时，"大圣竹林寺"便已遽失所在了。心中不觉感泣无已，知系圣者示现，乃立石记志其事，据说其石至今仍存原处。

二、精修笃行，无旷岁月

其后，照师栖止于华严寺。某日，与五十余僧人同往金刚窟瞻拜圣迹，在以前无著（唐僧）大师见菩萨处，虔心礼拜称念三十五佛名。传说，照师礼拜十遍，忽见其处现出广博庄严净妙境界，一片琉璃宫殿胜妙异常。文殊、普贤及一万菩萨居住一处。照师见后，深自庆喜欢悦。传说，其夜三更，又于华严院西楼上，忽见寺东半山，有五盏圣灯烛照，其光约一平方尺余。照师即时称念咒语，默请分百灯归一边，遂随其心所动念，即自动分为百灯如其所愿。接着又咒愿分千炬，亦皆分千炬如愿。于是灯炬行行相对，遍于半山。又更独自前往金刚窟愿见大圣。三更时分遂见一梵僧身长七尺许，梵音朗畅，自称佛陀波利，问道："何自苦如此？将有何愿望？"照师答道："惟愿见文殊菩萨！"波利说："若你志力坚强，真实无妄，可脱履于板上，圣颜就在咫尺，即刻可见。"照师依言而行，果然即时得入窟中，见一庭院，门上题额云——"金刚般若寺"。字体刚健，金光闪烁。其院内皆是异宝庄严，令人目不暇接。楼观重叠峙立，殿宇连绵，宫阙内之屏风全是以金镶玉饰的网状花格，可谓巧工密致异常。并且听见银铃金铎交鸣之声，约共有二百余处。每处均储有秘藏，藏中封有《金刚》《般若》并一切经。此处人物都是昂藏魁伟丈夫，不同于一般凡人。文殊大圣宝座严饰庄严无比，旁有大众拥护围绕。大圣宣言慰劳，在命茶赐食后，波利将引之而出。照师苦请留在寺中，波利以因缘未熟不许。临别唯勉之努力进修，精勤勿怠，再来即可住此。传说照师回至前此脱履之处着履，等到回首再看时，波利竟不知于何时已消失了踪迹。

照师遂于华严寺华严院入念佛道场屏绝饮食，克期取证（限定时日，务期修证的功夫），发愿誓生净土。如是到了七日初夜，传说正当在念佛时，又见一梵僧对他说："你所见五台山③胜妙境界，为何不对他人宣说呢？"说完就不见了。照师直以为乃是梦境不实，不足凭信，于是不予理会。岂料，第二日，传说正在念诵礼拜之际，又见一梵僧，年约八十许，也对他说："你所见五台山灵异事迹，何不流布普示一切有缘众生，令使闻者悉发菩提心（求取正觉成佛之心），获大利乐呢？"照师说："照本无意自秘圣道，但恐传扬其事，使人因疑生谤，所以不说。"梵僧就说："大圣文殊菩萨示现此山，尚且招人疑谤，何况你以凡夫而得见此境界呢？但使众生凡能见闻之者，悉发菩提心，归入于佛道，则又何所顾忌呢？"

于是，照师于大历六年正月率领华严寺僧三十余人，至金刚窟，亲示以前在般若院立石的标记。当时随从徒众诚心瞻仰，悲喜交集，传说即于此时忽闻钟声，其声雅亮，音节分明。在场众人莫不亲耳听闻，都为之惊异不已，足可证验照师所示绝非虚语。大家都广为宣扬，使其他见闻者悉发大心，共期得佛智慧。此后，照师又依据其所亲证境界化度寺僧，并于前所见题额处，建造一座佛寺，庄严宏伟、精丽异常，便号为"竹林寺"。

传说在大历十二年九月十三日，照师与弟子八人于东台望见白光数次，接着又见奇彩异云蒸郁腾涌。不久云开，出现五色通身光圈，光圈内有红色圆光。光中见文殊菩萨乘一青毛狮子踏空而来。此时白雪霏霏，五色圆光遍于山谷，其同时见此圣境之弟子有纯一、惟秀、归政、智远等，及优婆塞（在家五戒男居士）张希俊等人。法照日后弥加精修笃行，无旷（无间断）岁月，其后，不知所终。

【附注】

①　此二菩萨，常侍释迦如来之侧。文殊驾狮子持利剑，侍佛之左方；普贤乘白象，侍佛之右方。一表智慧，一表理德。二者显示理智圆融之境界。如来、文殊、普贤，合称华严三圣。

②　般若以妙智慧破烦恼，以达涅槃之彼岸故名"般若波罗蜜"。般若，翻为妙智慧，以示别于世间智慧。因尊重故不翻。禅，禅那的简称，译为静虑。静即定，虑即慧。定慧均等寂照双运曰禅。禅分为三：世间禅、出世间禅、出世间上上禅。念佛法门属出世间上上禅，故曰甚深禅定。

③　五台山系中国四大佛教名山之一，为佛教圣地。所谓"四大名山"，是指五台山、普陀山、九华山、峨眉山。佛经称地藏、普贤、文殊、观音诸道场曰地、水、火、风。九华山（地）——为地藏菩萨显迹之处，普陀山（水）——为观音菩萨显迹之处，峨眉山（火）——为普贤菩萨显迹之处，五台山（风）——为文殊菩萨显迹之处，兹一一分述如下：

（一）五台山——在山西五台县东北一百八十里。因有五峰（东、南、西、北、中）巍然高耸，出于岭表，顶无林木，有如垒土，故名。其中南台离中台八十里，山高三十里，顶周二里，有金莲、日菊、佛钵花，璨发如锦，亦名"锦绣峰"。世传为文殊菩萨示现之处。山中夏日飞雪，毫无炎暑，故亦名"清凉山"。山左毗邻北岳恒山，右侧俯瞰滹沱河。山的周围五百里，状如莲花，东、西、南、北四台，皆自中台发脉。群峰联属，山势有若游龙。而佛教丛林大刹，皆在中台之中。僧侣分为青衣僧、黄衣僧两类。青衣僧，皆着青衣，为一般僧人。黄衣僧，皆着黄衣，全是喇嘛。各有著名十大寺。蒙古王公每岁朝山，布施甚多。近代以后，以关外道途不宁，来朝山者顿形减少，然香火仍盛。内地僧俗二众，夏时朝山者，亦络绎于途。

（二）普陀山——在浙江舟山市定海区东海中。此山名原属印度南海，即《华严经》中，善财第二十八参，礼拜观音菩萨处。其后，佛法东来，国人普敬观音，遂名此岛为普陀山。至今佛寺林立，每年四季都有佛徒信众争往朝礼。此地气候温和，风景奇特。西方人旅游中国者，多避暑于此。

（三）九华山——在安徽青阳县西南四十里。上有九峰，千仞壁立，周围二百里，高一千丈，旧名九子山。唐李白以九峰如莲华削成，因名九华山。此地为大愿地藏菩萨道场。传说佛灭度后一千五百年，约当我国唐朝时代，地藏降迹新罗（为其中之一，当时朝鲜分为高丽、新罗、百济三国）国王家，姓金，号乔觉。永徽（高宗）四年，年二十四岁，剃发出家，携一白犬善听，航海而来。端坐九华山头七十五年，至开元（玄宗）十六年七月三十夜，成道。时有闵公者，素怀善念，每供斋请百僧，必虚一位，礼请地藏以足其数。地藏乃乞一袈裟地，公许诺。传说地藏将袈裟一展，竟遍覆九峰，从此九华山遂成道场。后闵公之子求出家，随侍菩萨，即道明和尚。闵公不久亦出家，反礼其子为师。故今地藏菩萨像侧左立者为道明和尚，右立者是闵公。其后，菩萨入定二十年，至至德（肃宗）二年七月三十日，显灵起塔。地藏遗体供于地藏肉身殿。其地有化成寺，即地藏王宫，中存地藏遗迹甚多。游者来此必须经过石磴八十一级，缘链索以登，峻险不堪言状。

（四）峨眉山——在四川峨眉山市西，两山相对如峨眉，故名。一名大峨山，与中峨、小峨相连，合称三峨。周回千里，有石龛一百二十，大小洞四十。山顶有寺号光相寺，为普贤菩萨示现之灵地，因而著名。峨眉山在州城南二百里，其脉来自岷山，连冈叠嶂，延袤三百里，其突起三峰，自州城望之，如人之拱揖而前。宋朝宋白诗云："不知立处高多少，只见星辰在下头。"峨眉山虽在六月，必具单夹絮衣而登，其山下时犹炎暑；至半山，则必穿夹衣；至绝顶，非着厚絮不可。过十月则不可登，因道为雪封，且寒冻不能耐也。

第二十四章　广结净土善缘的后善导大师
——释少康

一、玉女赠莲，主得圣子

释少康，俗姓周，浙江缙云人。母罗氏，传说某夜梦见游鼎胡峰，得玉女手捧青莲花相送说："此花代表吉祥，现寄于汝处，后必生贵子，切当保惜为是。"等到生康师之日，见青光满室，清香似荷花。师在襁褓中，眼碧唇红，齿得佛之一相（佛三十二相好庄严之一），平日总是端坐含笑。乡中有善相的人，见到他后说："此子将相之才。"年七岁时，犹不能言语。其母抱入灵山寺中，瞻拜佛陀圣容。母问康说："认识吗？"康忽然开口说道："释迦牟尼佛！"在旁听到的人都感到异常惊讶。从此康就会说话了。

年十五时，父母知其非凡器，准其出家。此时师能背诵之经典已有五部了，乃于越州（今绍兴）嘉祥寺受戒，便在此寺学戒。五年后，又往上元龙兴寺，听《华严经》《瑜伽论》。唐贞元初，师至洛阳白马寺，在殿上见有物放光，遂取来一看，乃是善导大师《西方化导文》。康师欢喜无比，就默祷说："若我与净土有缘，愿此轴文重现光明。"传说祈祷未毕，果见金光闪烁，中有化佛菩萨无算。遂到长安善导影堂内乞愿。只见善导真像已化为佛身，对康师说道："你如依我的教化施设，利乐众生，必能同生安养（西方极乐国异名，因可安心养身故名）。"康师闻言若有所证。于是，南至江陵果愿寺，遇见一位法师告诉他道："汝欲度化众生，当径往新定，汝法缘在彼。"言讫不见。传说当时，只见一道香光往西而去。

二、奖掖念佛，勿歧他宗

师到睦郡（在今浙江省），入城乞食，得钱即奖掖小儿，凡能念阿弥陀佛一声，即付一钱。念佛多的，即给多钱。康师又教唱偈赞，皆附会郑卫之声（如今之流行歌曲），变其体而作成。其调非悲非乐，不怨不怒，得平和之韵，可谓善于权巧度化了。于是经过月余，凡孩童一见到他，无不孺慕，若望父母一般。如是一年，则不论男女见到康师，就说："阿弥陀佛！"遂于乌龙山修建净土道场，筑坛三级，聚人修持念佛法门，并常宣扬净土之殊胜。每遇斋日（每月之一、八、十四、十五、十八、二十三、

二十四、二十八、二十九、三十日），即云集所化三千许人登座，令男女弟子望康师面门，师即高声诵念阿弥陀佛佛号。传说每诵一声，佛从口出；连诵十声，则有十佛自口而出，若连珠状，并宣告大众曰："汝见佛身，即得往生。"

贞元（德宗）二十一年十月，师开示大众，叮嘱告诫不止，婆心愈切。唯劝急修净土，无歧心于他宗。传说，师言毕即跏趺而坐，但见全身放光明而逝。时天色乍变，狂风四起，百鸟悲鸣，乌龙山也一时变白。师之坟塔存于州东台子岩，年岁既久，唯余方石一块。乾祐三年，天台德韶禅师重建其塔。因师的一生行迹很像善导大师，所以世人都推尊他为"后善导大师"。

第二十五章　发扬二谛圆融八不中道的三论宗——嘉祥大师（吉藏）

一、志在传灯，法轮常转

释吉藏，俗姓安，本安息人（古波斯国），其祖先因逃避仇家追踪，故移居中国，辗转至于金陵，藏师即生于此处。师家历世虔奉佛法不衰，其父后亦出家，法名道谅。谅性行笃谨，出家后勤习不懈，无敢稍或放逸。谅常带年幼的藏师赴金陵兴皇寺听道朗法师讲述佛经，师随闻即能领解，悟若天真。师年七岁，遂依朗师出家。平日于经中义理务求贯通圆融，于是每遇他人有所咨问时，必能切中问题之症结所在；对师父有所秉承时亦能妙达指归；与人论难酬对，吐词雅瞻俊逸。其才学之闳肆，同辈中无人能望其项背。其年十九时，就禀师命复述经义，精辩绝匹，词锋捷出，及出而酬对应接当时俊彦，吐纳如珠玉，咳唾落九天，风采卓绝一世，于是美誉渐扬。

其后，师至会稽嘉祥寺，常为众讲述佛法，当时前来问道的，不下上千人。此时，师志在续佛法之灯，令法轮常转于世。隋炀帝召至京师日严寺，师极力宣扬"八不中道"妙理。初登法座，道俗自四方云集而至，其盛况可谓空前。观其状貌则傲岸出群，听其言则钟鼓雷动。当时，有昙献禅师，请师开演般若法要，七众弟子闻风前来听讲的以万计。不但殿宇充塞，殿外四面亦满溢。于是又在露天张幔，扩充法筵，但仍拥挤不堪。讲毕，京中豪族贵客皆倾其金贝财物以供养藏师。师遂因法化因缘，得财物之施，填积满室。师以慈悲为怀，乃随手散尽，作诸功德。

当时，有沙门僧粲，自号为三国论师。雄辩罕匹，口若江河之倾。闻师高名，颇不以为然，乃前来问难。二人对辩凡四十余次。只见藏师引据经论，滔滔不绝，词锋所及，将对方的持论一一予以摧折。其言辞固据理而发，其礼貌则始终谦敬。其无碍之辩才，使得全座无不为之变色动容。其谦仰之态度尤令人叹服不置。至此，僧粲乃俯首帖耳，赧然而退。此后，藏师之捷才美名更加远播。师在长安讲经不辍，以畅论《中道》妙谛。并先后历任实际、定水、廷兴诸寺住持，三论教义，从此称霸长安佛学界。

二、自知将终，死不足怖

师自隋炀帝大业初年，着手写二千部《法华经》，并造二十

257

五尊佛像，早晚竭诚礼忏。又另安置普贤菩萨像，施设帐幔，每日躬自对之，坐禅以观实相之理。如是历有年所，悟境日增。其勤修之情况，大多类此。

唐初，高祖亲自召见，特加优礼，并问道于师。师说："如今百姓涂炭，应即乘时拯斯民于焚溺。如是万民庆赖，咸以托庇有人。"帝闻之欣然大悦，慰问殷勤，与师言谈至于忘倦。

武德六年五月，某日清旦，师突然求索香汤沐浴。后身着新净的衣服，令侍者焚香高念佛号。藏师跏趺而坐，面露喜悦之色，不久，奄然化去，春秋七十有五。遗命暴露其骸骨勿葬，传说师色身历久而逾见鲜白。帝下手敕慰赠，并令将师骨置于终南山觅石龛安顿。太子（时为建成太子）及诸王公等，并致书慰问，赠送钱帛等物甚丰。时值炎暑，师坐化于绳床上（绳床，即胡床，又名交床，后世所谓太师椅是也），传说遗体并无丝毫异味，始终跏趺如故，不曾散坏。弟子慧朗等奉遗骨送至终南山至相寺，凿石安厝于北崖，并立碑记其一生行迹功德。

初，师自知将终，作《死不怖论》，落笔而卒。其辞曰："夫含生负气，无不爱生而畏死的。实则，吾人若细心体究，则有未然。因死由生来，宜先畏生，我若不生，何由有死？见其初生，即知终死。是故，只宜泣生，不应怖死。"

三、二谛八不，摧破邪外

师生前讲《三论》一百遍，《法华经》三十余遍，《大品般若经》《大智度论》《华严经》《维摩经》等各数十遍。师尝为《中论》《百论》《十二门论》等作疏，并广为推阐"三论宗"，旗帜因以大张。因久居嘉祥寺，世号"嘉祥大师"。

"三论宗"，本依龙树菩萨（南天竺人，为马鸣菩萨弟子，生于佛灭后七百年）所造之《中论》《十二门论》，及提婆菩萨（南天竺人，为龙树弟子）之《百论》而立宗，故名"三论宗"。其内容根据佛说《般若经》，阐扬中道性空之义，故又名"法性宗""般若宗""空宗"等。此宗以文殊菩萨为初祖，马鸣菩萨为二祖，龙树为三祖，提婆为四祖。（一说初祖当推龙树）姚秦时，鸠摩罗什来到中国，译此三论，并加以宣扬，遂成一宗。"三论宗"乃始成立。罗什弟子道生传昙济，再传道朗，三传僧诠，四传法朗，五传嘉祥大师。师著述宏富，集三论宗之大成，一时学者景从，此宗乃大盛。嘉祥以前称"古三论"，因流行在北方，故又称"北三论"。嘉祥以后称"新三论"，因流行于南方，故又称"南三论"。同时，又有人在北方附加龙树之《大智度论》，号称"四论"，加以阐扬，唯不兴盛。此宗盛行于隋末唐初，后因法相宗兴起，学者喜其分析精密，故多趋附之，三论义理乃乏人问津。不久禅宗教法风行，行者又便其简易直截，欣其顿超契悟，此宗遂渐衰微矣。

此宗立"二谛",以诠说一切言教,以"八不中道"破邪显正。所谓"二谛者":

一、"俗谛"(亦名世俗谛):因系随顺凡俗迷情之法,故云"俗"。举凡世间森罗万象,在俗为实,故云"谛"。此盖指凡俗所共知者而言:不论万有之作用,因、缘、果之关系,一切一切。乃至经论所说四谛、十二因缘、六度、万行;六道、十法界;有佛可成,有众生可度;善可行,恶当止(如劝子以孝,劝臣以忠;宏善示天堂之乐,惩恶显地狱之苦之类);以至权、实;声闻、缘觉、菩萨、佛等修证时间层次等,无一不是顺俗谛而立法。

二、"真谛"(亦名"胜义谛""第一义谛"):此为圣智所见真实之理性,离于虚妄,故曰"真"。"谛"者,实也。谓此理如实不变也。"真谛"者,乃指中道第一义谛之理。盖泯除一切语言、文字,非思想拟议所能及,所谓"言语道断,心行处灭"是也。经论中所说,无佛可成,无众生可度;菩提、涅槃均是空幻;世间一切,毕竟成空;乃至所谓"无智亦无得""无修无证""不生不灭""本来无一物,何处惹尘埃""凡所有相,皆是虚妄"等等,无不是就真谛而说者。因其为殊胜之义,非言说可了达,故名"胜义谛"。又以其理为最极第一,无可超越,故亦名"第一义谛"。

《中论》偈云:"诸佛依二谛,为众生说法。一以世俗谛,二以第一义谛。"由是可知,二谛本相资为用,不可偏废。若无真谛,只说俗谛,则落于有为,与自性本空之理不合。所以当不坏假名，而说实相。若无俗谛，则落于断灭空，与方便度化之旨相违。所以虽说实相，亦不废假名，方能从假名，而悟实相。如是，则俗谛不碍真谛，真谛不废俗谛，是谓中道第一义谛。故《中论》偈云："因缘所生法，我说即是空（真谛）。亦为是假名（俗谛），亦是中道义（中谛）。"

本宗纲领，旨在破邪显正[①]。然邪见、妄解多如恒河沙，总括言之，皆以有违中道之理，故而成邪。本宗将一切邪见妄解归纳而为八类：即生、灭、断、常、一、异、来、去是也。因立"八不"法门，高树法幢，以摧破邪外。所谓"八不"者："不生不灭""不常不断""不一不异""不来不去"是也。此即"八不中道"之理。夫真理离言绝相，凡有所立，即不契中。故此宗巧设方便，立此"八不中道"法门，言简而意赅。

【附注】

① 破邪显正三论宗玄义云："破邪则下拯沉沦，显正则上宏大法。"

（一）摧外道：外道，指佛法以外，凡心外求法者名之。或执邪因、邪果，或说无因无果，或有因无果，或无因有果。种种邪见，皆由有悖因果之理，故而成邪。

（二）排毗昙：系指《俱舍》等论，说我空法有，不知法亦空，故破之。

（三）排成实:《成实论》，虽说我法二空，而未除偏空之情见，不知空亦不可得，故破之。

（四）呵大乘：大乘行者，闻有则溺于有，闻空则滞于空，闻中则著于中，故破之。

以上四执，悉以二谛、八不中道之理摧破之。

第二十六章　慈恩宗的创始者——百本疏王（窥基大师）

　　释窥基，字洪道，姓尉迟氏，京兆长安人。家世历代显贵。其父为唐左金吾将军尉迟宗。基母裴氏，一日，梦吞月轮，醒后即有孕在身。满月时，啼声已异众婴。孩提时，读书诵习，神悟精爽。玄奘大师偶于阡陌上见师眉秀目朗，举止豁达，遂曰："将门之种，果然不凡。假如有缘得度为弟子，则法门有托了。"于是造其父北门将军第宅，婉劝令其子出家。其父说："小儿粗率，不堪受教。"奘师说："此子器度，非将军不能生，非某不能识。"父乃许诺。基以孩童之龄，玩兴正浓，哪里肯受矩范，乃峻拒不允。奘师激劝再三，循循善诱，乃俯首从命。

　　师十七岁，遂预僧流，即奉敕为玄奘大师弟子，住于广福寺，随奘师习梵文，进步神速，人皆叹服。同时，又读诵戒律诸书，辄一览无遗。后又随奘师于大慈恩寺等处所，译出大小乘经论，并撰述多种经论章疏。平日殷勤著述，尤留心于阐述创意。奘师译《唯识论》，因兼取印度护法、安慧等十大论师诸说，义理庞杂，令人无所适从。由是建议奘师糅合诸说，折中一家，使学者知所依归。奘师采纳其言，皇皇巨著《成唯识论》因而问世。此书将唯识义理之全体大用，包举无余。基师又著有《成唯识论述记》及《成唯识论掌中枢要》等书阐发其旨。并先后传述奘师正义造疏百部，而有"百本疏王"之雅称。其主要著述有《成唯识论述记》《成唯识论掌中枢要》《因明大疏》《瑜伽论略纂》《大乘法苑义林章》等。玄奘大师虽传承唯识之学，而却由窥基大师专阐此学，而加以光大之。故"唯识宗"初祖，自然就推尊窥基大师了。其后，基师传与慧沼（著有《成唯识论了义灯》），是为二祖。慧沼又传与智周（著有《成唯识论演秘》《掌中枢要记》），是为三祖。（一说初祖自玄奘始）至是唯识之学达于极盛矣。

佛教宗派，至隋唐，方粲然大备。性（法性宗，亦称三论宗）、相（法相宗，亦称唯识宗）、台（天台宗）、贤（贤首宗，亦称华严宗）、禅（禅宗）、净（净土宗）、律（律宗）、密（密宗），所谓八宗者，一时号称全盛。其他各宗，另有介绍。法相宗以穷究万法之法相，故名。盖取解深密经一切法相品之名而来。又因其在明万法唯识之理，亦名"唯识宗"。又深密经中有分别瑜伽品之立名，印度名为"瑜伽宗"。唐玄奘大师入印度受学于那烂陀寺之戒贤论师。那烂陀寺是当时印度学术文化的中心；戒贤论师，乃当时德高望重的杰出僧人。奘师尽得其学，传于中国，始建立法相一宗。又因玄奘住慈恩寺翻译诸经，故又名"慈恩宗"。

师示寂于高宗永淳元年，祔葬于三藏奘师之茔坟旁。师相貌堂堂，身形魁梧，有雄纠之气。平素慈济存心，诲人不倦。一生勇猛精进，尝造弥勒菩萨像（为当来下生尊佛，现住兜率内院弥勒净土，彼土修唯识观者可以往生）。师每日对其像，诵菩萨戒一遍，一生愿生兜率天弥勒内院。久之，传说其通身现瑞发光，粲然可观。复于五台山造玉石文殊菩萨像，写金字《般若经》毕，传说亦发神光。

唯识明"万法唯识"之理——外境由识心所生。譬如人见为水，鱼见为窟宅，天人见之为琉璃，饿鬼见之为脓血。此众生识心有别所致。又如审美观因人而异，此同类有情亦有别。唯识之心理学有之境说：（一）性境（常态）：如见绳知为绳无误。（二）带质境（错觉）：如错绳为蛇，错树影为人影，错寝石为伏虎。有本质而带错，故名。（三）独影境（幻觉）：如幻现有蛇，疑神疑鬼，神经过敏等；但有影像实无本质，故名。

第二十七章　宝藏自足、何假外求的高僧
——大珠慧海和尚

　　大珠和尚，号慧海，福建建州人。俗姓朱氏。少依越州（广东合浦）大云寺道智和尚受业。后来，到江西初参马祖，马祖劈头就问："此来事何为？"

　　"来求佛法。"大珠直截了当地说出来意。

　　"我这里一物也无，求什么佛法？自家宝藏不顾，抛家弃子在外散走做甚？"马祖毫不客气，大加呵斥，一气说了这些话。

　　"哪个是慧海宝藏？"大珠莫名所以地问道。

　　"即今问我者，便是汝家宝藏，一切具足，何假外求？"马祖当即点破。所谓"直指心性，见性成佛""何期自性，本自具足"。大珠于言下即自识本心，踊跃欢喜，顶礼作谢而去。事师六载以后，归去奉养业师道智和尚，并以已亲证境界，撰写《顿悟入道要门》一卷。后来，传至马祖览讫，宣告于众说："越州有大珠圆明光，自在无碍。"众人乃知师已得马祖心印。于是参究问道者接踵而至。因此因缘，故被称为"大珠和尚"。和尚尝有

赞曰：

宝藏久埋，抛家外走。

逢人指出，始知本有。

照用无方，龙吟狮吼。

入道无门，师辟其牖。

兹将其《顿悟入道要门》精语附缀于后，仅供参研：

此顿悟门以无念为宗，妄心不起为旨。以清净为体，以智为用。无念者，无邪念，非无正念。云何邪念？云何正念？曰："念有念无，即名邪念；不念有无，即名正念；念善念恶，名为邪念；不念善恶，名为正念。乃至苦乐生灭取舍怨亲憎爱，并名邪念，不念苦乐等，即名正念。"

第二十八章　食残处秽、韬光敛迹的高僧
——懒残和尚

一、忍辱负重，十年宰相

大唐天宝初年，衡岳寺有位异常奇特的出家人，名字叫作懒残。这位懒残和尚在寺中专司大众餐毕的善后工作，平日都是吃别人吃剩的残羹冷饭，做别人不愿做的粗活。不论清理厨厕，还是挑柴运水，他都任劳任怨，乐此不疲。他的脸经常弄得污秽不堪，而且油腻满身，令人不敢亲近。就因他这样不修边幅的个性，大家都戏称他为"懒残"而不名。他在衡岳寺一住便是二十年，当时尚未成名的邺侯李泌就寄住在这寺中读书。慧眼独具的李泌认为这位食残处秽的懒残和尚绝非泛泛之辈，因此常于夜半倾听懒残嘹亮的诵经与梵唱声。知音的他深觉懒残的诵经声异于寻常，其音往往是在悲恻中流露出喜悦之情，这清亮的梵唱在静谧的深夜响彻山林。在这漫天漫地的声海里，令人的心灵感到有种不可

思议的清凉与愉悦。于是他认为这样一位白天勤做俗务，夜晚精进修持的僧人，必是一个特立独行的圣者。李公慕贤之心不禁油然而生，便决心当面请益。就在一天夜里，他非常恭敬地在门扉外，通名礼拜如仪。这时，恳切的李公满以为必会得到懒残和尚欣然的接纳，没料到懒残和尚却毫不领情地对他大加呵斥。然而，任凭懒残和尚如何恣意辱骂，李公只是愈加恭谨。这时正是北方寒冷的冬夜，懒残骂累了，便拨出身边干牛粪火所烤熟的芋头，在他肮脏不堪的衣服上抹了抹，随即津津有味地吃了起来。过了许久他才说："门外的人，进来吧！"李公这时才战战兢兢地匍匐进门，席地而坐。懒残和尚似乎存心要磨难他，又把吃剩的芋头，用沾着牛粪的手递给李公，强要他吃下。李公竟毫不迟疑地以双手恭敬捧食而尽。懒残和尚此时心知李公乃可造之材，就说道："孺子可教！凡能忍辱，必能负重。少年而有才，最忌刚锐之气。能忍小愤，必成大事。吾观尔将来必可成大器。处世为人，务必谨记敏事而慎言。果能依此而行，必有十年宰相之福分。"李公受教，拜谢而退。其后李公依言而行，果然作了十年宰相。

二、神迹一现，真人遁迹

不久，该州刺史奉命修建衡岳寺附近道路。由于工程期限紧迫，刺史督工甚严。一日夜半，风雨雷电交加，一座山峰突然坍塌，有一块巨石滚落下来，正好梗在山路当中，致工程受阻无法进行。刺史急令以十头壮牛拖拽巨石，又令数百壮汉在后合力呹喝以助势。但任凭前挽后推，用尽气力，那巨石却屹立不动。如是数月，想尽各种办法，就是莫奈它何。传说，当众人正在束手无策之际，懒残和尚突然出现了。他笑着对大众说："让我去试一试！"一向沉默寡言的懒残，此时真是"一鸣惊人"。大家听了嗤笑不已，认为这人非疯即狂。懒残却说："且莫嘲笑，试试看便知！"此时只见懒残才一举脚，那巨石就被撼动了，再一提腿，便听到轰然一声巨响，霎时间烟尘高扬，整块巨石已滚落谷底，山路从此又畅通如故了。

传说不久，衡岳寺外忽有虎豹成群出现，每日伤人无数，一时无法禁绝。懒残遂向大众自告奋勇地说："假我竹杖一根，便能驱逐这群猛兽！"众人都认为他既有神力能推走巨石，现在对付区区一些虎豹，岂不易如反掌吗？于是便授予竹杖让他前去。有些好奇的人悄悄地跟在后面，想瞧个究竟，岂知和尚一出山门，便被一只猛虎衔走。奇怪的是，自懒残去后，虎豹也从此绝迹了。

第二十九章　慈悲三昧水忏忏主
——悟达国师

一、一聆法语，若睹前因

释知玄，姓陈氏，四川眉州人。其曾祖和祖父在科考场上都不曾得志。传说其母魏氏，某夜梦见有明月坠于怀中，因而有孕在身。他在襁褓中，每次见到佛像僧形，就欢喜踊跃。到五岁的时候，他祖父有一次叫他作咏花诗，他走不到数步就吟成一首："花开满树红，花落万枝空。唯余一朵在，明日定随风。"他祖父在吟叹之余，颇感遗憾地说："我费尽心血教养这孩子，满望他能登甲科得功名，为我家争一口气，以洗雪两代之耻。而今看来，这孩子非科第中人，将来恐会遁入空门的！"知玄祖父对子女的期望，岂不也道尽了天下的父母心吗？知玄自小颖悟不凡，有自己的思想和见地。在他七岁时，就遇法泰法师在宁夷寺开讲《涅槃经》，知玄每日都前往听讲。因宿根深厚，每聆法语，就如面对老友一样，非常契机。其读佛经正如苏东坡读《庄子》时的感觉："我以前一直怀有一种想法，口上说不来；然而今天看到这本《庄子》，正可说深获我心了。"传说某天夜里，他梦见该寺殿中佛手亲摩其顶，状若授记。醒后认为必是菩萨的启示，于是就向祖父请求出家修行。祖父看他意志坚决而不可夺，只得首肯。知玄就在十一岁时削发为僧了。

二、海内龙象，非师而谁

知玄出家以后，就随师父学大乘经论。经论内容虽精深奥妙，他却在幼龄就能神悟慧解，因此进步很快。到了十三岁时，就已能熟习各种经论，并能辨别佛门曲直，指陈历历。当时的丞相杜元颖，正坐镇西蜀，久闻知玄之名，特地请他升堂，讲经于大慈寺。他果然不负众望，登座侃侃畅论，时露老成之气概。当时四众弟子，闻名前来听讲的每天有上万人之众。凡在座中聆法的，没有不被他吸引而凝神倾听，骇叹不置的。此后蜀地（四川）无人敢直呼其名，都尊称他是陈菩萨而不名。后来他离开四川乘船下三峡，经过荆州、襄阳，来到京城资圣寺。这里是四海五岳人文荟萃的地方。知玄登台敷演经论，僧俗来听讲的，都仰观而嗟叹。每日听众之多，连户外都挤满了人。于是他的名声从此更加响亮了。唐文宗耳闻其名，特宣旨入宫顾问。咨商应对，无不惬

272

于圣心。但他并不以此自满，又先后学律于长十山固律师，学唯识于安国信法师。并且兼习外典，所谓经籍百家的言论，无不能融会而贯通之。唯一遗憾的是，他每恨自己四川乡音浓重，弘法不便。于是亲诣象耳山虔敬诵念《大悲咒》。如是多时，传说于某晚梦见有神僧为他截舌并另换一舌。第二天，他居然就能讲一口流利的秦话（当时的普通话）了。有一个名叫杨茂孝的人，是当时的鸿儒，曾经跟从知玄寻研内典。他很想效法南朝大诗人谢灵运注解《涅槃经》，遂时常随侍知玄执卷质疑。知玄应机剖析无不精妙过人，令这位素有宏博之称的人，也不得不对之暗暗钦服不已。某次致书于知玄云："方今海内龙象（水行龙力大，陆行象力大，龙象谓能负荷大法者），非师而谁！"其期许推服之深，可以想见了。

三、会昌难后，御赐悟达

唐代宗受道士蛊惑，破坏寺庙，勒令僧尼还俗，排斥佛教，不遗余力。知玄随即隐归巴岷山区一带。宣宗即位后，给事中杨汉公请复兴佛教，奏乞访知玄踪迹，知玄才再度被请回上国宝应寺，并赐紫袈裟，署为三教首座。后来重建天下废寺，大兴梵刹，知玄无不与有力焉。朝廷对他很器重，就仿唐太宗图绘诸功臣像于凌烟阁往事，命画工绘他的画像于宫中。大中八年他上书请归故山讲学，获准。返乡后大行利济众生之举，受益的人很多。僖宗在广明二年因黄巢之乱避难西蜀，派遣郭尊泰带着玺书，用轿子肩师往赴行在（天子巡幸所在之地叫行在）。僖宗与他接谈议论，颇契圣心。后来皇帝欲褒扬其美德，就命诸学士撰拟知玄的法号，以示尊崇。诸学士所拟，都未惬于圣意。于是皇帝遂亲挥御笔，特授"悟达"名号，并书云："朕以开示悟入法华之宗旨。'悟'者，觉也，明也；悟达大道，悟佛知见。"又云："'悟'者，一刹那；不'悟'，河沙劫。所以悟者真乘，了然成佛之义。今特赐'悟达'二字为号。虽曰强名，用表朕意。"知玄本深明韬光隐晦之道，对这些荣名唯恐逊让不遑，乃乞归九陇山故庐。传说归隐不久，某日，在卧内见所曾游历圣境名迹，皆一一现在眼前，并听到空中有声说："必生净土！"乃讯问道："谁在说话？"空中又应声道："佛！"传说七月某日，又闻户外有声，一菩萨降于庭前，叮咛他说："勿以此苦为累，即可证道果！"言毕不见。又，传说某一天晚上，有一珠子从知玄左足下溜过，左足一被珠触及即觉痛楚万状。于是谛视那珠，只见珠中有"晁错"二字，乃知知玄即汉时的袁盎，曾因汉景帝七国之乱时，盎奏帝斩晁错以谢吴楚诸王，故其在临终来相阻挠。此时因忆日前菩萨之警语，于是沉默坚忍而得以安然度过。后召弟子慈灯，嘱令弃尸野外半饲鱼腹半喂鸟兽，并说："我久与西方净土有期。"说完右胁（头顶向北而枕右臂）面西而逝，享年七十三，僧腊五十四。

四、寺遇病僧，早缔善缘

传说知玄前世为袁盎，并与晁错有一段宿怨的事，在《三昧水忏》忏文序中有详细的记载。

在唐朝懿宗在位的时候，有位悟达国师，他原名叫作知玄。在他还未显达以前，曾在各处丛林参访。有一次，在长安京都某寺中挂单（行脚僧投宿寺院曰挂单，因悬挂衣钵于僧堂之钩，故云），与另一位挂单僧人不期而遇。这位僧人正患着一种名叫"迦摩罗"的恶病，通身生满恶疮，臭秽难闻，别人避之唯恐不及，甚至不敢跟他隔室而住。但是知玄却对他寄予极大的同情，不但不避秽臭，并特别搬至那病僧的隔壁，时时殷勤垂问，照顾备至，始终没有一点厌恶的神色。这位僧人在他的悉心照拂下，病情大有起色，不久也就痊愈了。后来二人因为各奔前程，故不得不分手。临行之际，那僧人因感谢知玄的风义，就特别叮咛一句话说："以后你将会碰上一个很大的磨难，倘到束手无策时，就到西蜀（四川）彭州九陇山来找我。山的某处有两棵高耸的松树为标志，我就住在松树后面的寺中。切记！切记！"言毕，二人相互拱手而别。

五、膝生面疮，群医束手

后来知玄因德行高深，唐懿宗对他尊崇异常，封他为悟达国师，住持安国寺，声誉日隆。懿宗常纡尊降贵，亲临法席，并御赐沉香（一种很名贵的香）庄严宝座，恩礼优厚无与伦比。悟达此时就不觉生起一念——贡高我慢之心，而于德有损。就在此时，他忽然得了一种怪病，就是在膝盖上生了一个人面疮，眉目口齿样样俱全。传说，如用饮食喂它，竟能开口吞食，与常人无异。而每一饮啖就痛苦不堪，令人无法忍受。懿宗看到这个情形，就着急异常，为他遍召国内名医。结果，群医都束手无策。至此悟达国师全然绝望了。就在此际，灵光一闪，突然忆起那病僧临别之言，这是绝望中最后的一线希望，于是毅然决定离开京都，辞别懿宗，一路投奔西蜀而来。经千里跋涉，终于到了九陇山。那日，天色已晚，彳亍（chì chù）于山间野径，正在彷徨四顾之际，眼前忽然一亮，遥望远方有两株高耸的松树，在烟霭缥缈中直立云表，于是心中大为振奋，始信那病僧的话果然不虚。赶忙走向前去，只见两松背后崇楼宏宇，金碧交辉。一位面露慈祥之色的僧人早已站在寺门口候立着——正是暌违已久的那长安寺僧。二人久别重逢，自是喜不自胜。那僧人延请入寺，奉茶命餐殷勤接待，备尽地主之谊，并留他住宿。国师因告以所苦，那僧人听后，好像一切已成竹在胸，答道："不必担心，这寺外岩下有一处清泉，其水清洌异常，只要一经洗濯，就会即时痊愈的。"

六、掬水洗濯，《三昧水忏》

第二日黎明，那僧人就派一童子引路，带到山岩下清泉旁洗濯。传说，悟达国师伸臂掬水之际，岂料那人面疮竟突然出声嚷道："且慢！且慢！在未洗前，我得先告诉你这段因缘。你身为国师，博通古今，自当读过《汉书·袁盎晁错传》，也该知道其中有一段记载了袁盎杀晁错的事。"原来在西汉时，有袁盎、晁错两位大臣。盎素与晁错有怨，两人席不同坐，食不共语。晁错为人峭直深刻，学申商刑名，为人善智谋，时号"智囊"，景帝时为御史大夫，因建议削诸侯封地，致吴楚等七国造反，并以讨错为名。袁盎乃施借刀杀人之计，向景帝建言斩晁错以谢七国。帝乃斩错于东市（刑场）。人面疮接着又说："你就是当时的袁盎，我就是当时的晁错。错被腰斩于东市，无辜受戮，其冤之深当可想见！我累世亟求报仇的机缘。然而你十世以来，都身为高僧，戒律精严，冥冥中有戒神呵护，致我报仇之举，一直未能得逞。而今你受皇上宠遇优厚，名利心起，于阴德有亏，我就伺隙而入，遂得相害。现在承出世圣人迦诺迦尊者出面调解这个宿怨，洗我以三昧之水，令你我都得解脱。从今以后，不复与你为难了。为让你知所警惕，所以告诉你知道这事的前因后果，并愿共相勉之。"

传说悟达国师在聆听以后，心中不觉凛然，几于魂不附体，连忙掬水洗涤那人面疮。哪知一洗之下，令他痛彻骨髓，整个人闷绝过去，良久方苏。等到苏醒过来时，人面疮不知何时已神奇地消失了。即时就想返身瞻礼致敬，然而当他回首再望时，那金碧辉煌的崇楼宝殿，竟杳然不见踪迹了。于是就在该处建立一所寺院，从此在寺中精勤修持，以后就终老于此。为表示殷重之忏悔，因此述为本忏法，朝夕礼诵，得证道果，世人尊称他为陈菩萨。其忏法就是传诵至今的《三昧水忏》。

第三十章　放下烦恼、提起菩提的高僧
——布袋和尚

　　明州（今浙江宁波）奉化县，出了一位高僧——布袋和尚。他的姓名不详，已无可考，只听他自称名"契此"而已。他的身形看起来略显臃肿，大腹便便，貌若痴呆，行动迟缓，经常露出一个大肚皮，一副不修边幅的样子。说起话来，则是嬉笑怒骂，庄谐并出，人莫测其所以。平日随遇而安，寝卧居住没有定处。经常拿着一根木杖，背着一个布袋。诸凡一身所需的物品，尽贮藏于袋中。不论大街小巷、乡村聚落，无处没有他的足迹，真是"布袋无家处处家，一钵千家饭，孤身万里游"。随所到处，肉酱干脯、果肴粗粝，无所不纳。他每乞食后随意吃少许，其他都投入布袋中，因此大家都称他为"布袋和尚"。传说，在冬季，他经常卧在雪堆里，但冰雪却丝毫不能沾濡其身。看到的人，都觉得很奇怪。若遇天将下雨，他预先即穿湿草鞋，疾行于街道上；若遇天将大旱，他即拖着高齿木屐，在市中桥上坚卧不起。因此附近居民，以此也能预知晴雨水旱。

某日，布袋和尚又背着布袋，浪迹街头。遇见一位僧人，布袋和尚向那僧人乞一文钱，那僧人道："道得（意谓说得出佛法），就赏你一文。"和尚便不言语，实时放下身上布袋，叉手而立。僧人顿悟所以，欢喜施钱而去。

　　某日，又遇见一位白鹿和尚问他道："如何是布袋？"布袋和尚也不言语，当即放下布袋示意。白鹿接着又问道："如何是布袋下事（意谓放下布袋后，又将如何）？"和尚仍不言语，背着他的大布袋就走。

　　又某次，有一僧问道："如何是佛法大意？"布袋和尚不言不语，一仍惯例，放下手中布袋，叉手而立。那一僧人接着追问："只此而已吗？是否还有更上一着（指着高深的道理）？"师仍默然不发一语，又将布袋背起就走。

　　综览布袋和尚一生默行化度——"放下布袋"，意指看破世情，放下万缘（能出世）。"叉手而立"，表冷眼觑世，解脱自在；背负布袋就走，表能拿得起（能入世）；"不言语"，显示言语道断，心行处灭（非言语、思想所能形容），亦表不着相之意。荷担如来家业，必须直下承当。布施、持戒、忍辱、精进、般若、禅定，所谓"六度万行"。这些自度度他，利乐有情事业，何一不须担当，又何一可以着相。凡夫是：提得起（着相），放不下；小乘人是：放得下，提不起；大乘菩萨：既须放下（出世修养），又须提起（入世事业）；提起时，又不能着相。放下是"空"——真谛，提起是"有"——俗谛。空有圆融，真俗不二，所谓"中道第一义谛"是也。非言语所能说出，故不言语也。夫是之谓"佛法大意"。（诸恶莫作——放下；众善奉行——提起；自净其意——不着相——是诸佛教）。

布袋大师有歌曰：

只个心心心是佛，十方世界最灵物。

纵横妙用可怜生，一切不如心真实。

腾腾自在无所为，闲闲究竟出家儿。

若睹目前真大道，不见纤毫也大奇。

万法何殊心何异，何劳更用寻经义。

心王本自绝多知，智者只明无学地。

非圣非凡复若乎，不强分别圣情孤。

无价心珠本圆净，凡是异相妄空呼。

人能弘道道分明，无量清高称道情。

携锡若登故国路，莫愁诸处不闻声。

又有偈曰：

一钵千家饭，孤身万里游。

青目睹人少，问路白云头。

后梁末帝贞明三年三月，大师将示灭，就在岳林寺（浙江省宁波市奉化区。梁时所建，因布袋和尚常驻此而有名）东廊下，端坐磐石而说偈曰：

弥勒真弥勒，分身千百亿。

时时示时人，时人自不识。

说完此偈后，大师安然而化。其后不久，传说有人见大师仍背负那个布袋行走于大街小巷之中。于是世传其为弥勒佛化身之说，遂不胫而走。大家都绘其图像，流传各地。现在岳林寺大殿东堂内，大师全身画像仍保存无缺。吾人常在寺院入口处见有一笑容可掬、坦露大腹的和尚，便是弥勒佛。尝见一弥勒佛殿，所悬对联颇堪玩味，其词云：

开口常笑，笑天下可笑之人；

大腹能容，容世间难容之事。

又有一联与前联相似，并附于后，备供参照欣赏：

开口便笑，笑古笑今，万事付诸一笑；

大腹能容，容天容地，于人无所不容。

第三十一章　痴狂似愚、道行至深的高僧
——师蕴大师

　　释师蕴，宋金华人。个性率真坦诚，遇事多直言不讳。后梁龙德中，师与德韶禅师结侣游历，参名师，访胜境。先后至于北代清凉山，登苍梧，上祝融峰。其间韶师或随往或不往。其后师返回浙江，栖息于韶师佛寺。其为人也，稠人广众中，滑稽突梯，凡遇好戏谑人的，则与之亲近，如胶似漆。故一般以高风亮节自持者，均不屑与之为伍。唯韶师一人默而识之，对人说道："蕴公为人痴狂似愚，然其道行之深，吾不得测其边际也。"盖韶师默察蕴师潜修密行，不为人知也。

　　某日，蕴师对大众道："吾生无益于人，自当去矣！"宋开宝六年七月，无疾坐终，如入禅定。蕴师平生不言姓氏年龄，有人以容貌观察，卒时年当在八十左右。

第三十二章　妙高台上一念廿世的高僧
——妙高禅师

　　妙高禅师，宋朝人，因居妙高台而得名，师乃奉化雪窦寺最初之创修者。师出家后，为求悟法门深旨，勇猛精进，于参禅功夫始终不懈。虽日久功深，然而却昏沉依然。师生死心切，亟思对治，遂发狠心，至妙高台上静坐，藉资警策，台上仅容一人，位于峭壁上，稍一不慎，即成终身恨事。师如是日日在台上用功，丝毫不敢掉以轻心。如是多日，果能收摄身心。然而，日久后，昏沉又犯。传说某日，在静中沉沉欲睡，一不留神，竟栽下台去。可是正当落至半山腰，勿觉有人以双手接捧，并托送台上。师惊问道："汝为何人？"空中有声曰："我是护法韦驮（专司护法之神）！"妙高心喜，遂不觉兴一念我慢之心——自以为能修行至韦驮菩萨都来护持，若自己这般的人世间必不多见。遂问道："像我这般行持的，世间有几？"韦驮答道："像你这般的行持者，其数之多，过于恒河沙。但因汝这一念贡高我慢心生，吾二十世（一世指一生）不再护汝之法！"妙高听后，心生愧悔，不觉痛哭流涕，至诚恳切，忏罪不已。继又兴念："吾今虽不蒙菩萨护法，但为出离生死，纵然摔死，亦终不下此座一步！"此后更加精勤刻励，不敢或懈。但未久，又因功夫未熟，在静中不自觉陷入昏沉而摔落下台。师落至半空中已经惊醒，自以为必死无疑。不意，在将落地之刹那，竟又被人捧接送回台上。妙高惊讶之余又问："接我者何人？"空中答道："护法韦驮！"师说："菩萨不言二十世不再护我的法吗？"韦驮答道："因师一念惭悔之心，便已超越二十世矣！"师于言下豁然开悟了。

其后，师倍加精进，不久诵经时，传说梵音之深远竟达于数千里之外。宋太后于宫中，日日听闻一清亮之木鱼梵唱声自远传入耳际，颇感惊奇，并于睡梦中亦时见大师僧相，但总不见其人，更不知其人现居何处。遂遣人遍觅宫内外及方圆数里之内，均不得要领。遂请画师图形画像，并遍下圣旨令四方按图索骥（按像寻人），终于在妙高台上寻得。太后一见知是有德高僧，即敕令为师修寺一座，其寺即今浙江奉化雪窦寺。

【附注】

① 当念，指现前一念。"十世古今，不离当念"句，指时间乃念（一念）、劫（长劫——极长时间）圆融。微尘，极细微的尘土；刹土，即是国土（指一佛化土，为一大千世界）；毫端，指毫毛之端。"微尘刹土，不隔毫端"句，指空间之大小无碍。

第三十三章　游戏生死、去住自在的高僧
——洞老祖师

　　宋文潞公（文彦博）坐镇北京（今河北大名县）时，洞老来相谒别。公曰："法师老矣，复何所往乎？"对曰："入灭去也！"文公以为老和尚不过戏谑之语而已。回家后与其子弟言洞老道韵深稳，早契妙道，游戏人生，谈笑有味，非常僧可比。及再遣人前往探窥洞老，果已寂然入灭。文公不觉叹异久之。

　　京兆智晖禅师，与节度使王彦超有旧。一日，师来相道别，临行嘱以护持佛法。彦超依依不舍说："师遂忍弃弟子不顾吗？"师笑道："即使再留世一千年，亦终需一别呀！"说毕，乃跏趺而化。

　　汾阳善照禅师，一日，令设馔整顿行装，并且宣告于众说："老僧将去，哪一个人随得了？"一僧挺身而出说："某可随。"师问说："汝日行几里？"答道："五十里！"师摇首道："汝随我不得。"又有一僧出于众人之前说道："某可日行七十里，当可相随。"师曰："汝亦随我不得。"侍者自旁出身说道："某可随得，

只要和尚至处，我即可至。"师颔首许之，说道："汝乃可随得老僧。"说毕，乃顾侍者说："我先走了！"传说，师即于餐桌上，停箸（放下筷子）而逝，侍者亦立即立化于侧。

唐宪宗屡次征召汾州无业禅师，师皆以疾相辞谢。后来穆宗即位，亟思一瞻礼示敬，乃命专使携带诏书前往迎请。专使至师所，作礼说道："皇上此番恩旨，非比寻常，愿和尚不可更辞以疾。"师微笑说："贫僧何德，致烦累圣主如此。且请先行，吾即从别道前往赴诏。"专使去后，乃澡身剃发，召集寺中大众告别，是日中夜，遂跏趺而逝。

佛手行因禅师，一日宣告众僧说："今日中午，我要走了。"及午，僧报师说："中午到了！"传说，师即下床，行数步，屹然立化。

仰山禅师将示寂，升座说偈曰："年满七十七，无常在今日。日轮正当午，两手攀屈膝。"言讫，以两手抱膝而终。

第三十四章　狗子有无佛性的公案
——赵州从谂和尚

有某僧问宋赵州从谂和尚道："狗子还有佛性也无？"

"无！"师回答。

"上自诸佛，下至蝼蚁，皆有佛性，狗子为什么却无？"僧人振振有词地说。

"为伊业识性在！"师解释道。

又某日有某僧又问同样的问题道："狗子还有佛性也否？"

"有！"师的回答却与上次完全相反。

"既有佛性为什么撞入这个皮袋（佛家称众生之业报身为臭皮囊。此句意谓：既有佛性，为何仍然痴迷地投入狗身）？"僧人又问道。

"为他知而故犯！"

此则公案全在破除有无的迷执。同一问题，一则回答曰："有！"一则回答曰："无！"二者似乎自相矛盾。实则，此全系应机而说法罢了。

禅师应机说法，方便善诱，本无成规可循。其内容纵不同，其目的则一也。兹举数则，以概其余：

僧问香林禅师曰："如何是祖师西来意？"

师曰："坐久成劳。"（《空谷集》）

僧问赵州和尚："如何是祖师西来意？"

师云："板齿生毛。"（《空谷集》）

僧问九峰禅师："如何是祖师西来意？"

师云："一寸龟毛重九斤。"（《空谷集》）

龙牙问洞山禅师："如何是祖师西来意？"

师云："待洞水逆流，即向汝道。"（《空谷集》）

僧洛浦禅师问："如何是祖师西来意？"

师云："青岚覆处，出岫藏峰；白日辉时，碧潭无影。"（《虚堂录》）

以上数则公案中，对同一个问题——"如何是祖师西来意？"答案都不同，而且往往答非所问。视"狗子佛性"公案，益令人感到迷惑。实则，禅门以"直指心性，见性成佛"为宗旨，以为文字、语言、经教、佛像，都不可执着以为究竟。强调当下即是，否则，即为舍本而逐末了。《庄子》云："得鱼而忘筌，得兔而忘蹄"（筌，香草，为饵鱼之物；蹄，捕兔之器）。《老子》云："道可道，非常道；名可名，非常名。"都是得意忘言之意。《金刚经》云："法尚应舍，何况非法？"直言法不过是工具而已，不必执着。

第三十五章　独识大体的英灵衲子
——佛印禅师

　　宋南康云居山佛印禅师，名了元，字觉老，江西饶州浮梁林氏子，家世历代皆为书香门第。传说师诞生之时，祥光遍照，须发爪齿，宛然具体。幼年即风骨英爽隽拔，三岁就能念诵《论语》，出言成章，语合经史，五岁时即能诵诗三千首，因此博得神童之美誉。及长，从师读五经，略通大义，并博览群籍，洞明古今，才思俊迈，气度风韵尤为闲雅飘逸。后读《楞严经》，志慕空宗妙理，于是尽弃旧学，未几投师出家。出家后读诵大经，于实相妙理更能圆融体悟，由是感悟夙习，遂遍参明师。十九岁时参访圆通寺居讷禅师，讷师对他赞赏有加，叹许为佛门才俊。不久，适逢江西九江承天寺住持出缺，讷师即向郡守推举佛印。郡守嫌他年轻识浅，恐不堪寺职，讷师极力推荐道："了元虽属年少，但其德行高迈，纵有千万老衲，也未必抵得过他。"因此佛印就以二十八岁的年纪出任承天寺的住持。

　　其后，佛印参访至庐山，侍从开先寺善暹禅师法席。暹师于人少所许可，独于师称赏有加。师深入研究空宗教理，慧解精到，因而得嗣开先法门宗匠，一时为四方誉为"英灵衲子"。由于佛印乃江西名门出身，常以文章诗句与当时缁素名士相与酬酢，其中尤与"诗文书画"俱佳的苏学士东坡交契最深，这一僧一俗往来的应酬文字最为脍炙人口。兹特检录数则于后，仅供参研。

东坡谪居黄州，佛印住庐山归宗寺，二人为方外交。等到佛印移住金山寺①时，正值东坡上任杭州县令，道经金山寺，便往访佛印。适逢佛印与其弟子入室，弟子各各入座，已无虚席。师曰："此间已无坐处！"东坡禅趣大发地说道："可否暂借和尚四大为禅床？"佛印曰："山僧出一转语（禅门机锋转语），若能不假思索，即时答出，即请就座。倘尚待思索而后回答，就请留下居士腰间玉带。"东坡素称捷才，自信十足，就欣然对曰："愿即赐问！"佛印问道："苏大学士拟借山僧四大为禅床，怎奈山僧四大本空，五阴非有，请问居士将于何处借坐呢？"东坡一时为之语塞，正待思索，佛印即喝令侍者："收取玉带，永镇山门。"

佛印禅师五十五岁时，高丽僧统（管理佛教之官）义天，渡海来到中国，到处问法受道。诸方大德殷勤迎接，有若接待王臣一般。其后，义天来到金山进谒，佛印端坐禅床，安坐受其大礼展拜。馆伴（馆：客舍，古时公家所设立，以待宾客之所。馆伴即迎伴宾客者）杨杰非常惊讶，就向前相问何不以厚礼相答拜，佛印说："义天虽是外国的出家人，既是出家人，到了十方丛林，自然依循出家之规矩，不能更改。众姓出家，同样都被称释门佛子，自无贵贱之分。难道看到异国出家人还要问他是否为释门的贵族吗？"杨杰回答说："以此卑屈之礼待客是很少见的，虽然佛释门中规矩森严，但接待外宾不能失礼，这是要看什么场合，适宜与否。觉老这样不同一般诸方大德，难道真是觉老的本意吗？"佛印正色说："当然不同！委屈正道以顺世俗，是修道者所不为的。似这般有辱法门大体，诸方大德即已先失一只眼（未能把握原则，站稳立场），若不保持这种泱泱华夏国格，将何以显示我们华夏大国足可令人师法之处呢？"朝廷听闻之后，以师为真识大体。

佛印禅师曾游京师，天子久闻其名，就赐以高丽所贡上等衲衣一件。见者都以为异数（宠遇优厚异于寻常），有客就对师说道："若举此衲衣而振之，则天下四方，都在吾针孔线蹊中了！"佛印欣然笑道："你所见尚浅。我以法眼观察，一一针孔有无量世界，一一世界充满无量众生，每一众生所有毛孔所衣之衣，针孔线蹊，又悉有世界。如是辗转，经八十次，吾佛光明之所照，吾君圣德之所被，如以大海注一毛窍，如以大地塞一针孔。如是，则天下四方之说，又何足道哉！当知此衲衣，非大非小，非短非长，非重非轻，非薄非厚，非色非空。即使天寒冻堕手指，此衲衣不寒；炎火烁石流金（销烁岩石，金变流质），此衲衣不热；劫火焚灼，此衲衣不坏。总之，此衲衣表至高极妙之殊胜境界，不可用思议心理解。"东坡公闻后，称赞道："匣（藏物器之小者。此处当动词用，谓放在匣中）而藏之，见衲而不见师；衣而不匣，见师而不见衲；唯师与衲，非一非二；分别即差。"

宋初的禅宗祖师，多主张融合儒佛二家，其中最具代表性的便是云门宗。但该宗比较倾向与上流知识分子的接引摄化，而忽略了唐以来深入民间的信仰。此中能够弥补此一情势的，就是佛印了元禅师。佛印曾九坐道场，广演大法，深令四众弟子敬仰，声名震动朝野。宋神宗皇帝特别敕赐高丽所贡磨衲金钵，以旌表其德。佛印于二十八岁出主江西九江承天寺后，辗转迁移到淮山斗方，庐山开元、归宗，丹霞金山、焦山，江西仰山等。住过云居四次，前后四十年，德化广被，后于哲宗元符元年示寂。

——本篇参考《佛祖历代通载》及《佛法金汤编》

【附注】

① 金山寺：江苏镇江金山寺，创建于东晋，自唐朝以后，通称金山寺。殿宇楼台倚山而建，辉煌壮丽，气势雄伟。宋佛印了元曾住该寺，与东坡问答，因而有名。《白蛇传》中之金山寺亦指此，故向为国内佛教禅宗名寺。

第三十六章　贯穿儒佛、融通性相的高僧
——憨山大师

一、听讲《华严》，顿悟法界

　　憨山大师，名叫德清，俗姓蔡，安徽全椒人。父名彦高，母洪氏。师生时，其母梦见观音大士抱送佳儿而生。七岁时，叔父去世，遗体停放床上，师心中感到疑怪，乃问其母道："叔父何往？"然而却不得要领。师从此就对生死问题深抱困惑。九岁时，师就能背诵《观世音菩萨普门品》。年十二，就辞亲进入报恩寺，依止西林和尚。内江赵文肃公见他相貌异常，就摩其顶说："此儿异日必为天人师！"师年十九时剃发受比丘戒，听讲《华严玄谈》，至"十玄门，海印森罗常住处"——所谓"十玄门"者，乃华严所示"事事无碍法界"之相——（一）同时具足相应门（如海水一滴，具百川味）；（二）广狭自在无碍门（如一尺之镜，现千里影）；（三）一多相容不同门（如一室千烛，光光涉入）；

（四）诸法相即自在门（如金与金色，不相舍离）；（五）秘密隐显俱成门（如铸金为狮，互为隐显）；（六）微细相容安立门（如瓶盛芥子，炳然齐现）；（七）因陀罗网境界门（如宝珠之网，递互交光）；（八）托事显法生解门（如擎拳竖臂，触目皆道）；（九）十世隔法异成门（如一夕之梦，翱翔百年）；（十）主伴圆明具德门（如净空明月，近远炳现）——即大悟法界圆融无尽的境界。

其后又随从云谷会禅师于天界寺，发愤参究。因精进过度，以至疽发于背，痛苦异常。于是祈祷于伽蓝护法神，发心诵《华严经》十遍，欲假三月以圆满此愿，祈祷后便就枕熟睡。传说第二天清晨起来，疽病竟完全康复了。在此一月的禅期中，恍惚如在梦中；出行在外，也俨然若在禅定中一般，竟不见有一人。

憨师在天界寺听讲佛经时，见到寺里的厕所打扫得异常干净。因暗想此处管理东净（俗称厕所）的，必定不是一位平常人，于是特地前往叩门拜访。而来应门的，竟然是一位面黄肌瘦、毫不起眼的病僧。但从病僧双目透出的慑人的光芒中，可以看出其人必是"暖暖内含光"的有道之士。二人一见即十分投契，因此就相与定好参访名山古刹之约。哪知第二天清晨，那僧人竟已飘然远去了。后经旁人口中得知，此僧就是妙峰登公。

二、欲得梅香，弃暖就寒

憨师因江南地方风候和暖，自思欲得扑鼻的梅香，便该到风雪霜寒的北国天地去历经一番寒彻骨的磨炼，于是就携着单瓢只杖毅然向北而去。正是"一钵千家饭，孤身万里游"。师曾发豪语云："只此一钵，可抵万钟厚禄。"当他满面风霜地行抵京师时，见到一位苦行僧，身着敝衣，须发蓬松，飘然而至。憨师一见那对激射的眸子，就立刻辨出他不是别人，正是妙峰登公。二人见面，相视而笑，莫逆于心。随后二人联袂遍参明师，先参遍融，融只是张目直视二人，更无他语相示。接着又参笑岩，岩问师："从哪里来？"师答道："南方来。"岩又问："记得来时路否？"师答道："一过便休。"正是"即今休去便休去，若觅了时无了时"。笑岩说道："你却来路分明。"

三、水流花谢，鼻孔向下

第二年，师与妙峰结冬于蒲阪，阅僧肇的《物不迁论》，当下顿悟，即作偈言："死生昼夜，水流花谢。今日方知，鼻孔向下（当下即是、原来如此、法尔如是）。"妙峰问憨师有何所得，师说："夜来见河中两铁牛相斗入水中去，至今绝无消息（二牛相斗，当指'以幻修幻，譬如钻火，两木相因，火出木尽，灰飞烟灭'——语出《圆觉经》。盖谓妄念——能念所念俱泯之意）。"
妙峰听后说："且喜从此有住山本钱了。"

四、闹中取静，耳根圆通

不久，憨师隐居在北台的龙门，住处有老屋数间。在万山冰雪中，每届春夏之交，流澌冲击，静中，其声充耳如有万马奔驰。于是就问妙峰，如何在这环境中修行。妙峰就举出从前有人不转意根（意根不随六尘境界流转），三十年闻水声，终证观音耳根圆通的境界。憨师闻后颇有感悟，于是每日危坐溪旁以验参悟境界。最初只闻得流水声宛然在耳，如是久之。一日，蓦地浑然忘却己身所在，只觉天地万籁俱寂，从此水声不复聒耳。某日早粥过后，正在经行（佛门规矩：凡在斋后或静坐后，必起立或缓步或急走一会儿，叫作"经行"。经行可以舒活筋骨，调和身心，颇有利修行），忽然驻立原地不动，澈然洞见身心世界一片光明，莹然有如大圆镜，山河大地影现其中，清晰异常。恍如大梦之初觉，身心湛然寂静，了不可得。此当为大悟的征验，但师并不以此自满，从此更加精勤，功行倍昔。

后憨师游山西雁门，雁门兵使胡君请他赋诗。传说他才一构思，就觉得诗句直逼喉吻，从前记诵见闻，一瞬间全然现前，只觉浑身是口，不能尽吐。师知此境不可执着，这是所谓禅病之一种，唯有熟睡可以消解。于是拥着衲衣（僧衣）结跏趺（静坐）。一坐五昼夜，胡君用力撼之不动，于是鸣鼓击钟，乃使他出定。憨师此时恍如大死之重生，其乐无可言喻。

传说师曾刺血书写《华严经》，佛号直随丹青而下。虽然口中诵念不辍、手下不停书写，无不历历分明净念相继，师的精勤诚敬由此可以想见了。

五、染有生死，净无诸佛

传说师尝梦中与妙峰二人侍立清凉大师左右，聆听开示，至"法界圆融观"境，就随文入观，而其境界实时就显现于目前。师又曾梦见上登弥勒内院听闻佛法："分别是识，无分别是智。依识染，依智净。染有生死，净无诸佛。"自此识智之分，就了然于心了。

师因兴建祈储道场，太后命赐内帑（国库）三千金。憨师固辞说："古时有矫诏赈饥的事，如今不妨模仿，借此以广圣慈于饥民，不是更能普利众生吗？"于是使者依言而行，赈灾后持赈籍还报。太后感叹憨师的慈悲仁恻，乃特别为师兴建报恩寺一座，并赐匾额"海印"二字。憨师除亲自到京师谢恩外，并为报恩寺请置《藏经》一部。皇上即时命师赍送《藏经》回寺。传说迎经之日，寺塔放光竟日，光如虹桥粲然，殊胜无比，《藏经》就在神光之照耀下运抵寺门。

六、死生自在，幻躯勿恋

后憨师结庵于庐山五乳峰下，效仿慧远六时刻漏（计时），专修净业。居止四年后，复往曹溪（广东曲江），复兴六祖道场。明熹宗天启三年，宣化公来访，对师说："以师色力看来，不难高登期颐（百岁）之年。若令师历二十余年，如弹指顷而已！"憨师笑道："老僧世缘将尽，幻身色质岂足沾恋把玩（戏弄）呢？"二人相别后五日，憨师果然示微疾。韶阳太守张君来相探望，憨师力辞医药，坐卧语言一切无异平时。于是沐浴焚香，集众告别，正襟端坐而逝，世寿七十八，僧腊五十九。传说此时，曹溪的水忽然尽皆干涸，百鸟无不哀鸣，夜晚有异光烛照满天。三日后，将憨师遗体移入龛（僧棺）中。但见憨师颜容泛红，须发皆长，鼻端尚发微汗，手足柔软如绵。

七、德泽万物，普利群生

憨师长身魁硕，气宇堂堂。凡所到处，德泽必及于物，法化必普利众生。并能善巧运用，如日之暄（暖也）、雨之润。其平生法化利益群生之事不知凡几，而人多不知。如某次山东闹饥荒，师尽出米仓中的存粮，亲自随舟至辽东，赈救济民，使他们脱于饥饿之苦。某次曹溪瘟疫流行，路上死者相枕藉（交相枕而卧，喻死亡之多也）。师恻然悲悯，亲率大众掩埋亡尸，以免瘟疫泛滥。并广作荐亡超度法会，以超荐冤魂野鬼。传说师至诚所感，天大雨流注，平地积水三尺，转瞬水退，疠气立时消解。其他排难解纷、消患于无形的事，实不暇一一细举了。

憨师乘大愿轮，以大悲智，入烦恼海；以无畏力，处生死流中，并随缘现身，应机接物。其生以弘法利生为己任，其所释经论，全得自真参实修，故能直指心源，绝诸依傍，真俗圆融，解行并进。其说不仅欲沟通儒释，并且要贯穿禅与华严，融合性相，会归一心。其著作颇富，主要有：《华严纲要》《法华经通议》《楞严悬解》《楞伽笔记》《圆觉经直解》《起信解》《唯识解》《肇论注》《憨山语录》《大学中庸直指》《春秋左氏传心法》《观老庄影响论》等。

第三十七章　释门真孝、四度刲肱的高僧
——蕅益大师

一、焚辟佛论，发心出家

蕅益智旭大师，俗姓钟，名际明，字振之，又字蕅益，号灵峰，又号智旭，江苏吴县人。母金氏，其父岐仲公，持《白衣大悲咒》十年，传说其梦观音大士送子而生，是年为明万历二十七年五月三日亥时。师七岁时即茹素，十二岁时，出就外傅（教学之师），即听闻圣贤之学，慨然以千古自任，誓灭释老，开荤酒之戒，并作论数十篇辟异端，且夜梦与孔、颜晤言。至十七岁时，因阅读莲池大师所作之《自知录》及《竹窗随笔》，大受感动，知往日辟佛之非，乃不复谤佛。在深深忏悔之余，取所著辟佛论悉付一炬。二十岁时，诠释《论语》至"天下归仁"，竟不能下笔，废寝忘餐三昼夜，因而大悟孔、颜心法。是年冬天，丧父，因听闻《地藏本愿经》，乃发出世心。从此专志念佛，尽焚

窗稿二千余篇。后听《楞严经》，谓"世界在空，空生大觉"，由是遂起疑惑：何故有此大觉，致为空界张本？于是心中迷闷不解，又加昏沉散乱等障碍，功夫不能成片，因此决意出家，以体察参究大事。

二、三梦憨山，自恨缘悭

传说师二十四岁时，某日梦见自己瞻拜憨山大师，思慕大师德行，深恨缘悭，不禁痛哭流涕。憨师慰言："此系苦果，应知苦因。"语尚未毕，益师即应口答道："弟子志求最上乘，不愿听闻小乘的四谛法。"憨师说："且喜居士有向上之志，异常难得，将来即不能如黄檗、临济二位禅师之高妙，也可如岩头、德山（唐高僧，所谓'临济喝，德山棒'，此乃禅门棒喝的来由）之超悟。"益师正待细问，此时骤然惊醒，始知原来竟是一场幻梦。继而一想，古德岂有高下之分？这种念头无非是妄想分别，凡夫之见罢了！就在这个月里，曾连续三度梦见憨师。当时憨师远在曹溪，不能就近亲近，于是就跟从憨师门人雪岭出家，命名智旭。

三、用心参究，豁通性相

这年夏秋间，师在云栖听古德法师讲《唯识论》。一听之后，对法相奥旨固已了了分明，但内心不禁生疑：佛理本相圆融，法相奥旨是否会与《楞严经》宗旨互相矛盾呢？因此实时起座发问，古德法师答道："性相二宗，不许和会。"师听后更感疑怪：难道佛法真谛，竟能歧而为二吗？于是遂直接前往径山坐禅。次年夏日间，由于精勤修持，逼拶功极，身心世界忽皆消殒，因知此众缘和合之身从无始来，当处出生，随处灭尽。而妄想本身，六尘影像，刹那念念不住，的确非从父母所生。从此性相两宗，一齐透彻，知其本无矛盾。是时一切经论、一切公案，无不炳然现前。

四、欲救母疾，四度刲肱

明万历己未，师就星象家求问母寿，得知其母于六十二岁节限即到。遂于佛前立深誓愿，愿减己寿，薄己功名，必冀母臻上寿。明熹宗天启四年正月，师于三宝前燃香刺血，为母求寿。劝母勿事劳心，唯以努力念佛，求出轮回。后其母病势沉笃，师曾四度刲（割也）肱（手臂，自肘至腕之部分），冀图挽救母命，但终因病重不治。益师大恸，痛彻肺腑，遂哀泣安丧尽礼。嗣后，每逢周年忌日，必诵经、回向、发愿、超度。昔佛陀在世，证得佛果后，即升忉利天，化度其母。并有《佛说父母恩重难报经》，特别阐扬孝道。又有《佛说盂兰盆经》，叙述目莲证得罗汉，首先救度其母出于幽冥之事。在在说明佛门注重孝道，不亚于儒门，此二部经，乃佛门之孝经，为人传诵至今。益师前此既悟此身非父母所生，而又刲肱救母，哀礼尽孝，足证释门虽是舍俗出家，但其孝道仍不离俗。乃是以世间俗谛，成就出世真谛。所谓"真俗不二"又得一明证。

五、欲振像季，决心宏戒

益师在廿六岁即受菩萨戒，发心看大小律藏。其师说："你已受大乘法，何更习小乘教？"益师答道："譬如四级重楼，安可废下级，而先登上级呢？"其师说："现在你既到上级，岂必再缘下级呢？"益师又答道："自利利他，登高自卑，本末之际固不可废；况佛原不离寂场，安可强分上下高低呢？"

益师于二十七岁时阅览律藏一遍，奠定律学基础。方知举世积伪，虚浮不实，都由于律学久废的缘故。其在驰函奉达其师书中，痛陈像季[①]，正法衰替，戒律不明，情词恳切。后至金陵盘桓日久，尽知宗门（禅门）当时流弊，在于无有正见，唯知高谈禅理，而忽视戒律，乃决心以宏戒为己任。益师律学虽精，而自谓"烦恼习气强，而躬行多玷，故誓言不为和尚（亲教师，称和尚，此处指教戒之师）"三业未净，谬有知律之名，耻名过其实"。古德之谦恭自抑，往往如此。

六、宁冻饿死，不赶经忏

益师一生不求名闻。其决意出家时，先发三愿：一、未证无生法忍②，不收徒众。二、不登高座。三、宁冻饿死，不为长养色身而诵经礼忏及化缘。将出家，与叔言别诗云："世变不可测，此心千古然；无限他山意，叮咛不在言。"母舅也问道："吾甥不屑为世谛世俗名闻，将出家做善知识吗（知识指明师，谓夫人之患，在好为人师。其语盖有微讽之意）？"益师说："佛且不执，何况其他呢！"母舅说："既然如此，又何必出家呢？"益师说："只求复我本来面目。"母舅叹善不已。

七、行立坐卧，无非是道

益师初出家时，与新伊法主为忘年交，每一聚首，辄畅相互谈佛法，晓夜弗置。此时，剃度师令作务三年，其时因急欲功夫成片，不曾依师训而行。久之，始知功夫成片，仍可作务，因悟"行立坐卧、担柴运水无非是道"。

益师自母丧后，即焚弃笔砚，矢志深山，闭关修行。闭关期间突患大病，乃以参禅功夫求生净土。出关后，在龙居阅藏，遇惺谷、交归二师，于是深得同参道友共修之益，并共同结冬修行。是年，刺舌血书大乘经律，撰刺血书经愿文，及书佛名经回向文。崇祯辛未八月，惺谷师示寂于佛诞日。惺师病时，大师割股救之，并赋偈云："幻缘和合受兹身，欲剜千疮愧未能；爪许薄皮聊供奉，用酬严惮切磋恩。"乙亥春，于祥符，晤影渠、道山二师，为莫逆交。是年冬，大师患重病，二师尽力调治，不啻兄弟母子之情。古人笃于友谊，虽造次颠沛，弥见真挚。

八、结众生缘，精修净业

大师因研究宗派，不能自决，于是在佛前拈阄，以定取舍。宗华严、宗天台、宗法相、自立宗，频拈均得台宗之阄，于是决定究心天台，唯不肯自居台家子孙。因当时台家与禅宗、华严、法相诸宗各执门庭，不能和合，故不欲分门别派，以免徒滋纷扰。师自三十七岁后，安化诸方，五十七岁圆寂于灵峰。诸弟子请成时师辑成《灵峰宗论》，其他如《阅藏知律》《相宗八要直解》《净土十要》《唯识心要》《圆觉经新疏》《楞伽义疏》《梵网合注》《大乘止观释要》《大涅槃合论》《四阿含节要》等书，一生著述宏富，后人并与《灵峰宗论》共收入《蕅益大师全集》中。

智旭，是大师法讳。旭，为清晨东升之日。其师以益师智慧，譬如东升之日，能破大夜之昏，光明遍照。

蕅益，乃是大师精修净业之号。蕅，为莲之因，由蕅而生荷，开花结莲；莲，即蕅之果。意思是：以种蕅而得莲之益。而今大师修持净业，专志念佛，自有往生九品莲花，横超三界（欲界、色界、无色界），直趣菩提之益。

益师一生以宏律为己任，博通经教，学宗天台，并通华严、法相，对内融会性、相、禅、净，对外调和儒、佛，圆融真俗二谛。师平日虽研教理，但开示学者，勿徒在文字、语言下作计，尝云："《指月录》盛行，而禅道坏；《四教仪》流传，而台宗昧。"以为譬如执死方以应诸病，未见其可。

蕅益大师法语很多，兹举其开示念佛法门一段，最能代表其中心思想，其言恳切而直截：

念佛法门，别无奇特，只要深信力行耳。佛云："若人但念阿弥陀佛，是名无上深妙禅。"天台云："四种三昧，同名念佛，念佛三昧，三昧中王。"云栖莲池大师云："一句阿弥陀，该罗八教（藏、通、别、圆、秘密、顿、渐、不定），圆摄五宗（大乘五宗——天台、华严、法相、三论、律）。可惜今人将念佛看作浅近勾当，谓愚夫愚妇功夫。所以信既不深，行亦不力，终日悠悠，净功莫克。设有巧设方便，欲深明此中三昧者，动以参禅谁字为向上。殊不知现前一念能念之心，本自离过绝非，不消作意离绝。

即现前一句所念之佛，亦自超情离计（计者，计较之心；情者，情识，指分别心），何劳说妙谈玄。只贵信得及，守得隐，直下念去，或昼夜十万，或五万三万，以决定不缺为准。毕此一生，誓无变改。若不得往生，三世诸佛便为诳语。一得往生，永无退转，种种法门，咸得现前。切忌今日张三，明日李四。遇教下人，又思寻章摘句；遇宗门人，又思参究问答；遇持律人，又思搭衣用钵。此则头头不了，帐帐不清。岂知念得阿弥陀佛熟，三藏十二部极则教理，都在里许；千七百公案，向上机关，亦在里许；三千威仪，八万细行，三聚净戒（摄律仪戒、摄善法戒、摄众生戒），亦在里许。真能念佛，放下身心世界，即大布施；真能念佛，不复起贪嗔痴，即大持戒；真能念佛，不计是非人我，即大忍辱；真能念佛，不稍间断夹杂，即大精进；真能念佛，不复妄想驰逐，即大禅定；真能念佛，不为他歧所惑，即大智慧。试自检点，若身心世界犹未放下，贪嗔痴念犹自现起，是非人我犹自挂怀，间断夹杂犹未除尽，妄想驰逐犹未永灭，种种他歧犹能惑志，便不为真念佛也。要到一心不乱境界，亦无他术。最初下手，须用数珠，记得分明，刻定课程，决定无缺，久久纯熟，不念自念。然后记数亦得，不记亦得。若初心便要说好看话，与不着相，要学圆融自在，总是信不深、行不力。饶汝讲得十二分教，下得千七百转语，皆是生死岸边事。临命终时，绝用不着。珍重！

308

【附注】

① 指像法期。佛陀教化之法缘可分三时期：一、正法期——一千年，戒律成就（身口意三业清净）。二、像法期——一千年，禅定成就（明心见性）。三、末法期——一万年，净业成就（修念佛带业往生）。

② 忍者可分为三：一、生忍。二、法忍。三、无生法忍。一、生忍（众生忍）：1. 于人之恭敬、供养、种种顺境，忍而不执着；2. 于人之瞋骂、打害、种种逆境，忍而不瞋恼——观人而忍。二、法忍（苦行忍）：1. 于心法：瞋恚、忧愁、悲哀、郁闷等烦恼，忍而不执；2. 于非心法：寒热、风雨、饥渴、衰老、病死，忍而不执——观法而忍。三、无生法忍（观察法忍）：谛观诸法，缘生性空，安住于无生法理，专注不动——观空而忍。"忍"与"慈"二者本相辅相成，慈必具忍，忍为慈本，慈忍二心，修法相通。慈亦可分为三，"三慈"参阅《云谷禅师传》注。

第三十八章　栖心净土、三教融通的高僧
——莲池大师

一、感悟浮生，立志出世

　　莲池大师名袾宏，字佛慧，别号莲池（代表西方净土），表示他栖心净土誓志西归的意愿。师俗姓沈，浙江仁和人，家世历代为名门巨族。父名德鉴，母周氏。大师天生颖悟异常，一向对世情都看得很淡泊。年十七时为诸生（即儒生，每以称在学之士），学问品行都为人所推崇。但是他志在出世，特别书写"生死事大"四字于案头，时时提撕，以自策励。平时不论从游讲艺，一定归宗于佛理。师在家中禁绝杀生，每逢祭祀，一定用素食代替。平日常感叹地说："生命的短暂像白驹过隙一般，浮生若梦，欢乐能有几时呢？一息不来便同隔世，怎能终身汲汲于功名富贵，忘却'生死大事'而空过一生呢？"

二、夫妇同心，共了世缘

师原配张氏，生有一子，但不幸夭折，张氏不久也去世了。他当时本无续弦之念头，可是其母迫其再娶，以免绝后，在母命难违之下又娶汤氏为妻。汤氏出身贫寒，平日持斋茹素，人颇贤惠。大师虽与汤氏结亲，但始终未行夫妻之礼。师卅一岁时，父母先后丧亡，在哀悼涕泣之余，便说道："亲恩之深，昊天罔极，吾当出世以报答历世父母之恩！"于是出俗修道的决心就此更加坚决了。

有一天，师命汤氏沏茶。当汤氏捧着茶杯放置桌上时，一不留神竟把茶碗碰破了。师知因缘成熟，便含笑说道："人事无常，天下因缘亦复如此，未有不散之道。"第二年某天，师就跟汤氏诀别说："世间夫妻纵然恩爱，也总有缘尽的一天，正像那同林之鸟，一俟大限到来，就各自分飞了。夫妻间的感情不论如何如胶似漆，生死一到，谁也替不了谁。为追求人生的真谛，我将效法古德，欲离这三界火宅而出家修行。我平日之思想意念，你素所深知，毋待我多所辞费，望你好自为之！"汤氏本即早契佛理，就勉励丈夫说道："家中一切我自会安排，君不妨先行，一等俗事料理妥当，我将步君之后尘，随君出家。"

三、参谒遍融，切戒名利

师遂辞别妻子，直接投靠性天理和尚落发，并在昭庆寺无尘玉律师下就坛受比丘戒。不久，就携着单瓢只杖，游方各地，历名刹古寺，遍参善知识，寻访正道。历名刹古寺，这一路上，师曾北游五台山，感文殊菩萨放光说法；又到伏牛山，随大众修行磨炼，旋又参谒禅门名师遍融、笑严两大长老，启发尤多。在参访遍融时，师随众至诚礼敬，三步一拜，战战兢兢，丝毫不敢稍有放逸，如是达于寺门。当进谒遍融时，大众屏息凝神，等待大师的开示。只见大师闭目默然，良久未发一言，俟大众数数启请后，大师始缓缓张目，从容发语道："诸位不远千里而至，当系为法而来。可惜我处无甚深微之理以相告慰。只有一语相诚！道德乃丛林之本，衲子则为法门所系。汝等切莫贪名图利，更勿进出权贵要门。专心一意办道，老来尤当韬光隐晦，坚守戒律。"大众退后，咸以千里求道于禅门大匠，必将有高妙至理相授，岂知不过尔尔。因此无不感到失望，唯莲师心有独契。彼释迦弃王宫至高之名位及享受，而入雪山修人世所不堪之苦行，所为何来？古来多少号称英雄豪杰者，为名枷利锁而瘁生殒命，汲汲一世终生不悟。夫名利不弃，只缘身见太重，何由入道。所谓"人心惟危，道心惟微"，凡起心动念一有偏倚，即乖正道。从此可知，"名利"二字固行者所宜勤加拂拭者，彼释迦固已示现于前矣。最初遍融所以不发言者，乃以"至言无言"固无可奉告。俟以大众再三启请，师只以寻常平易之理相告。众人听后以为卑之无甚高论，乃不知至理至道无不是从寻常平易中出者，一般人习闻而忽略耳。此遍融大师所以迟迟其语，不愿轻言者，即是此意。

后来师游方至云栖（在杭州），见到该地山水幽寂，于是就有终老于此的志向。云栖山本是昔日伏虎禅师建立佛刹的地方，师就在那里结茅而栖，从此精勤参究，而终于得到念佛三昧。当时师所居村庄正值虎患肆虐，环山四十里地，每岁被虎所伤害的不下数十人之多。附近居民谈虎色变。师恻然发慈悲之心，为众生恳切诵经施食，传说因师至诚所感，虎患未久也就平息了。

四、循田念佛，雨随足至

某年亢旱，村民乞师代为祷雨，师笑着说："我并无通天本领，但知诚信念佛而已！"师在众人一再地坚请下，敲击木鱼，一路循田念佛，传说豆大的雨珠就随着师的足迹所及接踵而至。当地百姓见到莲师有此功德，就在钦仰之余，相与出钱出力，为莲师兴建一座"兰若"（僧人所居之处）。因专为修行，所以一切因陋就简，外则不设大门，中间没有大殿，唯有禅堂作为安僧之用，法堂供奉有佛经佛像，其余只要能遮蔽风雨就够了。从此以后，法道大振，海内归心，不久云栖之地由于众缘和合，就蔚成一个大丛林了。其云栖大师的雅号，即出于此。莲师因悲痛末法教网灭裂，禅道不明，而众生业深垢重，心中常怀忧惧。况且佛陀在世，首先设戒定慧三学来教化群生，其中以戒为根本，根本不立，定慧又何所依呢？所以如果要利导众生的话，就必须先巩固戒律。但是当时国家法定的南北戒坛久已废弃不行，若唯赖一人之力，恐怕欲振乏力。因此莲师就率先领众诵念《梵网戒经》及《比丘诸戒品》以为倡导。从此远近各地无不受其影响，而归顺于莲师。莲师就以建立精严的律制为佛学第一要务，并且著有《梵网经疏发隐》《沙弥要略》来发明律学的道理。

莲师从发足参方，就深入参究念佛三昧，得力甚大，至是就开净土一门，可以普摄上、中、下三根众生。由于他极力主张净土法门，所以凭借其学养与修持功夫，著成《弥陀疏钞》一书。总共十万余言，融会事理，指归唯心，博大而精深，从来净土一宗说法者尚未有如此精微透辟的。另外，莲师又摘录古德机缘中吃紧的话语，编成《禅关策进》一书，以开示学人参究之诀窍，并借以彰显禅净双修的道理，不出一心。

五、积诚感召，助成桥基

万历年间，瘟疫流行，每天有上千人因而致死。当地太守余公束手无策，于是礼请莲师驾临灵芝寺祈福禳灾。传说，师登坛禳灾，恳切祈祷，不久疾疫就息止了。莲师另有一感人之事，梵村有一朱桥，后来被潮汐所冲走，往来行人经过时，最易发生危险。太守余公又礼请莲师倡导造桥工程。当时许多人以为在常有潮汐出没的地方做此浩大工程，只怕徒劳而无功，都相与劝师毋枉费心力。但莲师义不容辞，力助其成，他说："只要用些心力，自会水到渠成。"果然，经过他的倡导，未几就醵（jù）资千金之多。立刻鸠集工匠，兴建桥基，每下一桩，传说莲师持咒百遍，潮汐竟一连几天没来。在天时、地利、人和的配合下，新桥不久顺利建造成功。

六、领众如仪，重整清规

此后莲师声誉更隆，十方衲子（僧曰衲子）闻风来归者络绎不绝，莲师一以慈悲摄化之。他的弟子就日多一日，所住的地方也就随着人的渐增而觉得狭仄了。但莲师不以为意，他认为道场但取能安心修道，不在庄严堂宇，所谓"士而怀居，不足以为士"矣！此后莲师订立清规更加严格，大众有大堂以备共修，至于想要独修精进，或老病不堪，或十方挂单，各各另设别堂以为安顿。寺内凡百执事，各有职司，井井有条。平居修行，常以警策语鼓励大众，以防懈怠。僧众行立坐卧必有常规定仪，有过必罚，有功必赏，以为劝惩。规矩严肃，凛若冰霜。于是大众肃然，无人敢明知故犯。师的规模仿效《百丈清规》（唐怀海禅师作《百丈清规》，以励禅门戒行），但不局限于《百丈清规》，而以合于当时情况予以斟酌损益。云栖道场经过莲师振刷整饬后，丛林规矩于是复振，气象为之一新。

七、戒杀放生，泽被异类

莲师极力禁戒杀生，而提倡放生，并且著有戒杀放生的专文行世。他又特别把寺前万工池改为放生池，师八十岁诞辰时，又大加拓建；并在城中置上方、长寿两池，为放生池；在山中设置救生的处所，专门救赎飞禽走兽。于是在救生所充满了各种鳞羽介壳（鳞：鱼类；羽：鸟类；介壳：龟螺等爬虫类）之族。

莲师道风日渐播扬。海内贤豪，无论朝野，没有不被感化而归心输诚的。譬如大司马宋公应昌、太宰陆公光祖、宫谕张公元忭等，都先后及门问道，有时也泛及宗社（国家）大事。凡是心有所疑而来问道者，听闻莲师开示，没有不为之心折的。而凡来此道场的，不论其为王公巨卿，或贤豪长者，一律受同等的待遇。不加优礼，更不特别设馔，而大众都能甘粗食如饴。

某次，侍御左公宗郢问他说："念佛能够开悟吗？"莲师就说："返闻闻自性，见自性就得无上道，又何疑返闻闻自性会否开悟呢？"又仁和令余公良枢问道："如果修道时，心中感到杂乱，不能静下来怎么办？"莲师就说："经中云：置心于一处，无事不能办！"在座中有一士人问："如儒者所说，专格（研究）一物，就是置心于一处，那又怎能分心办事呢？"莲师说："论'格物'二字，只当依照朱子豁然贯通去，又何事不能办呢？"从此可知莲师不但贯通佛理，而且通达儒理，所以回答问题都能一针见血。

八、众德兼备，万行庄严

莲师天性朴实，生活简淡，对人没有虚文修饰，但总以虚怀应事。其容貌温粹，睟于面盎于背，身体虚弱若不胜衣，而声若洪钟；胸怀洒然，接人温雅可亲，而守戒若严城，御犯若坚兵，善藏其用；文理密察，小事必谨，一介不苟。五十年来，未尝妄用一钱。寺中常住数千僧人，十方供养，听其自至。稍有盈余，就散钱布施诸山，所以库中毫无储蓄。凡设斋于外，施主持金银供养的，就随手散去，或施给衣药救济贫病，没有一日停止。

莲师生平惜福，曾著三十二条自警，凡事必躬亲，即当垂老，仍亲自洗濯衣服及溺器，均不劳侍者。终身敝衣布履不改，卧榻有一麻布帐，乃是早年丁母艰（母丧曰丁母艰）时所用，一直到老不曾更换，其他就可推而知了。

九、戒行双修，老实念佛

莲师在临终之前半月，即已自知，乃入城与诸弟子及故旧朋友告别说："我即将他往！"到临终的前一天夜里，进入寺中大堂端身而坐，又对大众宣布："我明日即要远行。"众人不舍，留师继续住世，莲师作《三可惜》《十可叹》以警众。次日夜，师示微疾，瞑目无语。城中诸弟子都及时赶到，环侍莲师左右。此时，莲师又复开目开示说："大众老实念佛，毋坏我规矩！"众人问："谁可主持丛林？"莲师说："戒行双修的人。"说完后，面向西念佛，端坐安然而逝，时为万历四十三年（1615年）七月初四日午时。

莲师生于嘉靖乙未（1535年），世寿八十有一，僧腊五十。莲池出家前的妻室汤氏，后师落发出家，即建孝义庵，为女丛林之主，先莲师一年而坐化。师得度弟子广孝等，为最上首。其他及门得度的，也不下数千，在家弟子尚不计算在内。缙绅士君子，及门的也是数以千计，私淑弟子更不计其数。

莲师的著作很多，《楞严经》《佛说阿弥陀经》《遗教经》《梵网经》等都有注解。又有杂录如《竹窗随笔》等二十余种，流通于世，大都是警众语。莲师平日教诫弟子："学佛贵真修实行，勿显示灵异以惑众。"这句话正是当今辨别佛门中是非邪正的准绳。后人将莲师一生著作集成《云栖法汇》三十二卷。莲师志在融合各宗思想，以重新建立一个健全完整且切合时需的佛教体制。他修持的方法，以戒律为根基，以念佛为宗，禅净双修为辅；其助修方法，借《太上感应篇》《云谷禅师功过格》以及《袁了凡阴骘录》以检身律己。他的中心思想，在融合禅净及儒释合一，遂有"儒家治世，佛家出世"的主张。总之，莲师是一位终身致力于三教思想调和、贡献极大的一代大师。

第三十九章　举扬百丈、中兴禅道的高僧
——云谷会禅师

一、勇猛参究，大悟唯心

大师讳法会，别号云谷，浙江嘉善（嘉兴西南）人，俗姓怀。生于明孝宗十三年，自幼切志出家。师每常自思："出家以生死大事为切，何能碌碌终生，总为衣食作计呢？"于是决志参方（参求妙旨也。住持上堂说法，令人参究，曰"参"。禅门集众坐禅，穷究本有，亦谓之"参"）。不久，受比丘具足戒，并专精修习天台小止观法门①。当时法舟济禅师在杭州天宁寺掩关（即闭关，杜绝外缘，克期进修）修行，师往参叩，请示修行法要。法舟济禅师开示道："止观之要旨：'止'以摄心，使其不散；'观'以照心，使其不昏。止观必须双修，三昧始易成就。它与外道修法不同，不依身心气息，心中内外脱然，无住无着，心空法空，始为上乘功夫。观你所修，已流于下乘，岂是祖师西来意呢（意谓不

能究佛祖心印）？学道若不能悟心，只是白费工夫而已！"师闻后悲仰恳切请益。舟师乃传授以念佛之方法，切实参究话头[②]，令之直接大起疑情。师依教而行，日夜参究，勇猛精进，至于寝食俱废。一日受食，食尽竟不自知，碗忽堕地，猛然有所省悟，恍如梦中忽觉。即复向舟师请教所证境界，乃蒙舟师印可（弟子所得，为师所证明。印，谓印证；可，谓称可。事理相称，故可圣心）。于是阅览《宗镜录》（宋智觉禅师集，智觉，即永明寿禅师）。因大悟唯心之旨，从此一切经教，乃至诸祖师公案，了然如睹家中故物。于是韬光晦迹（隐藏形迹）于丛林禅寺内，潜身于贱役中，以资磨炼。平日等视一切，了无贵贱之见。一日，阅《镡津集》（宋契嵩撰），见明教大师护法深心。初礼观音大士，日夜即称名十万声。师愿效其行，遂顶礼观音大士像，通宵不寐，礼拜经行（经行，于一定之地，步行旋绕往来。经行有五利：矫健、有力、不病、消食、意坚固），终身奉行不懈。

二、寓居栖霞，重振禅风

当时，江南佛法禅道久已销声匿迹，师初至江苏金陵，寓居天界毗卢阁下行道，由于行貌特殊，威仪出众，见者无不稀奇。魏国先生闻其名，乃礼请于西园丛桂庵供养。师自移居于此，足不出户有三年之久，因此人无有知者。平常终日危坐禅龛中，绝无将迎③，洒然无着，屏去一切俗缘应酬。某次，有权贵人旅游至此，见师端坐无语，以为无礼，竟大加谩骂而去。

后来，师游方到镇江栖霞山（栖霞山乃梁朝开山，梁武帝凿成千佛岭，自是累朝供奉），见道场荒废，殿堂已成为虎狼巢穴。因雅爱其地之幽深寂静，实为适合修行之道场，师遂斩刈茅草，结庵于千佛岭下。从此栖止于此，影不出山。某次，有盗侵入师之住处，窃去师之所有。传说贼人从夜至天明，如陷入八阵图中，无论如何东突西闯，终无法迈出殿堂一步。有人将贼捉住，送至师前，师以慈悲摄化之，给予饮食，尽将其所窃者任由携去，由是远近闻风感化。太宰陆公，因游访古道场，偶游至栖霞山，见师气度相貌超出寻常，特别雅爱重之。于是想重新兴建其寺，并请师为住持。师坚辞其请，乃特别推举嵩公、善公以应命。善公自住持其寺后，尽行恢复其寺之旧时规模，并斥逐豪民所占据的第宅，兴建禅堂，开演讲席，广行接纳四方来者。江南丛林之兴起，实肇基于此，这全仗云师大力倡导并赞助而成。

三、端坐澄心，返观本源

道场的风气一开，往来瞻谒的人日益加多。师素不喜交际应酬，乃移居于山中最深处叫作"天开岩"的地方。但那些达官居士，闻师的德风，造谒求见的未减。凡来参拜的，师一见面就问

322

道："日用事如何？"人不论僧俗，位不论贵贱，每一登堂，必授蒲团一个，令其端坐澄心，返观自己本来面目，终日竟夜往往别无一语相聒。临别时，又必反复叮咛告诫说："切勿空过时日，无常绝不汝待！"第二次，再见面时，必定相问别后用心情形，及功夫难易如何？令人无敢苟且因循，否则，不敢再见，再见也茫然无以应答。从此足可看出师慈心之切挚，故不觉其严峻如此。是故虽和易近人，而人望见他，辄不寒而栗。师平日待人，一以平等心相摄受。从来对人都是软语低声，一味心平气和，未尝稍有侮慢之辞色加诸于人，士大夫皈依他的日益增加。某些有心向道的人，因不能入山，而礼请师屈往相见的，师亦以慈悲化导为心，亦前往就见。所以每年往来城中一次。每至，则在家优婆塞（近事男）、优婆夷（近事女）二众，归心之切如婴儿之孺慕慈母。

四、道行卓绝，人天师表

憨山大师自述，为童子时，就得亲近云师左右，执役侍奉，师深为器重，以为可造之才，训诲启迪，孜孜不倦。憨师年十九，心犹不想出家。师知道后，就问道："你为何违背初衷呢？"憨师说："弟子当年之所以要来学佛，只因厌弃世俗罢了！"师就说道："你既知厌弃世俗，何不径自学那些有大成就的高僧呢？古之高僧，就是位高如天子者，也不敢以臣礼相待，且有天龙八部恭敬护卫。当然，高僧之可贵，固不在为帝王师，而在其道行卓绝，为世间模范，人天师表，令众生离苦得乐，转迷为悟。欲悉其详，可取《传灯录》《高僧传》恭敬阅读，则必知所依止了。"憨师由是而知为僧之可贵，其出家的意志，实由师之开启而助成的。

五、无缘大慈，摄受众生

当时，师因慈愍禅法衰败至极，决心振衰起弊，乃聚集五十三人，共修禅坐于天界寺。憨山即于此时为师器重，极力拔举至众人中同参。指示向上一路（禅门之极处也，相当于儒门所谓"上达"功夫），并指授以念佛观照话头的方法——参念佛的是谁？这时始知有宗门④事。时师已当临暮之年（晚年），感无常之迅速，慈悲之心比以前更为恳切，对年纪最小的沙弥（男子初出家受十戒者称沙弥。沙弥年龄七至十三岁者，称"小沙弥"）也一概以平等的慈眼相视，并待之以礼。举凡行、住、坐、卧，动静四种威仪，无不当面耳提，恳切教导，循循善诱。因此，只要是亲近过云谷大师的人，都能感受到他的亲切与平易近人。由于大师护法之心殷重恳切，所以绝不轻视初学，不轻慢破戒的人。譬如附近诸山僧人，多不守戒规，但凡有敢犯法规的，大师每一经听闻，不待别人恳求，便前往相劝。必恳切叮咛，告诉当事者说："僧为佛门善知识，应能说法示导众生，是为佛门'内护'。

而王臣士庶，能摧邪辅正，供给三宝所需，是为佛门'外护'。二护相夹辅，佛法始兴。身当僧伦，自然应该仰体佛之深心，毋令人侮慢僧人。侮慢僧人，就是侮慢于佛。其所造罪，乃起于僧人之不自爱、不守戒。欲人之不侮僧人，除非僧人自己先不自侮。然则，他人安得而侮之乎？"凡听过大师这番话的人，莫不改容动色，为之洗心易虑，必至心中释然解脱而后已。因大师纯以诚感人，并且能规过私室，使受告诫的人不至难堪，甚且感戴其恩德。久而久之，人人都知大师实出于无缘大慈⑤。

六、了凡入圣，自求多福

袁了凡先生，名黄，江苏吴江人。自幼好读书，通古今之务，学问无所不通。举凡象数、律吕（古正乐律之器）、水利、兵政、堪舆、星命之学，均能精密研求，富有心得。著有《历法新书》《皇都水利》《评注八代文宗》《手批纲鉴》等书行世。

传说先生于童子时，有孔先生为之卜终身吉凶休咎，其后他的一生科考名数先后，皆一一不出孔先生所悬定（预先卜度）者。了凡由此深信凡人之一生，进退有命，迟速有时，淡然而无所求。于是，访云谷会禅师于栖霞山中，二人对坐一室，经过三昼夜不思不虑，也不瞑目。

云谷禅师感到非常诧异地问道："凡人之所以不得超凡入圣，

只为妄念相缠所致，你现在静默坐此三日，并不见起一妄念，是何缘故呢？"了凡就老老实实地说："因为我一生的数命，已为孔先生所算定。故知每人的荣辱生死，皆有定数，即使想要妄想，亦无可妄想。"云谷师笑着说："我只以为你是个豪杰，原来还不过是一个凡夫。"

了凡就请师慈悲开示，云师说道："凡称之为人的，不能无心，有心即为阴阳数命所缚，丝毫无法改变。但是唯有凡人才有数命可言，极善的人，气数固拘束他不得；极恶的人，气数也拘束他不得。你在这二十年来，被别人算定，不曾转动分毫，岂不是十足的凡夫吗？"

了凡问道："难道定数可逃吗？"师说："命本是由我作主的，福也是由自己求致的。诗书所称'命由我作，福自己求'，确实为古圣昔贤的明训呀！佛法教典中所说，欲求富贵得富贵，欲求男女得男女，欲求长寿得长寿。夫妄语者，本是佛教之大戒，诸佛菩萨又岂会随意造些诳语欺人呢？"

了凡大感怀疑地说："孟子所言'求则得之'，是求固在我也。然而，道德仁义，固可信其可以力求；至于功名富贵，又如何可信其可以力求呢？"师说："孟子的话本自不错，你自错解了。你不见六祖慧能在《坛经》中说：'一切福田，不离方寸（指心），从心而觅，感无不通。'若果能求其在我，则不独可得道德仁义，亦可得功名富贵。如此内外双得，是知求固有益于得也。如果不知反躬内省，而徒然向外驰求，则求之有道，而得之有命了。如此是内外双失，所以无益矣！如今应平心自检，将过去过恶一一寻出，一一加以改刷。悭贪者，转之以施舍；愤激者，转之以和平；虚夸者，转之以切实；浮嚣者，转之以沉定；骄慢者，转之以谦恭；惰逸者，转之以勤奋；残忍者，转之以仁慈；怯退者，转之以勇进。务要积功德、累德行，以基厚福。勿以才智盖人，勿轻言妄谈，忌纵情任性，忌褊急量狭。务要积德，务要包荒（包含荒秽，比喻度量宽大），务要和爱，务要爱惜精神。总需针对自己病症，一一发药。从前种种，譬如昨日死；从后种种，譬如今日生。一一积习，悉皆扫除；一一病根，悉皆拔去。时时处处，常自警觉，严自克治，保管天真，如保赤子。改造命运，全权在己，不属造化。果能如此，始为义理再生之身也。要知彼血肉之身，尚然有定数，此义理之身，岂不能感格于天呢？《诗》云：'永言（恒言）配命（上合天心），自求多福。'这是千古不磨的金言。譬如孔先生算定你不登科第，不生儿子，这是所谓'天作之孽'，犹可得而违。现在你当尽力扩充德性，力行善事，多积阴德，这是自己所作之福，怎会不受享呢？《易经》为中国第一部高深的哲理书，其中论及君子处世当如何趋吉避凶。若说天命有常，然则吉何能趋，凶何可避呢？可见吉凶本无常，要当视人是否知趋避之道了！又须知：为善而心不着善（并作善之念，获福之念而无之，曰不着），则随所成就，皆是无量，皆得圆满。否则，心中若着于善，则虽终身勤励，只不过是半善而已！譬如以财来救济他人，必当内不见有己，外不见有人，中亦不见有施之物，是谓'三轮体空'。佛家所谓'无相布施'，就是指此而言，否则，不足以称为菩萨了。"

了凡听闻云谷禅师这番立命之说，深信其言，心中感激，拜而受教。从此精勤奉行，终生不渝。并即改号（初号学海）叫"了凡"，盖取了脱凡情、优入圣域的意思。其后，追记其事因作《了凡四训》以垂训子孙，昭示后人。

七、举扬百丈，典型在昔

大师寻常开示学人，特别揭出唯心净土法门，为修行之要。生平任运随缘，未尝分宗别派，强树门庭。诸山各禅讲道场，仰慕其德，必请坐镇其山为主持方丈。大师不至则已，至则必举扬百丈规矩⑥。务必首先明了古德的典型，依法而行，不得稍容假借。师平时总是安默厚重而寡言语，出语则如空谷扬声，深远嘹亮。在山清修四十余年如一日，平日常坐不卧，终身礼佛诵经，未尝间断。是时江南禅道风气初开，而当地流品猥杂，始终无人对师加以非议。师之操行修养就可想而知了。

八、中兴禅道，法化四方

师居乡三年，所度化的人以千万计。传说某夜，邻近乡间的人看见师所住的寺中有大火照烛半天。等到天明，大家奔来探望，始知师已于是夜寂然而逝了。时当明神宗万历三年正月初五。师生于明孝宗弘治年间，世寿七十有五，僧腊五十。他的弟子真印等人将其遗蜕荼毗（火化），埋葬于寺侧。

憨山大师自述，平生遍历各方，所参过的善知识（有道者的通称）不少，但从未见修持践履平实、真慈安详像云谷禅师的。平日每一兴念想及师时，则其音声相貌，昭然若在心目。就因憨师感到所受法乳（佛法养慧命，故曰法乳）之深厚，所以到老不能稍或忘怀。憨师并称云谷禅师是中兴禅道之祖，可惜师的逗机法语早已失录，无法发扬禅道中的深秘微妙之处。

【附注】

①　止属定，观属慧，是定慧双修之义。若就方法来说，止息妄念名止，或观诸法"空"，或观诸法"假"，或观空假双即之"中"，是止观之三个步骤。天台宗就是以止观为主要的修法。

②　禅家参禅多取古人之语句而参究之，如：参"父母未生前面目""万法归一，一归何处"等。参究者，必须从念头尚未起处去观照追究。盖"话头"即念头，念念不离此念头。万法由

心造，心是万法头。故应从一念未生处参之，故云"参究话头"。

③《庄子·应帝王》云："至人之用心若镜，不将（送）不迎。"凡人终日将迎，所以心劳日拙，至人绝去将迎，是以胜物而不伤。

④ 禅门向无文字言说处，穷究本来面目，曰"宗门事"。禅宗自称曰"宗门"，或简称"宗"；称其余各宗曰"教门"或"教下"，简称"教"。

⑤ 佛法分慈为三：第一，（众）生缘慈：以慈心视众生如父母、兄弟。第二，法缘慈：破除我相，达诸法本空，对众生，所起之慈心。第三，无缘慈：诸佛所行之慈，能普缘一切众生。知诸缘不实，虚妄颠倒，故心无所缘。盖虽炽然行慈，不见受慈者，不见行慈者，并不知所行者之为慈；不落空相，不落有相，所谓"三轮体空"，唯知行所无事而已。

⑥ 百丈规矩，乃禅门之模范、僧人之典型，举凡所施为仪节，并依规矩而行，其作用相当于儒门的礼仪。因系唐江西百丈山怀海禅师所立，故其书称为《百丈清规》。

第四十章　刚骨铁脊、中兴律宗的高僧
——见月律师（释读体）

一、斋僧济贫，不别门户

　　释读体，字见月，云南楚雄人，俗姓许名冲霄。旧籍江南句容县，其远祖于明洪武年间从军开荒于云南、贵州，因立功当地，遂举家迁居，世袭其官。其母平日懿言淑行，深信因果，传说某夜梦一梵僧入室，醒后即生师。师天资聪敏神俊，性好游览，尤善绘画，所至山水名胜多留墨迹，尤擅长绘观音大士圣像，乡里见到的都赞叹不已，对其作品争相宝爱，并称他为"小吴道子"。师年十四时，父母相继而逝。伯父年老无子，矜怜其兄弟，恩育教诲。嘉其聪秀，欲使师袭父官职，但师不屑为官。明崇祯元年，师年二十七岁，某日正与众友聚会于梅园，觥筹交错，酒兴方浓，忽接伯父噩耗，当下神惊酒醒，伤痛落泪。师本无僧道之念，此时倏而发出家之志，遂矢志修真，为黄冠（道士）三载。一日偶行松下遇茅庵老僧，交谈甚为投契，获赠《华严经》一部。师返舍焚香跪读，至《世主妙严品》，幡然有所省悟，从此遂有改道归释之念。

崇祯三年春，三营镇大觉寺起建龙华会，徒众们请师主持龙华坛道法。师倡议虽作玄门道法，需斋僧始得称为盛会。遂不分释道，不别门户，饭僧济贫，普劝大众，共襄善事。师于此时虽未阅教典，而立志化导，流布善事。平日劝人礼敬三宝，善导檀信（施主），广植善因；心心念念，不为自己求安乐，一生行事俱是为众，已隐然有一代宗师风范。

二、大力白云，一摄一折

崇祯四年，师朝鸡足山，访得山中有大力、白云两位老和尚。两位善知识平日精修净业，三十年足不下山。师遂登山礼拜，哀乞剃发。二老因见师气度不凡，知是法器，并有心造就之。但二老收徒态度不同，一则以慈，一则以威。力老和尚经详诘师出家缘由后，即慈颜允准，遂令备衣钵入山。云老则力主谨慎从事，为磨炼其心志，令师沿门募化，自备衣钵，方准剃度。一则欲折其我慢，并验其心志；二则欲使其知出家必须慎重其事，尤须严持戒律，方堪称为法门龙象。师亦自知出家因缘将熟，追念初为道时，老道只知相诱为徒，而无郑重之意。乃今二善知识一摄一折，令人深生敬畏，于此益生敬信。遂含泪恳求赐一法名，权作心僧（心出家之意），遂获赐名书琼。

师因化募衣钵事，离鸡足山。事毕后，返山途中，宿西山放光寺，却被檀信护法坚留，至崇祯五年仍不登山。师以披剃心切，巧遇鸡足山亮如法师（大力老和尚法孙）道经此寺止宿，遂转而礼请亮师为其剃度。据说亮师于师求剃前夜曾得一梦，见一僧身着袈裟，有大众无数相随，云是发长求剃。因知其必是再来人，遂赐法名读体，号绍如，冀其克绍亮师弘法利生的大事。

师出家之日，围观大众无数，见师舍道为僧，俱欢喜赞叹不已。出家后，师甫于讲经法席充任执事，即认真护法，唯知规矩当护，不知人情可讳。某日，有二三初出家僧人至庵听经，不具僧仪，俗态可厌。其师劝诫说："出家必先受沙弥十戒，次受比丘戒，具诸威仪，乃名为僧。若不受比丘戒，威仪不具，有辱法门，不名为僧。"其时师侍立于侧，听其言，立即拜请受比丘戒。其师告以受比丘戒需请律师，法师不得授予。师闻江南有三昧律师大宏毗尼（律宗），为正其僧之名分，慨然发愿远赴江南求戒，从此开始一瓢一笠，行脚生涯。

三、忘情割爱，发足参方

崇祯六年，师三十二岁，发足参方。这日经过楚雄府，遥望白云，家乡在目。夜宿城十里外之金蟾寺，因思双亲早逝，伯父尚未安葬，另有幼弟二人不知孤苦作何情状。吾此去长别，彼将谁为依怙呢？不觉雨泪不止，实不忍过门而不入。今若会面，必将因手足情长而愈不忍舍了。若此，则非但出家受戒修行不成，益将无由以报父母生育深恩。况且，人身一世，各有定业，贫富苦乐，寿命短长，皆前生自作。今世但酬偿宿业，纵父子至亲，亦无法替代。如今虽深恨兄弟间未能亲手握别，似忘情义者，然为图长远大计，益当广修功德回向拔济，始为根本解决之途。此乃转情为智之法，固非具大智大悲者不能遽然割舍。于是师乃下决心，以慧剑斩私情。西望祖坟拭泪叩首，其衷心之凄恻，宁外人所能体会。师噙泪忍悲掩泣，至于足软难举，乃勉力奔驰而不顾。同参或相劝云："既不相见，当捎信儿回去。"师云："既已割亲舍爱，岂可反惹情生。"真乃一字一泪，令人不忍听闻！

师等一行一路曲曲折折通过碧鸡关，走松华坝，出金马关，又经破秦山（昔诸葛武侯与蛮酋盟誓处），挂单于一古寺中。师于此处购置罗汉灯一架，上可燃灯，下可贮油，日则担行，夜则备用，与众同参相约夜间正修，围坐灯前或读文或研义，至中夜始息，以为行脚定规。其精勤情状，大多类此。

四、舍身求法，过关索岭

师出云南入贵州，经过关索岭渡盘江。其岭极为高峻，山路崎岖、上下险峻。顷刻大雨来临，涧流之声若吼，山径成沟。四面暴风又旋转而至，一身难以抵御，雨水从颈项直下股衣，两脚横步如跨浮囊。及待解衣带而泄水，犹如开决堤堰，如是反复数次，寒彻肌骨。次日步行于安庄衢道上，砂石尖锐凹凸，未久鞋底早已洞穿，遂弃履跣足（赤脚）行数十里。至晚歇宿，足肿至踝，犹若火炙锥刺。次早又踏上前途，一路野径孤庵，身上一文不名，更无化缘之处，继而转念："世人为贪功名富贵，尚耐得若干辛苦而后乃始得之，我岂可因无履遽退初心？"次日，仍复勉强上路。初时仅靠脚跟点地而行，渐渐拄杖跛行而前。行至五六里，已浑然不知此足为谁所有了。此时，两足麻木至极，反不觉痛苦，中途又无休息处，至晚已行五十余里。次日化缘到草鞋试穿，而皮破水流，双足起茧，也不复能顾了。途中荒蛮雨湿，瘴烟弥漫，猿嗥虎啸。师等风餐露宿，种种艰辛，赖诸道友同舟共济，遂一一渡过。如此夏去秋来，至冬宿于止水庵。

是年隆冬，每日大雪，师借得庵中《法华知音》一部，每日精勤抄写。屋中空旷，朔风贯入，师唯着一破衲，缩颈就案，虽手指冻皴，笔墨凝结，亦不稍停。寺僧俱敬其艰苦自励精神。崇祯七年正月听《楞严经》于梁家庵，后往五台庵升座讲演《楞严四依解》，并得亲觐颛愚大师。蒙大师赞其有古朴衲子之风，并赐菜蔬苦瓜一盘，其味甚苦，不能下咽。大师开示："先苦后甜，修行作善知识亦复如是。"正是所谓："不经一番寒彻骨，焉得梅花扑鼻香。"

师一路参访，途遇流寇猖獗，烽火相望，有僧戒之莫再南下。师既心无怖退，亦不愿徒劳空往。遂绕别道至江西，并拟游庐山，礼东林道场。一路荒祠古墓，深菁蔓草，只见一山又一山，不见人烟，荒凉至极。每日或清晨一餐至晚不得一食，竟或全天断炊，但每日行程不减七八十里。日日晓行夜宿，有时求宿被拒，只得露宿野林，可谓艰苦备尝矣！如是终于抵达九江府礼诸祖道场，先后登破额山礼四祖道场，复走冯茂山礼五祖道场，又往潜山县礼三祖道场等诸大道场。

五、真大丈夫，不用盗食

师复又至华山参访。此地颇似前曾来过，礼首座师前求学《楞严咒》，首座师命行堂，安单于厨下。时十一月天寒，食碗互相冻结，不易分开。师以净巾逐一拭干，以备次餐之需，并助同参挑水搬柴。厨下司炊号了然，少年伶俐，米粮上下其手，必暗藏少分以备私用。一日师背咒语回来，了然留饭请吃。师问大众吃清粥，此饭何来？了然很不高兴地说："我好意留饭，何必追问？"师云："大丈夫岂用不明之食呢？"遂拂袖而去。因此得罪厨下诸僧，于是大家共谋排挤。不久，了然乃串通执事将师安置板堂看香接板。此堂空旷，独眠其中如卧冰室。房头有一老僧怜师志高守贫，黑夜推门入房，赠以重补旧棉。物虽不暖，雪中送炭，令人感念。

后师至南京古林庵律祖古心和尚开创之地乞求受戒，欲以平日珍藏宝爱的云南大蜜蜡金念珠一串充为戒资，略表诚意。岂知客僧疑师念珠来处不明，不予应允，只留用饭。师慨然地说："是龙需归大海，岂困牛迹窝中！"即刻告辞而去。正值寇乱，沿途闻流贼逼近，男女老幼啼哭路旁，抛儿弃女，惨不忍睹。师与道友咽无点水，腹无粒米，从早到晚奔走百余里。次日，又远途长征，或冲风冒雨或戴月披星，或于村庄乞食，或就耕夫化缘，后至山西五台山旧路岭参礼三昧老和尚，因无香仪，缘悭不得受戒，遂上台至塔院寺参学。师精勤向学，夜间于伽蓝殿琉璃光下，手捧经卷，足立光下。五台春秋尚寒，十月寒冬，师衲衣单薄，用功时因专心自能浑然忘己；及掩卷歇息，则指已不能伸曲，脚已不能移动，全身抖战，寒彻肺腑。虽然如此，而师志愿愈坚，众僧俱受感动，咸思效尤。

崇祯九年七月，师赴北京向三昧老和尚乞受大戒，于途中为乱兵所阻，因绕道而行，由是自思此番由滇而南，自南而北，今又自北而南，行脚六年徒劳跋涉，往返两万余里，而求戒之志愿迄未达成，实有负披剃师所赐号绍如——冀其弘法利生。深愧之余，遂改号见月，取因标指而见月意。

六、忍辱为怀，让坐同戒

后又闻三昧和尚已出北京，在扬州府石塔寺开戒，师一路趱程而行，终赶上三昧和尚在江苏丹徒县海潮庵的开戒仪式。求戒时，新戒堂的引礼师见师既无行李，又不请律本读诵，只终日默坐单上，已颇不悦。既而知其无钱请律熟读，凡遇有求戒者入堂，引礼师即命师让坐后来人，师即如命移后而坐。如是后来者十余人皆令师退让，最后一人进堂，高单无空，令移下地而坐，师毫无怨声，一一空其我相，作游戏想。

至临背诵毗尼律文，引礼师又将师开列于首，意欲折伏令师恳求更易，大众不曾见师背诵，都为其担忧，不意师一气朗声背诵至终，犹泻瓶水，无一字差错，众人都感惊异，始知师虽无钱请读律本，终日但默坐谛听左右同戒诵读，早已铭记于心。师于是深蒙教授师嘉许，赐茶命坐。此戒期中讲《梵网经》，讲毕后并由首座覆讲。首座唯知诵念和尚直解，于中一字不加，一义不析，诸同戒彼此相视掩口匿笑。首座师为之不悦，回堂即开列师等新戒沙弥覆讲。至师覆讲日，师登座析义解文，妙合经义，大众惊骇，俱来集听，一时众口俱赞，叹未曾有。和尚与教授师亦在座中，咸感欣慰，赐衣慰问，深庆得人。

七、胆识过人，折伏魔党

某日，有无赖少年不信三宝，荤酒入庵，坐和尚法座谈笑自若。侍者相劝反被恶语相向，僧家不服，共驱遣令去。次早少年结伙来庵滋事，和尚遂令戒期延缓。教授熏师为保全道场，于晚课毕，集大众在韦驮殿前开示云："今道场被挠，不能善其终始。汝谁能舍其身命，维护法门者，可出来担荷。"问讫，众皆默然，师即应声而出，礼熏师云："出家人既无妻子可恋，又无产业可系，更无功名可保，且无身命可惜，托钵饱餐，栖止丛林，不纳屋租，是僧家以戒为亲，今为护法门，能不勇敢！吾辈果能如是存心，自当挺身而出。否则就当各务学业，深培众德。岂因他人破坏，任令自己退屈？和尚戒子遍布天下，岂能坐视恶势力嚣张，任法门蒙羞呢？我一人当先，余若皆从之，何虑魔党不除。"词气凛然，誓破魔党。众中亦有在家者随喜（随喜者，见人做诸善事或修行也心生欢喜随着去做）晚课，如是辗转相传，于是庠中斋长及乡绅等遂来庵以理讲和，戒期得以圆满。是日，和尚集众说道："今日道场魔事不兴，则不显其见月。尔等为法为师，当如见月之胆量心行。吾于此戒期中得人也。"

其后，熏师荐举师为教诫西堂，总理各堂戒事，师以一新戒沙弥虽居权位，然尊礼诸师谦下相让，并于总理各堂戒规之余，每夜于灯前展卷详阅藏中《四分律》，并大小乘律千余卷，孜孜不倦，精思研讨。其间遇古义难解处，唯礼祷佛前乞求开解，往往默坐片时，疑难处即豁然冰释。

八、惜护法门，高瞻远瞩

毗尼庵开戒期满后，新戒子为感谢师之教诲不倦，同造黄绸大衣一袭送师。师以受委而担此重任，理当尽职，辞而不受。众戒子持衣至方丈室陈说奉供之由。和尚召师："律中惟禁贪求，然不禁自愿施与者，汝可受取。"师云："我不受有二意：一则愧己戒浅任重，恐他人借此生谤；次则和尚法门高峻，恐往后主其事者引为例端，而滋生流弊，故而推却。"和尚知师一为全己德，一为惜护法门，俱见其福德智慧非他人可及，因是愈加爱重。

九、生者父母，知者熏师

崇祯七年，和尚在北都弘戒，神宗之女荣昌公主与驸马杨公阖府皈依。遣使送金、襕、紫僧伽黎（比丘三衣之一）三顶，一供和尚，一供香阁黎师，一供熏教授师。熏师持衣入方丈室礼拜，含泪说："我侍和尚座，任教授事十一年，每每留神，观诸新戒品格，考其心行作为，欲觅数人辅弼和尚法门。于此期中乃得见月。今自思食少神减，自料将不久辞世，恳乞和尚慈悲俞允，将此公主所供紫衣付彼。我亲见付托有人，虽死何憾！"和尚嘉叹熏师远虑法门，遂集众首领为证，亲将紫衣手付于师。师感念熏师恩重，涕泪盈襟拜受，所谓"生我者父母，知我者熏师。以此大恩，惟利生可报也"。

十、临坛尊证，清规凛凛

南京护法礼请三昧和尚于报恩寺开戒，熏师抱病于石塔，师侍汤药于侧。和尚进京，命师相随而去京师。师因不忍离熏师，坚辞再三。熏师至孝，劝师莫违慈命，当有重任托付，师不得已，悲泪拜离。至报恩寺，求戒者六百余，师受命总理教诫事。这日师下堂见诸新戒弟子，行李遍地，杂乱不整，知其半是听经学者，不无狂慢习气。即以自谦之术调御之，依规次第导众开单，安置单位，横直成行，众皆整齐肃静，欣然依从，无有诤竞。单位次序整齐犹如巷陌，诚为大观。每晚讲律一时，恳切教诫，众人敬服。此时师忽忆初为道士时，梦至一大寺，金碧交辉，僧众云集，门阈甚高。师奋身跃入，自顾已成僧相。一僧着红衣上坐，授经命讲，众皆跪听，讲毕汗流而醒。今日所见即仿佛前梦。新戒为首沙弥于临坛尊证时，联合数百新戒，礼请师主持之。师以德薄辞不受，众又往方丈室坚请邀师，终以师命难辞始勉强拜谢而为尊证。一日厨下不来行堂，师查得其情，知行堂者索钱不遂故而与之为难，即罚执事跪香。不意厨内一百多人结党罢工，师坚不妥协，径往僧录司（管理僧众官吏）处说之。僧录下令严办，从此厨下堂中敝陋恶习为之一肃，大众凛凛守戒，无敢再犯。此时忽闻熏师涅槃于石塔，师悲忆师恩，泣泪不已。

崇祯十二年，思宗敕建铜殿于宝华山，因道场年远颓废，郡人恳祈三昧和尚住山住持。其间宝华道场初建，师以教授师并兼任监院。师深具道心，为众不辞劳苦，掌管院务，运材鸠（聚集）工，楼殿寮阁，雕饰庄严，大江南北，罕有其匹。师立四事为监院轨则：一、三餐粥饭俱随大众，不私陪檀越。二、一切宰官入山，概不迎送。三、不往俗家吊贺。四、银钱进出，买办概不经手，唯尽心尽力料理大众事务，不怠惰常住之事。从此寺中风气为之一新。

十一、扶树戒幢，不徇人情

按照律法，为新戒子授比丘戒，须有十师临坛，方能授具足戒。冬期新戒子百余人，已受比丘戒毕，后又来北方四僧求戒。和尚命香阇黎师为彼等受沙弥十戒，不意香师竟徇私为彼授比丘戒。师知律有明制，不得坏乱章法，香师一人何能为四人受具足戒？师乃婉转陈辞，冀其收回成命。岂意香师文过饰非，反恼羞成怒对师大加诃责，谓师目无师长、傲慢自专，更往告和尚评论。

师云："既遵佛制，十师不具，不能独受大戒。此乃关系法门戒律，兹事体大，但当依法不依人。某以职责所系，未敢徇私。是敢据理力争，请和尚称量。"和尚首肯，知师刚骨，唯知规矩可行，戒法是依，并说："吾老人戒幢今得见月，方堪扶树。"

十二、总持三学，阐发戒光

崇祯十七年三月，李自成陷京师，帝自经崩殂，清兵入关。是年，闰六月初一日，和尚令侍者取日历视之，定初四日巳时取涅槃。遂鸣犍槌（佛寺之钟）召集大众宣告，取紫衣戒本付师，令师继任华山法席，接掌方丈，总持三学，阐发戒光。师谦辞不获，遂顺师意勉强拜受。

师虽初主方丈，誓不履诸方应酬热闹门庭，坚志效古人以平实操履，树立丛林规矩，开列十条清规，革新弊端，梵刹为之一新。师以统众之尊，誓与大众共甘苦、同进退。三令五申，严格禁止私炊，大众乃无敢毁犯。尤其华山不立任何募化名目，对施主亦不散发化缘名簿，以免在家众巧借名义，坏乱法门。十方之供，道粮任其自来，并且杜绝素来丛林"安单养老，兼收在家年少，住寺不肯修行，挑唆大众，坏乱道场"之弊。

时值律法中兴，律祖摄众，一切俱从方便随顺。师既受和尚教诫，遂严净毗尼，依制严持。"是制必遵，是法必行"，诸同戒及旧执事者或因不能如律躬行，或因不能同众甘于淡薄，或因不能出坡任劳，对此等人，师毫不容情，一概不留寺中。如是十人中去其八九，唯剩百余同志，奋发刻励，共同护持戒幢。

师自随三昧和尚住华山后，以一边地滇人备受和尚青目垂怜慈爱。但师以戒腊未久，屡膺重任，务谦下自抑尊礼诸师。然以监院而后接掌方丈，住持华山道场。为护持法门，铁脊刚骨，扶树戒幢，不徇人情，唯法是依。故于人情自难尽如人意，故师从任职教授，而兼监院，乃至为方丈，住持华山期间，前后曾因此四度离开华山。但每次均因师之德高，深孚众望，终被礼请回山。师维持戒法可谓苦心孤诣矣。

十三、放马激变，摄寇弭患

顺治三年春，旗兵放马吃麦，乡民无知，将马据为己有。官以叛逆擒之，死者大半，妻子田产俱没收充公，余者逃散。久之激变，纠众而成贼，多乡中无赖子。师虽领众结夏安居，严遵律制，然土贼纠众百余入山借宿。师向贼首交涉说："昔妙峰大师初建此寺，皆是附近村乡欢喜施工，搬运铜殿并木石等。其中亦有众位父祖功德，今若毁坏，是坏自己福田。且僧家与汝同锅，官若察之，罪实难逃，请别处去。"师严词却之，贼始退出。然贼仍不时前来相扰，师以智诱贼首十人，设食供餐毕，忽厉声以大义责之，且晓示利害，僧众围绕折摄令去，终能摄寇弭患，大众仍复安心精修。

十四、临难不苟，修行得力

未久，师因寺中监院执事者留饭款贼受累，清兵围寺清剿土贼，一寺僧众俱被押解提赴大营，听候审判。师等一行甫进大营，只见无数土贼裸形捆绑，乡民千余，啼哭叫天。僧中十六人被冤杀，戮者血溅僧衣，惨不忍睹。师谓众云："汝等切莫慌张，人人只管一心念佛，若是多生定业，今日必要酬偿。若不在此劫数，自然解脱。平日修行，当在此时得力。"大众依从，俱喃喃念佛不辍。

陈县令会同满将巴将军诸人同审，先传监院执事前去拷打。监院不耐苦刑，供出方丈。师被传时但念生死如水中沤泡起灭，临难最不可有失僧仪，遂缓步直趋而上。左右两列兵众刀俱出鞘，锐剑如林，齐声呐喊喝令下跪。师正色说："身着如来袈裟，佛制不准拜俗，岂跪求生路而违于戒律。"遂合掌鞠躬站立一旁。满将见师威仪不同于凡僧，行步不乱，面不变色，威武不能屈，大为赞赏，频竖拇指嘉叹。知师必是有道之和尚，遂不予留难，特请师坐而听审。如是经过三番五审，师始终不改僧仪。为具陈华山为江南孔道，不能禁贼往来，三问三答词气从容。其时众人饥渴难耐，兼之烈日当空无树可荫，直至日暮时分，终判无罪获释。其间一兵见师辛苦，解弓囊授师作枕。师云："此是杀器，持戒人不用。"又一兵怜师饥渴，将随身干饼奉施，师接饼弄碎散予大众。兵云："汝自吃莫分。"师云："共住修行者饥则同饥，食则同食，况今在患难，岂可独食而不均分呢？"兵众尽皆为之感动。师以威德僧仪摄受大众，终于感动县令赐帖相助，不但寺产安然无恙，土贼亦从此绝迹。

十五、既为护法，必先护僧

顺治六年，达照师（师受戒时之临坛尊证师）纵其徒侮毁僧规，不加训诲，师遂去华山他往。其时有愿云公，是和尚披剃受戒弟子。见师去山，遂集众诚责。语达照师说："见和尚乃先老人所面嘱继主之方丈，前次又从死难中保全丛林，理当遵规听教，依止修行。何得抗拒触恼于他，以自坏门庭？今得罪方丈即是得罪先老人。"遂亲书摈条，驱除僧不法分子，率众亲迎师还山。师回山后仍以严整态度建立律规，又建木戒坛受具。修行大众不减三千指，而日用饮食仅储存数朝之粮，但亦从未断餐绝粮。

顺治七年，四方施主檀信供养，不募而至，诸方梵刹也常来瞻仰，于是寺中僧众不免有觊觎大位者。其时有觅心师者是和尚披剃弟子，亦是师之受具尊证，欲争方丈之位。师本无所沾恋，既洞悉其情，遂鸣槌集众，将常住所有算明交割，即行辞去，大众皆欲相随。其后句容县令知系觅师欲争方丈之位，遂呼觅师至院诃骂，限半个月内请师回山。时有陈旻照护法，进山礼佛，恸哭向大众说："山中和尚已去，丛林制度势将败坏。吾既为护法，必先护僧，择期定要亲往接和尚回山。"至期，诸护法送师回山，至范家场已近夜幕，男女村民闻师还山，争至路旁执炬相迎，光同白昼。大众叹为奇观，时有觉浪和尚说道："见公住山感化如是，乃法道大兴之瑞兆也。"

十六、减口济贫，一一布化

顺治九年，江南一带蝗虫为害，兼之旱灾助虐，人民寸草无收，饥馑遍地。村庄老少俱奔华山求食，动辄一二百人。师令自减口粮济饥赈粥。五十余日，全活无算。一日，午间饥民数倍寻常，充塞殿庭内外，师遂运权巧之智开示大众云："今日僧众减口，周济大众，各人当观往昔宿因，只因前世不信三宝，悭贪不肯惠施贫苦，所以招报如此。今化众僧，施汝等每人三文钱，我复亲至汝等前，每人施吾钱一文，皆要口中念佛，双手奉施，为汝等供众，植清净福田，将来必可离贫穷苦。"如是一一布化，一时佛声震吼，蔚为大观。人人饱餐念佛而去，而常住已无隔宿粮米，次日早晨唯烧白水过早堂，晚间则有居士送米十石到山。

十七、淡薄操履，遵制却供

顺治十年，有尼师心闻者，誓志持戒，同徒九人不惮险远，乘船一帆到山求戒。心闻供米六十石、银二十两，师观彼心坚意诚，遂许之。设斋供众之日，心闻等不肯入堂礼拜。师教诫云："汝辈既是发心远来求戒，为何不进斋堂礼僧？按律制，比丘尼纵年百岁，也当礼敬初出家之比丘。今自起大我慢，非是真学戒者。"心闻乃说其在楚中遇善知识设斋供众，方丈皆以客礼相款待，并不礼拜。师说："彼等贪图利养，败坏法门，凡见有因缘尼，则敬如生母，冀望更得丰厚供养。是辈为狮子虫（谓法门之蠹虫），非真善知识。吾今华山虽淡薄，宁绝粮断餐自守，必不敢违佛戒律以邀利。今日所设之斋，作常住自用。其银米俱在，可一并带回！"有弟子古潭者入室劝师，望师方便摄受，令彼不退初心，又可解决常住空虚，且大众亦有半月之斋供。师正色道："但肯真实修行，大众绝不空腹。树立法门，正在甘淡薄而谨操履。律师行律，岂可见利而违圣制耶？"遂坚守法规，不肯通融，心闻乃带诸尼众离去。三日后，心闻又率徒上山，哀求忏悔，于师言教，尽愿遵守。由是令彼在鹿山庄结夏安居，并派遣阇黎等半月往彼教诫，并为讲《本部毗尼》。自此，师亦发起撰集《教诫比丘尼正范》一卷以流通。

师住持华山凡三十四年，戒徒千四百人，堂食三万余指。法席之盛，世所稀有。师依佛制律，如法严持，撰集《毗尼》，流布颇广。并建戒坛垂范后世。数十年苦心以刚骨铁脊支撑法门，中兴律宗，化导一切，垂化无尽。除所撰《毗尼》外，尚有《大乘玄义》《毗尼止持会集》《黑白布萨》①《传戒正范》及《僧行轨则》等。康熙十八年己未，师年七十九岁。正月既望，师力疾（竭力支持病体）起视，诫弟子曰："勿进汤药，更七日行矣。"至期端坐跏趺而化。世寿七十九，僧腊四十八，荼毗得五色舍利无数。

【附注】

① 义译为净住长养等。出家之法，每月十五日及三十日集众僧说戒经，使比丘住于净戒中。

第四十一章 禅净双修、身兼二宗祖师的高僧——彻悟禅师

一、栖心净土，精修不懈

师名际醒，字彻悟，一字讷堂，别号梦东，河北丰润县人，俗姓马。师幼而颖异，长喜读书，经史群书，无不遍览。二十二岁，因大病，深悟幻质无常，乃发出世志，即投荣池老宿剃发。其后，遍历讲席，参礼明师。于香界寺隆一法师座下，听讲《圆觉经》，发生浓厚兴趣，于是晨夕研寻不已，精求奥义，遂悟圆觉大旨。复依增慧寺慧岸法师处，听讲相宗，妙得相宗要义。后历心华寺遍空法师座下，聆《法华经》《楞严经》《金刚经》等，圆解顿开。从此于性相二宗之旨，了无滞碍。乾隆三十三年，参谒广通粹如纯翁，明向上事（参禅），师资道合，乃印可其所证之境界，于是师遂为临济宗（禅门五家之一。五家分别是曹洞、云门、法眼、沩仰、临济）三十六世传人。三十八年，师继广通，

率众参禅，策励后学，津津不倦。十四年如一日，声誉驰于大江南北，宗风大振。师每谓宋永明寿禅师（杭州慧日山，永明寺，智觉禅师名延寿，禅门法眼宗第三代祖师，倡导禅净双修，日课佛号数万。著有《宗镜录》）乃禅门宗匠，尚归心于净土，日课弥陀圣号十万句，期生安养（即极乐国土），况今末法时期，尤宜遵承。于是栖心净土，专主莲宗（净土宗）。师于禅净宗旨，皆深造其精奥，平日律己甚严，召示后学婆心甚切。每登座说法，如瓶泻地，似云腾涌。师与众精修不懈，莲风大扇，因此远近仰慕归化。道俗二众，无不归心。当时在法门中，师可谓首屈一指之人也。

二、忆佛念佛，当来见佛

嘉庆五年，师退居红螺山资福寺。衲子依恋，追随者甚众。师率性真挚，为法为人，中心诚恳，始终无厌。平日示众，一以净土为教，每当讲席，辨析两土（极乐净土、娑婆秽土）圣贤苦（娑婆苦）折乐（净土乐）摄之婆心，或泪随声落，而座下听受之者，无不为之涕泗沾襟。资福寺，因师慈悲摄受，旋即成为十方丛林。师担柴运水，糊壁补屋，一饮一餐，无不与大众朝夕共处。如是者又十年。嘉庆十五年二月，师预知时至，辞诸大众说："幻缘不久，人世短暂，虚度此生实为可惜。各位宜努力念佛，他年净土再相见也。"三月还山，命预办荼毗事务。十月十七日，集众交代院务，命弟子松泉领众住持，诫曰："念佛法门，三根普被，无论上中下根机，无不收摄在内。吾数年来，与众苦心建立此道场，本为接待方来，同修净业。凡吾所立规模，永宜遵守，不得改弦易辙，庶不负老僧与众一片苦心也。"临示寂半月前，示现微疾，命大众助称佛号。传说，师见虚空中幢幡无数，自西而来，乃告众说："净土相现，吾将西归。"大众以住世相劝。师答道："百年如寄，终有所归。吾得臻圣境，汝等当为师幸，何为苦留？"过数日，告众说："吾昨已见文殊、观音、势至三大士（菩萨通称士者，事也。指承办上求佛果、下化众生的大事业的人）。今天复蒙阿弥陀佛亲垂接引，吾今去矣！"大众称念佛号愈厉，师面西端坐，合掌曰："称一声洪名，见一分相好。"遂手结弥陀印，安详而逝。传说其时，众闻异香飘空。供奉七日，面貌如生，慈和丰满，光润异常。荼毗后，获舍利百余粒。世寿七十，僧腊四十九。师所著有《念佛伽陀》一卷，《语录》二卷，中多开示念佛法门，其中警切之语尤多，兹摘录数则于下：

世之最可珍重者，莫过精神；世之最可爱惜者，莫过光阴。一念净，则佛界缘起；一念染，则九界生因。凡动一念，即十界种子，可不珍重乎？是日已过，命亦随减，一寸时光，即一寸命光，可不爱惜乎？苟知精神之可珍重，则不浪用，则念念执持佛名，光阴不虚度，则刻刻熏修净业。

一切法门，以明心为要；一切行门，以净心为要。然则明心之要，无如念佛。忆佛念佛，现前当来必定见佛。不假方便，自得心开。如此，念佛非明心之要乎？复次，净心之要，亦无如念佛。一念相应，一念佛；念念相应，念念佛。清珠下于浊水，浊水不得不清；佛号投于乱心，乱心不得不佛。如此，念佛非净心之要乎？一句佛号，俱摄悟修两门之要。举悟则信在其中，学修则证在其中。信解修证俱摄，大小诸乘，一切诸经之要，罄无不尽，然则一句弥陀，非至要之道乎？

一、真为生死，发菩提心，是学道通途。二、以深信愿，持佛名号，为净土正宗。三、以摄心专注而念，为下手方便。四、以折伏现行烦恼，为修心要务。五、以坚持四重戒法（不杀、不盗、不淫、不妄），为入道根本。六、以种种苦行，为修道助缘。七、以一心不乱，为净行归宿。八、以种种灵瑞，为往生证验。此八种事，各宜痛讲。修净业者，不可不知矣。

心能造业，心能转业。业由心造，业由心转。心不能转业，即为业缚。业不随心转，即能缚心。心何能转业？心与道合，心与佛合，即能转业（业由动念而成一种心力，故曰业力。染净之念，随心所造。随染心，则曰造业；随净心，则曰转业）。

第四十二章 精修持咒、三年雪耻的高僧
——释澍庵大师

一、幡然悔悟，持咒①三年

释澍庵者，不知姓氏。自幼性情粗率犷荡，长大后游惰无赖。出家后，时复放纵如故，不守戒律。曾居扬州禅寺。某日，入厨与人争食，并且恶口谩骂。住持僧人恶其无礼，当众予以呵斥，并说若不知忏悔，当即驱逐出寺。澍师心中愤恨，思所以报仇。乃暗潜入厨房，持刀置于枕下，以备俟机而发。中夜，师忽自悔悟，暗自忖道："若此虽能复仇，但鬼神终不可欺，必不放过己。果欲涮雪此耻，惟有努力自修。"然而，学道之法，实未知其术。如是辗转反侧，终夜不能成眠。及至天色将明，又自思道："以前曾听说，只要一心持诵《大悲咒》，即能彻悟法源，证无上果。吾虽愚拙，犹能诵此，奈何以不得其术而心自生沮丧呢？"明日，拜见住持僧人礼谢，并说明自愿闭关三年，专持神咒，以为忏悔。

乞借静室，且助以衣食。住持僧人慨然允诺，乃将藏经阁让出，供其清修。从此师遂于阁中，朝夕持诵不懈，并削竹为片，题"禁语"悬于胸前。其后，凡有登阁者，欲与之交谈，辄以手指示之。如是整整精修三年乃出。及出关后，则神采焕然，顿异往昔。见人则谦抑自下，人皆惊异而礼敬之，莫能测其所证境界。

二、证后得智，诗书淹贯

扬州士俗多喜入茶社品茗谈艺，虽文人学子列坐其间，僧道之辈亦常参与其中。当时，海内方崇尚考据之学。各专一经，以求淹博，号曰："汉学。"仪征阮文达（阮元）校勘十三经，海内咸加宗仰。一时，学者相互执经问难，争辩不休，举国为之风靡。某日，茶社中有三数士人，论析经籍疑义，互相诘难，争执不下。澍师适在座中，唯匿笑而不言语。士人察其情有异，起而质问。师说："诸位所谈，各有纰漏，何必互相问难呢？"因是各为诵所论书，一边背诵，一边解释，娓娓不已。在座诸客，无不相顾骇服，由是以通博之名闻于一时。士子跟从问经史者，无虚日。久之，乃知师于内外方策、九流百家及小说杂记，不待研求，无不暗合。或有轻薄少年偶以绮语诸书加以戏谑，师亦应声背诵，且加婉讽，由是远近传其神异。阮文达公闻其名，即前往试与言谈，师酬对如流，毫无龃龉。文达亦叹异不置，谓师所证可谓超然于天人之表，非寻常占毕书生（指只知吟诵书册，而不能通达蕴奥者）所能测其万一。

三、大悲神咒，诸佛密语

咸丰初年，师已年老，犹时出接客酬对，见少年遨游嬉戏无有节度，辄叹道："后生不知自惜寸阴，终日不轨于正道，惟事酒食征逐。老僧将死，不得见矣。不日大难将至，吾不知其将何以自存也。"或有人问其何所指而言然，师唯黯然神伤而已。果然，两年后，洪、杨倡乱，天下糜烂，扬州旋陷于贼中。此时，师已入灭逾年，其言果验。

师晚年独处，每日以写经自课，所书《华严》诸经，尝为徒侣分去，故所见多残帙。或谓师所书全经不少，扬州丛林往往有藏之者。有江都僧人祥开尝对人说："吾少时，见澍师，辄不敢仰视，故无由沾其法益，以求得解脱之道。至今引为憾事。"从此可以想见其威严仪态之折慑人了。或谓"澍以凡夫骤登圣域，迹其所获，非'见思惑'尽，圆证声闻极果者（修苦、集、灭、道四谛而证道果之人），不能臻此境界。"实则，澍师所持《大悲咒》，乃诸佛证悟所得，将之摄为密语，持诵者可以通佛境界。以包举法界，涵盖万法，其所证为究竟三昧。固已超然于分段生死之外，比禅宗一般所谓彻悟，实远远过之。

【附注】

①　咒即真言，或名陀罗尼，译为总持法门，意谓咒乃总一切法，持一切义之意。为诸佛菩萨修持得果之心法结晶。世有无量数佛，故有无量陀罗尼门。而同一陀罗尼门，亦有无量数佛修持成功得果。学佛行者，不以能持多咒为贵；而以一心不乱、一门精进为宗。盖以诸法如义，一法即等于一切法。咒为梵文，间有译意，而持咒者，不必晓其意；因诵咒时，心解其意，反致心生分别，而不能一其心，无由至一心不乱之境矣。明乎此，则知六字大明咒——"唵嘛呢叭咪吽"，为观音菩萨微妙心印，具有不可思议功德。据说《准提咒》九字真言，曾经七百万佛持成正果，亦具不思议功德而证圆通。而此《大悲咒》，为以往九十九亿恒河沙数诸佛所说，更见殊胜不可思议矣！

结语

　　窃尝观诸多高僧，其懿德风范、思想学术，兼备大仁大智。其幽光潜德，固有《高僧传》为之记述表彰。但这些传记除了皈依三宝之士外，鲜有取而阅读之者，纵能阅读之，亦未必能会而通之。今幸有这部浩大之《中国历代经典宝库》，其所嘉惠当代之社会大众者，实非浅鲜。其中《高僧传》一书，尤为区区至今喜诵不衰之一种读物。论佛法的高深与高僧之造诣，岂浅学如我者所能窥仰其万分之一；所以不自量力，而黾勉从事者，盖人之性，必有所近。即吾性之所近而勉力以为之。同时亦欲借此书粗作先路之导，或者"前修未密，后学转精"，斯道庶有光明之展望。自知拙陋不文，重以教学繁忙，不暇细心审定，疏陋之处，不免多所罅漏。尚望大雅贤达不吝赐教，则又区区者之至幸矣。编者谨识。

附录　原典精选

悟达国师

昔唐懿宗朝，有悟达国师知玄者。未显时，尝与一僧邂逅于京师，忘其所寓之地。其僧乃患迦摩罗疾，众皆恶之。而知玄与之为邻，时时顾问，略无厌色。因分袂，其僧感其风义，祝之曰："子向后有难，可往西蜀彭州九陇山相寻。其山有二松为志。"

后悟达国师居安国寺，道德昭著。懿宗亲临法席，赐沉香为法座，恩渥甚厚。自尔忽生人面疮于膝上，眉目口齿俱备。每以饮食喂之，则开口吞啖与人无异。遍召名医，皆拱手默然。

因记昔日同住僧之语，竟入山相寻。值天色已晚，彷徨四顾，乃见二松于烟云间，信期约之不诬。即趋其所，崇楼广殿，金碧交辉。其僧立于门首，顾接甚欢。因留宿，遂以所苦告之。彼云："无伤也！岩下有泉，明旦濯之即愈。"

黎明，童子引至泉所。方掬水间，其人面疮遂大呼曰："未可洗！公识达深远，考究古今。曾读《西汉书·袁盎晁错传》否？"曰："曾读。""既曾读之，宁不知袁盎杀晁错乎？公即袁盎，吾即晁错也。错腰斩东市，其冤为何如哉？累世求报于公，而公十世为高僧，戒律精严，报不得其便。今汝受人主宠遇过奢，名利心起，于德有损，故能害之。今蒙迦诺迦尊者，洗我以三昧法水。自此以往，不复与汝为冤矣！"悟达闻之，凛然魂不住体。连忙掬水洗之，其痛彻髓。绝而复苏，觉来，其疮不见。乃知圣贤混迹，非凡情所测。再欲瞻敬，回顾寺宇，不可复见。感其殊异，深思积世之冤，非遇圣人，何由得释。因述为忏法，朝夕礼诵，后传播天下，即今之《三昧水忏》是也。盖取三昧水，洗冤业为义也。

大慈恩寺三藏法师传 （节选）

  法师讳玄奘，俗姓陈，陈留人也。汉太丘长仲弓之后。曾祖钦，后魏上党太守。祖康，以学优登仕齐，任国子博士，食邑周南，子孙因家。父惠，英洁有雅操，早通经术，形长八尺，美眉明目，褒衣博带，好儒者之容。时人方之郭有道。性恬简，无务荣进，加属隋政衰微，遂潜心坟典。州郡频贡孝廉及司隶辟命，并辞疾不就，识者嘉焉。有四男，法师即第四子也，幼而珪璋特达，聪悟不群。年八岁，父坐于几侧，口授《孝经》，至曾子避席，忽整襟而起，问其故，对曰："曾子闻师命避席，我今奉慈训，岂宜安坐。"父甚悦，知其必成。自后备通经典，而爱古尚贤，非雅正之籍不观，非圣哲之风不习，不交童幼之党，无涉阛阓之门。虽钟鼓嘈杂于通衢，百戏叫歌于闾巷，士女云萃，亦未尝出也。又少知色养，温清淳谨。

  其第二兄长捷，先出家，住东都净土寺，察法师堪传法教，因将诣道场，教诵习经业。俄而有敕，于洛阳度二七僧。时业优者数百，法师以幼少不预取限，立于公门之侧。时使人大理卿郑善果有知士之鉴，见而奇之，问曰："子为谁家？"答以氏族。又问："求度耶？"答曰："然！但以习近业微，不蒙比预。"又问："出家意何所为？"答："意欲远绍如来，近光遗法。"果深嘉其志，又贤其器貌，故特而取之。因谓官僚曰："诵业易成，风骨难得，若度此子，必为释门伟器。但恐果与诸公不见其翔翥云霄，洒演甘露耳！"既得出家，与兄同止。时寺有景法师讲《涅槃经》，执卷伏膺，遂忘寝食。又学严法师《摄大乘论》，爱好逾剧。一闻将尽，再览之后，无复所遗。众咸惊异，乃令升座覆述，抑扬剖畅，备尽师宗。美问芳声，从兹发矣。时年十三也。

其后隋氏失御，天下沸腾。帝城为桀跖之窠，河洛为豺狼之穴。衣冠殄丧，法众销亡，白骨交衢，烟火断绝。虽王董僭逆之衅，刘石乱华之灾，刳剙生灵，芟夷海内，未之有也。法师虽居童幼，而情达变通。乃启兄曰："此虽父母之邑，而丧乱若兹，岂可守而死也。余闻唐主驱晋阳之众，已据有长安，天下依归如适父母，愿与兄投也。"兄从之，即共俱来，时武德元年矣。是时，国基草创，兵甲尚兴。孙吴之术，斯为急务，孔释之道，有所未遑。以故京城未有讲席，法师深以慨然。

初，炀帝于东都建四道场，召天下名僧居焉，其征来者，皆一艺之士。是故法将如林，景脱基暹为其称首。末年国乱，供料停绝，多游绵蜀。知法之众，又盛于彼。法师乃启兄曰："此无法事，不可虚度。愿游蜀受业焉。"兄从之。又与兄经子午谷入汉川，遂逢空、景二法师，皆道场之大德。相见悲喜，停月余日，从之受学，仍相与进向成都。诸德既萃，大建法筵，于是更听基暹摄论毗昙及震法师迦延。敬惜寸阴，励精无怠。二三年间，究通诸部。时天下饥乱，唯蜀中丰静，故四方僧投之者众。讲座之下，常数百人。法师理智宏才，皆出其右。吴蜀荆楚无不知闻，其想望风徽，亦犹古人之钦李郭矣。法师兄因住成都空慧寺，亦风神朗俊，体状魁杰，有类于父，好内外学。凡讲《涅槃经》《摄大乘论》《阿毗昙经》，兼通书传，尤善老庄，为蜀人所慕。至于属词谈吐，蕴藉风流，接物诱凡，无愧于弟。若其亭亭独秀，不杂埃尘，游八纮穷玄理，廓宇宙以为志，继圣达而为心，匡振隤纲，苞挫殊俗，涉风波而意靡倦，对万乘而节逾高者，固兄所不能逮也。然昆季二人，懿业清规，芳声雅质，虽庐山兄弟，无得加焉。

法师年满二十，即以武德五年，于成都受具，坐夏学律。五篇七聚之宗，一遍斯得。益部经论，研综既穷。更思入京询问殊旨，条式有碍，又为兄所留，不能遂意。乃私与商人结侣，泛舟三峡，沿江而遁。到荆州天皇寺，彼之道俗承风斯久，既属来仪，咸请敷说。法师为讲《摄论》《毗昙》。自夏及冬，各得三遍。时汉阳王以威德懿亲，化镇于彼。闻法师至，甚欢，躬身礼谒。发题之日，王率群僚及道俗一艺之士，咸集荣观。于是征诘云发，关并峰起。法师酬对解释，靡不辞穷意伏，其中有深悟者，悲不自胜。王亦称叹无极，嚫施如山，一无所取。

罢讲后，复北游，询求先德，至相州，造休法师质难问疑。

又到赵州，谒深法师学《成实论》。又入长安，止大觉寺，就岳法师学《俱舍论》。皆一遍而尽其旨，经目而记于心。虽宿学耆年，不能出也。至于钩深致远，开微发伏，众所不至，独悟于幽奥者，固非一义焉。

时长安有常辩二大德，解究二乘，行穷三学，为上京法匠，缁素所归，道振神州，声驰海外。负笈之侣，从之若云。虽含综众经，而偏讲《摄大乘论》，法师既曾有功吴蜀，自到长安，又随询采，然其所有深致，亦一拾斯尽。二德并深嗟赏，谓法师曰："汝可谓释门千里之驹！其再明慧日，当在尔躬。恨吾辈老朽，恐不见也！"自是学徒改观，誉满京邑。

法师既遍谒众师，备餐其说，详考其理，各擅宗途。验之圣典，亦隐显有异，莫知适从。乃誓游西方，以问所惑。并取《十七地论》以释众疑，即今之《瑜伽师地论》也。又言："昔法显、智严亦一时之士，皆能求法，导利群生，岂使高迹无追，清风绝后，大丈夫会当继之。"于是，结侣陈表，有诏不许。诸人咸退，唯法师不屈。既方事孤游，又承西路艰险，乃自试其心以人间众苦。

……

胡人曰："弟子将前途险远，又无水草，唯五烽下有水，必须夜到偷水而过。但一处被觉即是死人，不如归还，用为安隐。"法师确然不回，乃俯仰而进，露刃张弓，命法师前行，法师不肯居前。胡人自行数里而住曰："弟子不能去，家累既大，而王法不可忏也。"法师知其意，遂任还。胡人曰："师必不达，如被擒捉，相引奈何？"法师报曰："纵使切割此身如微尘者，终不相引。"为陈重誓，其意乃止。与马一匹，劳谢而别。自是孑然孤游沙漠矣。唯望骨聚马粪等渐进。

顷间忽见有军众数百队，满沙碛间，乍行乍息，皆裘毼驼马之像及旌旗槊纛之形。易貌移质，倏忽千变，遥瞻极著，渐近而微。法师初睹，谓为贼众，渐近见灭，乃知妖鬼。又闻空中声言："勿怖！勿怖！"由此稍安。经八十余里，见第一烽。恐候者见，乃隐伏沙沟，至夜方发。到烽西见水下饮，盥手讫，欲取皮囊盛水，有一箭飒来，几中于膝。须臾更一箭来，知为他见。乃大言曰："我是僧，从京师来，汝莫射我。"即牵马向烽。烽上人亦开门而出，相见知是僧。将入见校尉王祥，祥命爇火令看曰："非我河西僧，实似京师来也。"具问行意，法师报曰："校尉颇闻凉州人说，有僧玄奘欲向婆罗门国求法不？"答曰："闻承奘师已东还，何因到此？"法师引示马上章疏及名字，彼乃信。仍言："西路艰远，师终不达。今亦不与师罪，弟子敦煌人，欲送师向敦煌。彼有张皎法师，钦贤尚德，见师必喜，请就之。"法师对曰："奘桑梓洛阳，少而慕道，两京知法之匠，吴蜀一艺之僧，无不负笈从之，穷其所解，对扬谈论，亦忝为时宗。欲养己修名，岂劣檀越敦煌耶？然恨佛化经有不周，义有所阙，故无贪性命，不惮艰危，誓往西方，遵求遗法，檀越不相励勉，专劝退还。岂谓同厌尘劳，共树涅槃之因也？必欲拘留，任即刑罚！玄奘终不东移一步，以负先心！"祥闻之悯然曰："弟子多幸得逢遇师，敢不随喜。师疲倦，且卧待明，自送指示涂路。"遂拂筵安置，至晓，法师食讫。祥使人盛水及麨（chǎo）饼，自送至十余里。云："师从此路径向第四烽，彼人亦有善心，又是弟子宗骨，姓王名伯陇，至彼可言弟子遣师来。"泣拜而别。既去，夜到第四烽，恐为留难，欲默取水而过，至水未下间，飞箭已至。还如前报，即急向之。彼亦下来，入烽，烽官相问，答："欲往天竺，路由于此第一烽王祥校尉故遣相过。"彼闻欢喜，留宿。更施大皮囊及马麦相送。云："师不须向第五烽，彼人疏率，恐生异图。可于此去百里许，有野马泉，更取水。从此已去，即莫贺延碛。长八百余里，古曰沙河，上无飞鸟，下无走兽，复无水草。"是时顾影，唯一心但念观音菩萨及《般若心经》。初，法师在蜀，见一病人，身疮臭秽，衣服破污，愍将向寺施与衣服饮食之直。病者惭愧，乃授法师此经。因常诵习，至沙河间，逢诸恶鬼，奇状异类，绕人前后，虽念观音，不得全去。即诵此经，发声皆散，在危获济，实所凭焉。时行百余里，失道。觅野马泉不得，下水欲饮，袋重，失手覆之，千里行资，一朝斯罄。又路盘回，不知所趣，乃欲东归还第四烽。行十余里，自念："我先发愿，若不至天竺，终不东归一步。今何故来，宁可就西而死，岂归东而生！"于是旋辔，专念观音，西北而进。是时四顾茫然，人鸟俱绝。夜则妖魑举火，烂若繁星，昼则惊风拥沙，散如时雨。虽遇如是，心无所惧。但苦水尽，渴不能前，于是时四夜五日，无一滴沾喉，口腹干焦，几将殒绝，不复能进，遂卧沙中，默念观音。虽困不舍，启菩萨曰："玄奘此行，不求财利，无冀名誉，但为无上道心正法来耳。仰唯菩萨慈念群生，以救苦为务，此为苦矣，宁不知耶？"如是告时，心心无辍。至第五夜半，忽有凉风触身，冷快如沐寒水。遂得目明，马亦能起，体既苏息，得少睡眠。即于睡中，梦一大神，长数丈，执戟麾曰："何不强行，而更卧也。"法师惊寤进发。行可十里，马忽异路，制之不回。经数里，忽见青草数亩。下马恣食，去草十步欲回转，又到一池水，甘澄镜澈。下而就饮，身命重全，人马俱得苏息。计此应非旧水草，固是菩萨慈悲为生，其至诚通神皆此类也。即就草池一日停息，后日盛水取草进发。更经两日，方出流沙，到伊吾矣。此等危难，百千不能备叙。既至伊吾，止一寺。寺有汉僧三人，中有一老者，衣不及带，跣足出迎，抱法师哭，哀号哽咽不能自已，言岂期今日重见乡人，法师亦对之伤泣。自外胡僧胡王悉来参谒，王请届所居，备陈供养。

时高昌王麴文泰使人先在伊吾。是日欲还，适逢法师，归告其王。王闻，即日发使，敕伊吾王遣法师来。仍简上马数十匹，遣贵臣驰驱，设顿迎候。比停十余日，王使至陈王意，拜请殷勤。法师意欲取可汗浮屠过，既为高昌所请，辞不获免。于是遂行涉南碛，经六日至高昌界白力城。时日已暮，法师欲停，城中官人及使者曰："王城在近请进，数换良马前去。"法师先所乘赤马留使后来，即以其夜半到王城。门司启王，王敕开门。法师入城，王与侍人前后列烛，自出宫迎法师入后院。坐一重阁宝帐中，拜问甚厚，云："弟子自闻师名，喜忘寝食，量准涂路，知师今夜必

368

至。与妻子皆未眠，读经敬待。"须臾，王妃共数十侍女又来礼拜。是时渐欲将晓，言久疲倦欲眠。王始还宫，留数黄门侍宿。

方旦，法师未起，王已至门，率妃已下，俱来礼问。王云："弟子思量碛路艰阻，师能独来，甚为奇也。"流泪称叹，不能自已。遂设食解斋讫。而宫侧别有道场，王自引法师居之，遣阉人侍卫。

彼有象法师，曾学长安，善知法相。王珍之，命来与法师相见。少时出，又命国统王法师，年逾八十，共法师同处，仍遣劝住，勿往西方。法师不许，停十余日，欲辞行。王曰："已令统师咨请，师意何如？"师报曰："留住实是王恩，但于来心不可。"王曰："朕与先王游大国，从隋帝历东西二京，及燕岱汾晋之间，多见名僧，心无所慕。自承法师名，身心欢喜，手舞足蹈，拟师至止，受弟子供养，以终一身，令一国人皆为师弟子，望师讲授，僧徒虽少，亦有数千，并使执经，充师听众，伏愿察纳微心，不以西游为念。"法师谢曰："王之厚意，岂贫道寡德所当。但此行不为供养而来，所悲本国法义未周，经教少阙，怀疑蕴惑，启访真迹，以是毕命西方，请未闻之旨。欲令方等甘露，不但独洒于迦维，决择微言，庶得尽沾于东国。波仑问道之志，善财求友之心，只可日日坚强，岂使中涂而止。愿王收意，勿以泛眷为怀。"王曰："弟子慕乐法师，必留供养，虽葱山可转，此意无移。乞信愚诚，勿疑不实。"法师报曰："王之深心，岂待屡言然后知也。但玄奘西来为法，法既未得，不可中停。以是敬辞，愿王相体。

又大王曩修胜福，位为人主，非唯苍生恃仰，固亦释教攸凭。理在助扬，岂宜为碍。"王曰："弟子亦不敢障碍，直以国无导师，故屈留法师，以引迷愚耳。"法师皆辞不许。王乃动色，攘袂大言曰："弟子有异涂处师，师安能自去？或定相留，或送师还国。请自思之，相顺犹胜。"法师报曰："玄奘来者，为乎大法。今逢为障，只可骨被王留，识神未必由也。"因呜咽不复能言。王亦不纳，更使增加供养。每日进食，王躬捧盘。法师既被停留，违阻先志，遂誓不食，以感其心，于是端坐，水浆不涉于口三日。至第四日，王觉法师气息渐惙，深生愧惧。乃稽首礼谢云："任师西行，乞垂早食。"法师恐其不实，要王指日为言。王曰："若须尔者，请共对佛更结因缘。"遂共入道场礼佛，对母张太妃共法师约为兄弟，任师求法，还日请住此国三年，受弟子供养，若当来成佛，愿弟子如波斯匿王频婆娑罗等。与师作外护檀越，仍屈停一月，讲《仁王般若经》。中间为师营造行服，法师皆许。太妃甚欢，愿与师长为眷属，代代相度。于是方食，其节志贞坚如此。

后日，王别张大帐开讲，帐可坐三百余人，太妃已下，王及统师大臣等，各部别而听。每到讲时，王躬执香炉，自来迎引。将升法座，王又低跪为蹬，令法师蹑上，日日如此。讲讫，为法师度四沙弥以充给侍。制法服三十具，以西土多寒，又造面衣手衣靴袜等各数事，黄金一百两，银钱三万，绫及绢等五百匹，充法师往返二十年所用之资。给马三十匹，手力二十五人，遣殿中

370

侍御史欢信送至叶护可汗衙。又作二十四封书，通屈支等二十四国，每一封书附大绫一匹为信。又以绫绢五百匹，果味两车，献叶护可汗。并书称法师者是奴弟，欲求法于婆罗门国，愿可汗怜师如怜奴。仍请敕以西诸国，给邬落马递送出境。法师见王送沙弥及国书绫绢等至，惭其优饯之厚。"

……

王曰："师论大好，弟子及此诸师并皆信伏。但恐余国小乘外道，尚守愚迷。望于曲女城为师作一会，命五印度沙门、婆罗门外道等，示大乘微妙。绝其毁谤之心，愿师盛德之高，摧其我慢之意。"是日，发敕告诸国，及义解之徒，集曲女城观脂那国法师之论焉。

法师自冬初，共王逆河而进。至腊月方到会场。五印度中有十八国王到，谙知大小乘僧三千余人到，婆罗门及尼乾外道二千余人到，那烂陀寺千余僧到。是等诸贤，并博蕴文义，富瞻辩才，思听法音，皆来会所，兼有侍从，或象或舆或幢或幡，各自围绕。峨峨岌岌，若云与雾，充塞数十里间，虽六齐之举袂成云，三吴之挥汗为雨，未足方其盛也。王先敕会所营二草殿，拟安像及徒众。比到并成，其殿峻广，各堪坐千余人。王行宫在会场西五里，日于宫中铸金像一躯，装一大象，上施宝帐，安佛在其中。戒日王作帝释形，手执白拂侍右，鸠摩罗王作梵王形，执宝盖侍左，皆着天冠华鬘垂缨珮玉。又装二大象载宝华逐佛后，随行随散，令法师及门师等各乘大象，次列王后。又以三百大象，使诸国王大臣大德等乘象鱼丽于道侧，称赞而行。从旦装束自行宫引向会所，至院门各令下乘，捧佛入殿，置于宝座。王共法师以次供养，然后命十八国王入，诸国僧名称最高文义赡博者，使千余人入；婆罗门外道有名行者，五百余人入，诸国大臣等二百余人入，自外道俗各令于院门外部伍安置。王遣内外并设食，食讫，施佛金槃一、金碗七、金澡罐一、金锡杖一枚、金钱三千、上氎衣三千，法师及请僧等，施各有差。施讫，别设宝床，请法师坐为论主。称扬大乘序作论意。仍遣那烂陀寺沙门明贤法师请示大众，别令写一本，悬会场门外，示一切人。若其间有一字无理，能难破者，请斩首相谢。如是至晚，无一人致言。戒日王欢喜罢会，还宫，诸王诸僧各归所止。次法师共鸠摩罗王亦还自宫。明旦复来，迎像送引，聚集如初。经五日，小乘外道见毁其宗，结恨欲为谋害。王知，宣令曰："邪党乱真，其来自久，埋隐正教，误惑众生，不有上贤，何以鉴伪，支那法师者，神宇冲旷，解行渊深，为拔群邪，来游此国，愿扬大法，汲引愚迷，妖妄之徒，不知惭悔，谋为不轨，翻起害心，此而可容，孰不可恕。众有一人，伤触法师者，斩其首；毁骂者，截其舌。其欲申辞救义，不拘此限。"自是邪徒戢翼。竟十八日，无一人发论，将散之夕，法师更称扬大乘，赞佛功德。令无量人返邪入正，弃小归大。戒日王益增崇重，施法师金钱一万、银钱三万、上氎衣一百领。十八国王亦各施珍宝，法师一皆不受。王命侍臣庄严一大象施幢，请法师乘。令贵臣陪卫巡众，告唱表义立无屈。西国法凡论得胜如此。法师让不行。王曰："古来法尔，事不可违。"乃将法师袈裟遍唱曰：

"支那国法师立大乘义，破诸异见。自十八日来无敢论者，普宜知之。"诸众欢喜，为法师竞立义名。大乘众曰："摩诃耶那提婆此云，大乘天；小乘众号曰木叉提婆，此云解脱天，烧香散华礼敬而去。自是德音弥远矣。

至五年春正月一日起首翻《大般若经》，梵本总有二十万颂。文既广大，学徒每请删略。法师将顺众意，如罗什所翻，除繁去重。作此念已，于夜梦中即有极怖畏事以相警诫，或见乘危履险，或见猛兽搏人，流汗颤慄方得免脱。觉已警惧，向诸众说，还依广翻。夜中乃见诸佛菩萨眉间放光，照烛己身，心意怡适。法师又自见手执华灯供养诸佛，或升高座为众说法，多人围绕，赞欢恭敬，或梦见有人奉己名果。觉而喜庆，不敢更删，一如梵本。佛说此经凡在四处，一王舍城鹫峰山，二给孤独园，三他化自在天王宫，四王舍城竹林精舍。总一十六会，合为一部。然法师于西域得三本。到此翻译之日，文有疑错，即校三本以定之。殷勤省覆，方乃著文。审慎之心，古来无比。或文乖旨奥，意有踌躇，必觉异境，似若有人授以明决，情即豁然，若披云睹日。自云："如此悟处，岂斐浅怀所通，并是诸佛菩萨所冥加耳。"经之初会，有严净佛土品，中说诸菩萨摩诃萨众为般若波罗蜜故，以神通愿力盛大千界上妙珍宝、诸妙香华、百味饮食、衣服音乐，随意所生，五尘妙境，种种供养，严说法处。时玉华寺主慧德及翻经僧嘉尚，其夜同梦见玉华寺内，广博严净，绮饰庄严，幢帐宝舆，华幡伎乐，盈满寺中。又见无量僧众，手执华盖，如前供具，共来供养《大般若经》。寺内衢巷墙壁，皆庄绮锦，地积名华众共履践。至翻经院，其院倍加胜妙，如经所载，宝庄严土。又闻院内三堂讲说，法师在中堂敷演，既睹此已欢喜惊觉。俱参法师说所梦事。法师云："今正翻此品，诸菩萨等必有供养，诸师等见信有是乎？"时殿侧有双奈树，忽于非时数数开华，华皆六出，鲜荣红白，非常可爱。时众详议云："是《般若》再阐之征，又六出者，表六到彼岸。"然法师翻此经时，汲汲然恒虑无常。谓诸僧曰："玄奘今年六十有五，必当卒命于此伽蓝。经部甚大，每惧不终，人人努力加勤，勿辞劳苦。"

至龙朔三年冬十月二十三日方乃绝笔，合成六百卷，称为《大般若经》焉。合掌欢喜告徒众曰："此经于此地有缘，玄奘来此玉华寺者，经之力也。向在京师，诸缘牵乱，岂有了时，今得终讫，并是诸佛冥加，龙天拥佑。此乃镇国之典，人天大宝。徒众宜各踊跃欣庆。"时玉华寺都维那寂照，庆贺功毕，设斋供养。是日请径，从肃成殿往嘉寿殿斋所讲读。当迎经时，般若放光，照烛远迩，兼有非常香气。法师谓门人曰："经自记此方当有乐大乘者，国王大臣四部徒众，书写受持读诵流布皆得生天，究竟解脱，既有此文，不可缄默"。至十一月二十二日，令弟子窥基奉表闻奏，请御制经序。至十二月七日，通事舍人冯义宣敕垂许。

法师翻《般若》后，自觉身力衰竭，知无常将至。谓门人曰："吾来玉华，本缘般若。今经事既终，吾生涯亦尽。若无常后，汝等遣吾宜从俭省，可以蘧蒢裹送，仍择山涧僻处安置，勿近宫寺。不净之身，宜须屏远。"门徒等闻之哀哽，各收泪启曰："和尚气力尚可，尊颜不殊于旧，何因忽出此言？"法师曰："吾自知之，汝何由得解。"麟德元年春正月朔一日。翻经大德及彼寺众殷勤启请翻《大宝积经》。法师见众情专至，俯仰翻数行讫，便收梵本，停住告众曰："此经部轴与《大般若》同，玄奘自量气力不复办此，死期已至，势非赊远。今欲往兰芝等谷，礼辞俱胝佛像。"于是与门人同出。僧众相顾，莫不潸然，礼讫还寺。专精行道，遂绝翻译。

　　至八日，有弟子高昌僧玄觉因向法师自陈所梦，见有一浮图端严高大，忽然崩倒。见已，惊起告法师。法师曰："非汝身事，此是吾灭谢之征。"至九日暮间，于房后度渠，脚跌倒，胫上有少许皮破，因即寝疾，气候渐微。至十六日，如从梦觉，口云："吾眼前有白莲华大于盘，鲜净可爱。"

懒残

懒残者，唐天宝初衡岳寺执役僧也。退食即收所余而食，性懒而食残，故号懒残也。昼专一寺之工，夜止群牛之下，曾无倦色，已二十年矣。时邺侯李泌寺中读书，察懒残所为曰："非凡物也！"听其中宵梵唱响彻山林。李公情颇知音，能辨休戚。谓懒残经音先凄惋而后喜悦，必谪堕之人。时将去矣，候中夜，李公潜往谒焉。望席门通名而拜，懒残大诟，仰空而唾曰："是将贼也！"李公愈加谨敬，唯拜而已。懒残正拨牛粪，火出芋啗之，良久，乃曰："可！"以席地取所啗芋之半授焉，李公捧承尽食而谢。谓李公曰："慎勿多言，领取十年宰相。"公又拜而退。

居一月，刺史祭岳修道甚严，忽心中夜风雷而一峰颓下。其缘山磴道为大石所栏。乃以十牛縻绊以挽之，又以数百人鼓噪以推之，物力竭而石愈固，更无他途可以修事。懒残曰："不假人力，我试去之。"众皆大笑，以为狂人。懒残曰："何必见嗤？试可乃已。"寺僧笑而许之。遂履石而动，忽转盘而下，声若震雷。山路既开，寺僧皆罗拜，一郡皆呼至圣。刺史奉之如神，懒残悄然乃怀去意。寺外虎豹忽尔成群，日有杀伤无由禁止。懒残曰："授我棰，为尔尽驱除之。"众皆曰："大石犹可推，虎豹当易制。"遂与之荆梃。皆蹑足而观之，才出门，见一虎衔之而去。懒残既去，虎亦绝踪。后李公果十年为相也。

《六祖坛经》要语

我此法门，先立无念为宗，无相为体，无住为本。无相者，于相而离相；无念者，于念而无念；无住者，于世间善恶好丑，乃至冤之与亲，言语触刺欺争之时，并将为空，不思酬害。念念之中，不思前境。若前念、今念、后念，念念相续不断，名为系缚。于诸法上，念念不住，即无缚也。此是以无住为本。于诸境上，心不染曰无念。于境上有念，念上便起邪见，一切尘劳妄想，从此而生。此法门，立无念为宗。无者，无诸尘劳；念者，念真如本性。真如，即是念之体；念，即是真如之用。真如有性，所以起念；真如若无，眼耳色声当时即坏。真如自性起念，六根虽有见闻觉知，不染万境，而真性常自在。（《定慧品》）

自性五分法身香者：

一、戒香：即自心中无非、无恶、无嫉妒、无贪嗔、无劫害，名戒香。

二、定香：即睹诸善恶境相，自心不乱，名定香。

三、慧香：自心无碍，常以智慧观照自性，不造诸恶；虽修众善，心不执着。敬上念下，矜恤孤贫，名慧香。

四、解脱香：即自心无所攀缘，不思善、不思恶，自在无碍，名解脱香。

五、解脱知见香：自心既无所攀缘善恶，不可沉空守寂，即须广学多闻，识自本心，达诸佛理，和光接物，无我无人，直至菩提，真性不易，名解脱知见香。(《忏悔品》)

主要参考书目

一、《高僧传》(慧皎)

二、《续高僧传》(道宣)

三、《宋高僧传》(赞宁)

四、《新续高僧传》(喻昧庵)

五、《高僧传节要》(梅光义)

六、《佛祖历代通载》(念常)

七、《景德传灯录》(道原)

八、《六祖坛经笺注》(法海撰、丁福保注)

九、《大珠和尚顿悟入道要门论》(唐·慧海)

十、《憨山大师集》(僧忏)

十一、《莲池大师集》(僧忏)

十二、《蕅益大师集》(僧忏)

十三、《梦东禅师语录》(彻悟)

十四、《佛法金汤编》(明·心泰)

十五、《一梦漫言》(见月老人)

十六、《了凡四训》（明·袁黄）

十七、《汉魏两晋南北朝佛教史》（汤用彤）

十八、《佛教各宗大意》（黄忏华）

十九、《天台教学史》（慧岳）

二十、《华严之判教及其发展》（大乘文化出版社）

二一、《华严思想论集》（大乘文化出版社）

二二、《百法明门论表解》（忏云）

二三、《佛遗教经表解》（忏云）

二四、《中国禅宗史》（释印顺）

二五、《中印禅宗史》（释印海）

二六、《中国佛教通史》（〔日〕镰田茂雄）

二七、《中国佛教史概说》（〔日〕野上俊静）

二八、《中国佛教史》（〔日〕宇井伯寿）

二九、《佛学研究十八篇》（梁启超）

三十、《中国学术思想变迁大势》（梁启超）

三一、《佛教概论》（黄士复）

三二、初级、中级、高级佛学教本》（方伦）

三三、《禅海蠡测》（南怀瑾）

三四、《禅话》（南怀瑾）

三五、《艺海微澜》（巴壶天）

三六、《中国禅祖师传》（曾普信）

三七、《历代高僧居士画传》（朱斐）

《中国历代经典宝库》总目